腕利きの心理療法家

クライエントのアウトカムを改善する効果的な臨床スキル

著
ウィリアム・R・ミラー
テレサ・B・モイヤーズ

訳
原井宏明
川島寛子

星和書店

Effective Psychotherapists
Clinical Skills That Improve Client Outcomes

by
William R. Miller, PhD
Theresa B. Moyers, PhD

Translated from English
by
Harai Hiroaki, MD
Kawashima Hiroko

English Edition Copyright © 2021 The Guilford Press
A Division of Guilford Publications, Inc.
Japanese Edition Copyright © 2024 Seiwa Shoten Publishers, Tokyo

Published by arrangement with The Guilford Press through Japan Uni Agency, Inc., Tokyo

愛に満ちた関係について教え続けてくれる，私の妻，キャシー・ジャクソンへ
——WMR

誠実さの価値について，私に最初に教えてくれた，そして最も影響力のある教師であった，母，ルース・エイケン・エルレットへ
——TBM

序　文

　どのようにしてこの本が生まれたかという話から始めるのが最善だろう。この本の種はずっと前に起こった一連の偶然の連鎖の中にある。そのいくつかは私（W. R. Miller）がオレゴン大学で博士号取得前の心理学研修を受けていたときに起こった。当時は1970年代初頭，オレゴン大学の臨床プログラムは行動主義の色合いが濃く，「認知行動療法」という概念もまだ目新しく，物議を醸していた。オレゴン大学の学生は通常，研修3年目まではクライエントを担当することはなく，その前に講義と山ほどの課題，修士論文をこなさなければならなかった。そんな研修2年目，クライエントと話す前準備として2学期間にわたる必修セミナーがあった。どうやら行動主義者たちはそれを教えたくなかったようで，学生を臨床業務に備えさせるための教員がカウンセリング心理学科から招かれた。それでやってきたのが Sue Gilmore である。彼女は Leona Tyler の指導を受けているので Carl Rogers の学問上の孫と言える。学生が行動療法の実践に踏み出す前に，クライエント中心に話を聴き寄り添う方法を彼女が紹介してくれた。

　3年目から臨床実習が始まり，私は Steve Johnson の指導のもと，家族療法に焦点を当てた実習に参加した。Steve の指導者である Gerald Patterson は行動家族療法の先駆者であり，以前は臨床の教官だったが，その時は街の反対側にあるオレゴン研究所（Oregon Research Institute; ORI）に移っていた。私は大学のカウンセリングセンターで家族療法に取り組む中で，Patterson の著書にあるガイドラインに従って親に正の強化と行動追跡について教えたが，あまり成果は上がらなかった。その後，私たちは ORI を見学する機会があり，Patterson が家族とセラピーに取り組む様子を（マジックミラーを通して）観察することができた。Patterson

は確かに，著書で紹介したテクニックを使っていた。しかし実際には，文章に書かれている以上のことをしていた。彼は温かく，共感的で，忍耐強く，面白く，魅力的な人間だったのだ。「なるほど，そうやるのか」と私は思った。センターに戻ってから，私は実際に見た Patterson に合わせるようになり，クライエント中心アプローチについてセミナーで学んだことも併せて行うようになった。親は治療プロセスにより積極的に参加してくれるようになり，こちらが出した課題への取り組みがより前向きになった。もともと望んでいた行動変容がうまく起こるようになった（Miller & Danaher, 1976）。私が次の一節に出会ったのは，それから何十年も経ってからのことだ：「（行動療法の）テクニックの説明には冷たく機械的な言葉が使われるが，実際の実践には多くの場合，温かく，偽りがなく，深い思いやりを持ったセラピストが必要である」（Truax & Carkhuff, 1967, p. 360）。

　大学院3年目に入る直前，私はウィスコンシン州ミルウォーキーにある退役軍人局病院のアルコール依存症病棟で夏期研修を受けた。幸いにして，新米の私はアルコール依存症のことは何も知らなかったので，その夏のほとんどを大学院で学んだ Rogers のスキルを使いながら聞き役として過ごした。クライエントは私にアルコール依存症について教えてくれ，彼らも私も会話を楽しんだ。その夏，私は行動療法の技法を学び，アルコール問題を持つ人々の治療に焦点を当てて卒論を書くことに決めた（Miller, 1978）。結果は良好で，予想外のひねりも加わった。治療終了時，クライエント（ランダムに選ばれた）の中にはカウンセラーが使用したのと同じ手法を説明したセルフヘルプ本を受け取った者と受け取らなかった者がいた。追跡調査において，セルフヘルプ本を受け取ったクライエントの飲酒量にはさらに有意な減少が見られた。一方，受け取らなかったクライエントは変わらなかったのである。この予期せぬ発見は2つ目の研究が必要であることを示した。次の研究では，問題のある飲酒者を，私たちが開発した10セッションの外来行動療法を受ける群と，1セッションだけ受けてセルフヘルプ本を渡され利用を勧められる群にランダムに振り分けた。驚いたこ

とに，どちらの群もアルコール使用の大幅な減少を示し，両群間に差は見られなかった（Miller, Gribskov, & Mortell, 1981）。つまり，カウンセラーによる継続的なサポートの有無にかかわらず，両群ともに長年の飲酒パターンが変化したのである。

　1976年，私はニューメキシコ大学の臨床心理学の教員になり，学生に対してクライエント中心療法と行動療法のトレーニングを行いながら研究を続けた。クライエントがセルフヘルプ本（Miller & Muñoz, 1976）を使って自己治療した場合，平均すると，同じ方法でカウンセラーによる治療を受けた場合と同程度にうまくいくという知見は，ランダム化比較試験を3回繰り返しても再現された。その中の一つ（Miller, Taylor, & West, 1980）では，行動療法テクニックの遵守度と共感的傾聴スキル（Truax & Carkhuff, 1967）の質を調べるために，3人のスーパーバイザーが（ビデオ機器を買う余裕ができる前だったので，ここでもマジックミラーを通して）治療場面を観察した。共感スキルの正確さについて3人が独立して評価を行い，評価者間一致率は高かった。フォローアップデータがそろったところで，セラピストごとの治療結果の違いを検証すると，驚いたことに，セラピストの傾聴スキルはまたしても治療後のクライエントの飲酒を強力に予測したのだった！　6カ月後の追跡調査では，最も共感性の高いカウンセラーの成功率は100％であり，9人のセラピストの中で最も共感性の低いセラピストの成功率は25％だった。平均するとセラピストの成功率は61％で，セルフヘルプ本を使って自分で取り組んだクライエントの成功率60％とほぼ同等である。数字だけ見れば，セラピストによる治療はセルフヘルプ本と変わらないと結論づけたくなるかもしれないが，実際には5人のセラピストが成功率75％以上を達成していた。他の3人のセラピストに関しては，クライエントが本を持ち帰り，一人で取り組んだ方が良かったということになる。さらに治療から2年が経った時点でも，セラピストの共感性はクライエントの飲酒結果を有意に予測した（Miller & Baca, 1983）。このときに比較対象とした行動療法との間では治療結果に差はなく，セラ

ピストとクライエント間の治療関係の方が重要だった。後の研究（Miller, Benefield, & Tonigan, 1993）では，共感的傾聴の反対のやり方から，治療12カ月後のクライエントのアルコール使用を予測することもできた。つまり，セラピストが正面から直面化すればするほどクライエントの飲酒量は増加したのである。

　こうしたデータが伝えようとしているメッセージは，「どのように」カウンセリングを行うかが重要だということだ。1983年に私は，Carl Rogers のクライエント中心アプローチに基づいて，さらにノルウェーの心理士との議論や実験的な臨床研究も踏まえて動機づけ面接について初めて述べた。このやり方を今まで改善し続けている。30年間，博士課程臨床プログラムの学生を対象に，前期の授業でクライエントとの対話を担当していた。最初のころは Rogers のクライエント中心療法のスキルを中心にしていたが，後では動機づけ面接を広く取り上げるようになった。

　時間を数年先に飛ばそう。定年退職後，私は Rogers の教え子の2人（Truax & Carkhuff, 1967）が書いた古典的著作を再読した。2人は，新規の心理療法を市場に売り出そうとはしていなかったことに驚いた。この本は Rogers の説明理論にはほとんど言及していない。彼らが関心を持っていたのは，新たな心理療法の提唱ではなく，より良いセラピストの育成であり，関係性に関する Rogers の洞察が行動療法とどのように統合できるかを探ることだった。これは私が見逃していた話題だった。私は自分のキャリアのかなりの部分を，アルコール使用障害にはエビデンスに基づく治療法を使うことが望ましいと主張するために費やしてきた。Rogers がそうであったように，役立つものと役立たないものについて科学的な研究が示すことに注目しなければならないと信じることは今も変わらない。実際，臨床心理学をアメリカ心理学会へ，そして科学的心理学の主流へと持ち込む上でカギとなる役割を果たしたのは Rogers である（Kirschenbaum, 2009; Miller & Moyers, 2017）。「自分のデータを信じよ」は，Carl Rogers と B. F. Skinner の意見が一致した数少ない点の一つだ。私が見逃していたのは，

使用する治療法はさておき，クライエントの治療結果の向上につながるカウンセラーやセラピスト自身の質を重視することだった。

　自分のデータに従うことがこの本につながった。Terry Moyers がこの旅の付き添い役を承諾してくれたことを嬉しく思う。彼女の研究はRogers と教え子たちの足跡を忠実に踏襲し，治療関係における重要なプロセスとそれが治療結果にどう影響するかを理解するために辛抱強く骨の折れる方法論を用いている。こうした対人関係におけるプロセスはカウンセリングや心理療法の域をはるかに超えて，教育や医療，コーチング，その他多くの援助関係の質と成果に当てはまる。私たちはたまたま心理的治療の文脈で研究を行ってきたので，この本では心理療法を中心に据える。

　私たち自身の臨床研究の焦点は，具体的に言えば嗜癖行動の治療である。1973年，ミルウォーキーで足を踏み入れて以来，私を魅了し飽きさせることのない，生死に関わる分野である。嗜癖の治療に携わることによる確かな科学的利点は，行動上の成果を明確に測定できることである。もちろん回復にはいくつもの重要な側面が他にあるが，もしクライエントの物質使用や嗜癖行動自体に影響を与えられないなら，たいして役に立っていないということになる。統合失調症の治療の場合，Rogers のグループはMMPI（Minnesota Multiphasic Personality Inventory; ミネソタ多面人格目録）尺度や臨床家による機能評価といった包括的指標に頼らざるを得なかった。具体的な結果指標（物質使用など）を用いることができれば，治療プロセスと治療結果の関係を詳細に調べることができる。本書の焦点となっているセラピスト属性という視点は嗜癖行動の治療から始まったものではないし，嗜癖行動の治療に限定されることも決してない。しかし，嗜癖行動はとてもクリアなレンズであり，変化の心理学を研究し理解することに適していると言える（DiClemente, 2003）。

　私たちがこの本で試みているのは，本質的には，Truax と Carkhuff の古典的著作 *Toward Effective Counseling and Psychotherapy* の半世紀以上あけたアップデートである。同書が出版された後の数十年で，援助専門

家には大きな変化があった。彼らの二著作（Truax & Carkhuff, 1967, 1976）にある研究と警告はまったく正当なものだが，特に臨床心理学は具体的な治療テクニックに固執しやすいようだ。しかし，Truax と Carkhuff は主張する：「カウンセリングと心理療法において問われるべき核心的質問は，『クライエントの建設的な行動変容につながるセラピストやカウンセラーの最も重要な属性や行動は何か？』である」（1967, p. 24）。

　臨床試験では，セラピスト効果は治療効果の測定を妨げる厄介なノイズとみなされることが多く，効果的な治療を行うための重要な構成要素とはみなされない。だが私たちは，Rogers とその教え子たちの研究は正しい道を歩んでいたと考えている。これまで，セラピストのクライエントとの関係性に関わる要因は，臨床研究やトレーニングの主流から無視されることがあまりにも多かった。私たちは，特定の障害に対する特定の治療法が持つ可能性を軽視するわけではない。しかし，同時にエビデンスに基づく治療を提供する人から切り離すこともできない。臨床研究における重要なテーマを探している人にとっては，この先の章が選択肢のヒントになるだろう。

用語について

　ここで取り上げる治療における関係性は多様な援助専門職に当てはまるので，治療を提供する人全体を指し示す用語をどうするかを決めるのが大変だった。最終的に，教師やコーチのような援助者が外れてしまうかもしれないが，「カウンセラー」や「臨床家」，「セラピスト」といった一般的な用語を使うことにした。同様に，援助を受ける人をどう表現するかも決めなければならない。ここでも，一般的な用語である「クライエント」（あるいは明らかに医学的な文脈では「患者」），場合によっては単に「人，者」に落ち着き，それ以上の工夫を加えなかった。結果的に Rogers と Truax，Carkhuff が使った言葉に近い用語を使うこととなった。

この本の読者の多くは行動保健（behavioral hearth）の専門職だろうと予想する。ここでも言葉の問題がある。かつて「行動」は，行動主義の哲学的含みを持つ学習理論から派生した治療法を意味したが，今ではより広く「行動科学」を指すようになった。そしてカウンセリングや心理療法も包括的に（例えば薬理学的なものと区別するために）「行動的」と表現されるようになった。また心理的なウェルビーイング（well-being）をサポートする試みは，以前の用語「精神保健（メンタルヘルス）」に代わって「行動保健」と呼ばれるようになった。これが本書で「行動」という言葉を使用する理由である。一方「行動療法」という言葉を使うときは，学習理論に基づく，行動に焦点を当てた介入を指して使っている。

最後に，私たちは本書がカウンセリングや心理療法を超えた援助関係にも役立つことを願っている。対人関係のダイナミクスは人間の相互作用のプロセスと結果に影響を与える。私たちは幸運にも心理学という分野においてそれを研究し利用してきたが，私たちが学んだことはより広く人生や人間関係に当てはまり，癒やしや対人援助の仕事に不可欠なものであると考えている。

ニューメキシコ州アルバカーキ
ウィリアム・R・ミラー

● 目 次 ●

序文　5

第Ⅰ部　援助関係　17

第1章　はじめに　18

治療スキル　19

マインドとハート：治療的態度　21

▶キーポイント　23

第2章　治療効果　24

治療効果に関する研究　24

セラピーとセラピスト　32

▶ キーポイント　33

第Ⅱ部　治療スキル　35

第3章　正確な共感　37

特性としての共感　37

正確な共感というスキル　39

正確な共感の態度　40

正確な共感の伝え方　41

正確な共感に関する研究　50

▶ キーポイント　53

第4章　受容 ·· 54

受容の態度　55

受容の伝え方　61

治療的受容に関する研究　65

▶ キーポイント　67

第5章　肯定的配慮 ··· 68

肯定的配慮の態度　70

肯定的配慮の伝え方　71

肯定的配慮と是認に関する研究　79

▶ キーポイント　81

第6章　誠実さ ·· 82

自己一致：誠実さの内的経験　85

真正性：誠実さの伝え方　86

誠実さに関する研究　94

▶ キーポイント　97

第7章　フォーカス ··· 98

フォーカスの態度　99

フォーカスの仕方　101

目標が対立するとき　112

フォーカスに関する研究　114

▶ キーポイント　116

第8章　希望 ·· 117

希望の態度　119

希望を促進する方法　120

希望に関する研究　126

▶ キーポイント　129

第9章　引き出す …………………………………………………… 130

「引き出す」の態度　131

「引き出す」の仕方　132

治療的に引き出すことの2つの例　136

セラピストの自制　145

「引き出す」の他の形　148

「引き出す」に関する研究　149

▶ キーポイント　151

第10章　情報と助言の提供 …………………………………… 152

心理的リアクタンス　154

情報提供と助言の態度　155

情報提供と助言の仕方　156

情報提供と助言に関する研究　162

▶ キーポイント　164

第11章　複雑さの向こう側 …………………………………… 165

▶ キーポイント　171

第Ⅲ部　学習，研修，臨床科学　　173

第12章　専門性を高める　　174

限界的練習　176

限界的練習に関する研究　194

▶ キーポイント　196

第13章　治療スキル　　197

メタプロフェッショナルな役割：私はここで何をしているのか　198

治療スキルの指導　202

▶ キーポイント　212

第14章　より広い臨床科学に向かって　　213

具体的な治療法か，治療関係か　215

臨床科学における統合に向かって　217

統合トレーニング　232

▶ キーポイント　234

文献　235

索引　267

第Ⅰ部

援助関係

　治療において大切なことは何だろうか。使用される具体的なテクニックなのか，あるいは治療関係の質なのか。答えはどちらか一方であると考える理由はない。例えば外科手術の結果は，どんな手法が使われるかによっても，またそれを使う外科医の熟練度によっても変わってくるだろう。

　ここでは，治療結果に影響を与えるセラピスト自身のスキルについて，すでに知られていることに焦点を当てる。第1章では，治療法や理論的志向の違いを超えて，セラピストのスキルや態度がクライエントの治療結果に良くも悪くもどのような影響を与えるか，それを考える機会にしたい。さらに，セラピストの質は治療結果にどの程度影響を与えるのだろうか。第2章ではこの問いについての大量の臨床研究の文献をまとめ，考察する。

第 1 章

はじめに

　カウンセリングや心理療法を提供する人から切り離すことはできない。ほとんど全ての心理療法においてクライエントの治療結果は担当者によって大きく変わる。高度に構造化された同一の治療を行うときであっても，一部のセラピストは他のセラピストよりはるかに高い効果をもたらすが，その理由はいったい何なのだろうか。これが本書の核心にある問いである。

　私たちはクライエントにおける治療結果の向上だけでなく，治療提供者が仕事を楽しみながら，専門家としての成長も続けられるように支援することに懸けてきた。これは，セラピストが実践を継続すれば自動的にできるようになるものではない。心理療法の研究では，セラピストは通常，（外科医とは違い）実践を重ねるだけでは上達しないという悲しい知見が繰り返し見出されてきた（Budge et al., 2013; Erekson, Janis, Bailey, Cattani, & Pedersen, 2017; Norton & Little, 2014; M. L. Smith, Glass, & Miller, 1980; Tracey, Wampold, Lichtenberg, & Goodyear, 2014）。これはなぜなのだろうか。第12章では，これが通常の臨床実践がもたらす作用だと考えられる（Dawes, 1994）理由を探る。良い発見もある。初期研修終了後も治療の専門性を高めるためにできることがある，という点だ。

> カウンセリングや心理療法を提供する人から切り離すことはできない。

治療スキル

　心理療法の主要な理論の間で意見が一致するとすれば，良好な「作業同盟」，すなわち強固な治療関係の重要性である（Flückiger et al., in press）。理論的志向や治療アプローチが違っても，効果的な（クライエントの改善傾向がより高い）セラピストには，対人関係の取り方に共通した特徴があるという主張である（T. Anderson, Ogles, Patterson, Lambert, & Vermeersch, 2009; Okiishi, Lambert, Nielsen, & Ogles, 2003）。これは決して新しい考えではない。1967年には，Charles Truax と Robert Carkhuff が革新的著作，*Toward Effective Counseling and Psychotherapy* を発表した。彼らはこの本で，心理療法の特定の流派を宣伝しようとはしていなかった。むしろ，より良いセラピストの育成に訓練の焦点を当てることができるよう，効果的なセラピストが実際には何を行っているのかを理解しようとした。ふたりは，当時すでに膨大な量存在した研究をまとめ，心理療法の有効成分の測定とトレーニングを行う先駆者となった。そのような有効成分には，共感や温かさ，受容といった，時に「共通」あるいは「不特定」要因と呼ばれるものが含まれていた。

　こうした要素を「共通」要因と呼ぶのは語弊があるかもしれない。これでは提供される全てのセラピーに存在しているという印象を与える。実際には，正確な共感や温かさといったクライエントとの関係性における特徴は臨床家ごとに大きく異なる。受容や温かさ，共感等の治療要因は，実際には広まっておらず，普遍的でもなく，その意味で「共通」ではないというのは昔から知られていたことである。Hans Strupp（1960）は，5つの都市の126人の精神科医から得た2,474件の返答のうち，対人関係の温かさがわずかでも反映されていたのは5％未満であったことを報告した。その後，60年後に行われた社会福祉業務に関する研究でも，高い共感性は一般的ではなかった（Lynch, Newlands, & Forrester, 2019）。さらに，こうした

要素を「不特定」要因と呼ぶのは，自分は予習していないと告白するようなものだ。受容や温かさといった要因は特定でき，信頼性を担保された方法で測定でき，研究し教えることができることを半世紀も前に Truax と Carkhuff が実証している。彼らはまた，正確な共感といったセラピスト側の要因の重要性と，それがクライエントの治療結果を予測することも述べていた。心理学における現代臨床科学のルーツは Carl Rogers とその教え子たちが手掛けた，こうした治療メカニズムと治療結果に関する初期の研究の中にある（Miller & Moyers, 2017）。本書では，こうしたセラピストの要因を治療スキルや治療要因，治療条件と呼ぶ前例（Frank, 1971; Kivlighan & Holmes, 2004）に倣うことにする。

　多様な治療法や背景の違いを超えて，こうした治療要因がクライエントの治療結果を向上することを示すエビデンスが豊富にある。治療要因は，治療法以外の他のことを実践の場で「どう行うか」というやり方である。個人の性格特性ではなく，時間をかけて磨くことができる対人関係スキルである。

　さらに治療要因はセラピストが仕事の中で最もやりがいを感じる部分と直接関係している（Larson, 2020）。行動保健専門家という職種はさまざまな人と話し合い知り合うことを

> 治療条件は時間をかけて磨くことができる対人関係スキルである。

楽しむタイプの人を惹きつける。多くのセラピストが夢中になるのは，具体的な技術の習得ではなく，通常の社交的おしゃべりのレベルをはるかに超えた深さと親密さで人と関わることができるという特権である。しかし，臨床のトレーニングでは特定の知識や技術の習得に焦点が当たることが多く，使用する治療法と同じくらいクライエントの治療結果に影響を与えるのにもかかわらず，治療スキルに対しては注意がほとんど向けられていないのが現状である。

マインドとハート：治療的態度

　本書は全体を通じて，対人関係上の治療スキルに内的な経験の要素と外的な表出の要素がどのように関わるかを取り上げる。Rogers（1980a）はこの内的な経験をセラピストの「態度」と呼び，TruaxとCarkhuff（1967, 1976）は外的な表出の行動評定と実践方法を進歩させた。実践は態度に影響を与え，その逆もまた正しい。

　カウンセリングや心理療法の根底にある重要な治療的態度について多数の研究者が書いている（Fromm, 1956; Miller, 2017; Miller & Rollnick, 2013; Rogers, 1980d; Yalom, 2002）。援助関係において，おそらく最も基本的な態度は慈愛（*compassion*）へのコミットメントである。これは単なる同情ではなく，他者の苦しみを軽減し，その幸福と成長を助けようとする願望と意図である（Armstrong, 2010; Fromm, 1956; The Dalai Lama & Vreeland, 2001）。援助関係は援助する側の利益ではなく，クライエントの幸福を最優先にする。この点で理想的な援助関係は互いの健康と幸福を双方で助け合うという相互的コミットメントを持つ友情や恋愛関係とは異なる。思いやりと慈愛は本書の第Ⅱ部で論じる全ての治療スキルの基礎であり，医療や社会福祉，心理のような援助職における職業倫理規範の中に成文化されている。

　治療スキルの第二の基本的な態度は，カウンセリングや心理療法におけるパートナーシップ感覚である。介入の種類によっては，治療者がパートナーとしてではなく専門家として受け身状態の患者に施すものがある。例えば外科医であれば，麻酔下で人を手術し腫瘍を摘出する。歯科医であれば，虫歯になった歯の組織を除去したり，詰め物で補綴したりする。事故現場では救急隊員が心肺蘇生したり止血したりする。ライフガードは溺れてもがく人を救助する。内科医は感染症ごとに適した抗生物質を処方する。こうしたサービスを受ける側に求められるのは，せいぜい「患者」として

22　第Ⅰ部　援助関係

の協力である。

　援助関係の大多数はこのようなものではない。教師やコーチ，健康教育の担当者，指導者，カウンセラー，セラピストの仕事の焦点は広義の行動，すなわち人が何をするのか，どのように考えるのか，どのように他者と関わるかである。依存症や慢性疾患，犯罪行為はそのほとんどがライフスタイルの問題である。援助の目標が誰かの行動やライフスタイルを変えることならば，歯科医が虫歯を抜いたり，外科医が悪性腫瘍を摘出したりするような方法では，その人の行動を変え˙さ˙せ˙ることはできない。人間は自分が何をするか，どのように生きるかを自分で選択するものであり，説得や押し付けによって変化させようとすれば，意図に反して逆効果をもたらす可能性がある（Brehm & Brehm, 1981; de Almeida Neto, 2017; Karno & Longabaugh, 2005）。英雄行為的な緊急介入であっても，成功するか否かは究極的にはその後の受け手の行動に依存することが多い。外科医は多くの患者が必要なこと（創傷ケアや理学的リハビリテーションなど）をしない，と嘆く。行動が関わる場合には，専門家の技術がどれほど優れていたとしても，最良の結果を得るためにはケアを受ける側の積極的な参加が必要なのである。

　他人の行動やライフスタイルの変化を援助するためには，そ˙の˙当˙人˙が˙持˙つ˙専門知識とパートナーシップが必要だ。クライエントのことを本人以上に知っている人はいない。本人には活用すべき生涯を通じた経験がある。役に立つかもしれない職業上の専門知識を提供することはできるが，あなたが他人の人生の専門家になることは不可能だ。援助関係とは専門家がク˙ラ˙イ˙エ˙ン˙ト˙に˙向˙かって何かをしたり，ク˙ラ˙イ˙エ˙ン˙ト˙に˙対˙して˙テクニックを使ったりすることではない。援助関係とはクライエントの横˙に˙寄り添って˙，クライエントのた˙め˙に˙働くことである。レスリングのようなものではなく，一緒にダンスをするようなものだ（Miller & Rollnick, 2013）。

　第Ⅱ部ではクライエントの治療結果を良くするかもしれない8つの治療的スキルについて考えよう。一度に1つのスキルを伸ばすことに集中する

方が簡単だろう。Benjamin Franklin（2012/1785）は13の個人的美徳について，具体的な行動を説明し，セルフモニタリングの方法も添えている（cf. Brooks, 2015）。彼は全てを同時に強化しようとはせず，一度に1つずつ，一週間にわたって意識的に焦点を当てることに決めた。13週間で1サイクルになり，それを一年間に4回繰り返すようにした。さらに，連続した徳が積み重なり合い，互いに強化されるように修練の順序を選ぶことを勧めている。私たちもほぼ同じような構造になるように第Ⅱ部を構成した。例えば正確な共感（第3章）は，受容や是認といった他のスキルがその上に重なる土台である。

　最後に第Ⅲ部では治療スキルの習得（第12章）と指導（第13章）について論じ，さらにより広い臨床科学に与える示唆について考察する（第14章）。しかし，そこに進む前に次の第2章を全てに通底するある問いに費やした：治療においてセラピストはどのくらい重要なのだろうか。その答えにあなたは驚くかもしれない。

キーポイント

- カウンセリングや心理療法を提供する人から切り離すことはできない。

- 心理療法は実践を重ねれば自動的に上達するものではない。

- 治療アプローチは違っていても，効果的なセラピストには特定と測定，習得，実践が可能な何らかの共通した対人関係上の特徴がある。

- 治療スキルには内的な経験の要素と外的な表出の要素の両方がある。

- 共感とパートナーシップは治療スキルの根幹にある広汎な治療的態度である。

- 人が行動やライフスタイルを変えられるように援助するには本人の専門知識と積極的な参加が必要である。

第 2 章

治療効果

　行動療法の効果研究の多くはセラピストの個人差を重視せず，セラピストを取り換え可能なものであるかのように扱ってきた。マニュアルに従って行うセラピーは誰が実施しても同じだとしていた。果たしてそうなのだろうか。

治療効果に関する研究

　セラピスト効果は1940年代から心理学研究の対象になっているが，後になればなるほどその結果は一貫して何度も確かめられたものになってきている。新しくより良くデザインされた研究でも古い研究と同じ結果になる：クライエントの治療結果についていえば，セラピスト間に良くも悪くも重要な違いがあり，その違いは対人関係上の治療スキルに関係している。

　セラピストのスキルが与える経時的な影響について調べた臨床研究では，ベースラインでより優れた対人関係スキルを有していた大学院生の研修生のクライエントの治療結果は5年間にわたって良好だった（Schottke, Fluckiger, Goldberg, Eversmann, & Lange, 2017）。この差は理論的志向性やクライエントとセラピストの属性，スーパーバイズの量の影響を統計的に打ち消した後も残った。

　同様に他の研究でもカウンセラーの治療スキルがクライエントの治療結果を予測するのに対し，他の属性（経験年数や理論的志向性など）は予

測しないことが分かっている（e.g., T. Anderson, McClintock, Himawan, Song, & Patterson, 2016; T. Anderson et al., 2009; Pfeiffer et al., 2020）。Thomas Haug ら（2016）は，社交不安を持つクライエントの治療結果に対して対人関係スキルと技術的スキルの両方が独立して貢献していることを見出した。同様に私たちの研究でも，セラピストの共感性と具体的な行動療法の内容の両方がアルコール使用障害を持つクライエントの良い結果と関連していた（Moyers, Houck, Rice, Longabaugh, & Miller, 2016）。

セラピストであるとはどういうことなのか，その限界に挑戦したある研究（T. Anderson, Crowley, Himawan, Holmberg, & Uhlin, 2016）は，23名の大学院生の対人関係スキルを評価した

> セラピスト間でクライエントの治療結果に重要な違いがある。

上で，彼らに介入を実施させた。11名は臨床心理学の学生で，残る12名は化学，生物学，歴史など他の学部・学科の学生であり，臨床訓練を受けたことはなかった。全ての院生の対人関係上の治療スキル（共感性，社交性，社会的スキルを含む）を評価した後，クライエント（悩みはあるが，必ずしもセラピーを求めているわけではない学生）にランダムに割り当てた。その結果，ベースラインの対人関係スキルが高い「セラピスト」の方が，専攻分野に関係なく，全ての効果指標においてクライエントの改善度が高いことが明らかになった。言い換えれば，セラピストの専攻が心理学か他の分野かどうかにかかわらず，対人関係スキルはクライエントの結果のより良い予測因子だった。

「セラピスト」対「他の要因」

セラピストの違いは全体としてどのくらいの違いを生むのだろうか。答えを知る方法の一つは，治療の過程で重要となる他の全ての要素と比較してセラピストがどれだけ重要であるかを問うことである（「ランダム効果モデル」と呼ぶ）。料理にたとえるなら，食事の質は，使用された食材

やレシピ，厨房の状況，レストランの種類，顧客，季節と比較したとき
シェフにどのくらい依存しているのだろうか。治療の効果研究では，比較
の対象となる要因として，治療を受けるクライエントの属性（年齢や性
別，重症度，性格など），治療自体の属性（期間や構造，マニュアルの有
無，スーパービジョン，品質保証など），環境の属性（在宅か外来か，矯
正目的か，信仰に基づくものか，料金体系など），治療提供者の属性（教
育や経験，性格，対人関係スキルなど）などがある。

　このタイプの研究から得られる結果はたいていの場合，比較の対象に
なった治療法による差はほとんどあるいはまったくないが，治療を提供し
たセラピストによる差は著しいという知見である。最も頻繁に見られる
2つの精神疾患，うつ病（Kim, Wampold, & Bolt, 2006; Zuroff, Kelly, Leybman,
Blatt, & Wampold, 2010）と物質使用障害（Imel, Wampold, Miller, & Fleming,
2008; Miller, Forcehimes, & Zweben, 2019; Project MATCH Research Group, 1997,
1998）の研究にも同じことが当てはまる。同様に，ある大規模な自然経過
追跡研究は（Wampold & Brown, 2005），マネージドケア[訳注1]の枠組みの中
で，多様な問題を抱えた6,146名のクライエントを581名のセラピストに
割り当て，その後の治療結果を調べた。有意な結果の差はセラピストの違
いから生じたが，セラピストの年齢や性別，専門職の経験，学歴は関係が
なかった。この研究ではクライエントが受けた治療の種類も結果にはまっ
たく影響しなかった。

　また，セラピストと介入方法の両方が独立して，クライエントの治療結
果に影響することもある。アルコール使用障害の治療において，38名の
セラピストと700名のクライエントを対象とした研究で，セラピストとそ

訳注1）　マネージドケアは，米国の医療保険制度の一形態であり，保険会社が提供する健
　　康管理サービスである。患者は特定の医療提供者ネットワーク内で医療を受ける必要が
　　ある。マネージドケアは医療費の節約を目的としており，予防ケアや慢性疾患管理，緊
　　急医療などの効率的な医療提供が行われる。メディケアやメディケイド，雇用者健康保
　　険などの形で提供されている。ただし，患者が自由に医療提供者を選択できない制限や，
　　必要な医療を受けるために長時間待たなければならないことなどのデメリットもある。

のスキル，使用された認知行動療法モジュールがクライエントの治療結果にどのように寄与しているかを調べた（Moyers, Houck, et al., 2016）。気分のマネージメント，渇望や衝動に対する対処，社会的およびレクリエーション・カウンセリングの3つの構成要素がクライエントの結果の改善と関連していた。セラピストもまた治療結果に大きく貢献し，セラピストの共感性（第3章）の表出度が高いほどアルコール使用の減少幅が大きくなった。「セラピストの普段の共感レベルの相対的にわずかな上昇によって，治療後の飲酒量は大きく減少した」（Moyers et al., 2016, p. 226）。この知見は，事前の選抜によってセラピスト全員が少なくとも中程度の共感スキルを持っており，さらに治療セッション（共感の表現を含む）の期間中，綿密にモニターされていた点で注目すべきものである。この研究ではセラピストと治療法の間には有意な相互作用は認めなかった。言い換えればセラピストと治療法は独立して両方とも重要であった。

> セラピストと介入方法の両方がクライエントの治療結果に対して独立して影響することもある。

セラピスト間の差

　研究に参加するクライエント全員が同じ種類の治療を受ける場合や，研究以外の場面のように通常の治療を受ける場合に，セラピスト同士を比較するのはどうだろうか（これは「固定効果モデル」と呼ばれる）。あるセラピストよりも別のセラピストの治療を受けた方がよいのか，あるいはどのセラピストでも大差はないのか。2人のシェフがまったく同じ食材を使って調理するとき，彼らの料理はどのくらい違ったものになるのだろう？

　この答えは驚くほど明確である。同一または類似の治療を提供するセラピスト間にはたいてい大きな差があり，その差がクライエントの治療結果を予測し，また結果の違いは時間が経過しても一貫しており，変化しない

28　第Ⅰ部　援助関係

(Kraus et al., 2016; Owen et al, 2019)。こうした研究が，大学の研究室ではなく，マネージドケアに属する医療機関のような通常の環境で行われた場合にその影響はさらに大きくなる。おそらく，現実の環境で使われるセラピストのばらつきが大きいためだろう。有効性におけるセラピストの差は，早ければ最初のセッションから検出でき，クライエントの治療結果を予測する（Erekson, Clayson, Park, & Tass, 2020）。

　例えば，ある大学の大規模カウンセリングセンターで実施された研究は1,841名のクライエントの治療結果を30カ月間にわたって調査した（Okiishi et al., 2003）。クライエントをセラピストのスケジュールの空きに基づいて（つまり，現実の状況が許す限りランダムに）割り振った。セラピスト間でクライエントのベースラインの重症度には有意差はなかった。改善度を追跡するアンケートにクライエントは毎週回答した。その結果に応じて91名のセラピストを順位づけした。上位3名のセラピストは平均で2.4回クライエントに会っており，クライエントの改善率はこのカウンセリングセンターの平均の8倍であった。最下位3名のセラピストは3倍の期間（平均7.9セッション）にわたってクライエントに会っており，平均すると症状はベースラインより悪化していた。セラピスト間の大きな差を他の研究も報告している（Kim et al. 2006; Luborsky, McLellan, Diguer, Woody, & Seligman, 1997; Moyers, Houck, et al. 2016）。そして，嗜癖行動の治療研究においても同様な例が豊富にある（Luborsky, McLellan, Woody, O'Brien, & Auerbach, 1985; Miller, Taylor, & West, 1980; Valle, 1981）。

　セラピスト同士を比較した研究が見出した，セラピストの中には効果がないだけでなく，むしろクライエントに対して有害な影響を与える者もいるという発見には酒の酔いも醒めてしまう。心理療法は安全なプロセスであり，最悪の結果はクライエントに利益がないことだと考えられてきた。しかし，実際には，セラピスト（とセラピー）は害をもたらす可能性がある。ある臨床試験では，治療効果全体のほとんどを一人の特定の治療者の成績によって説明できた。追跡調査では，その治療者が担当したクライエ

ントのほぼ全員が毎日飲酒していた（Project MATCH Research Group, 1998）。統合失調症のクライエントを対象とした一連の研究（Rogers, Gendlin, Kiesler, & Truax, 1967）では，共感性と無条件の肯定的配慮が不十分なセラピストが担当するクライエントは改善よりも悪化の可能性が高かった。同様なことを他の研究も報告している（Moyers & Miller, 2013）。Truax と Carkhuff（1967）は「高いレベルの有効成分を提供できず，それゆえ人を悪い方へ変えるような出会いを提供する可能性の高いセラピストや教育者，カウンセラーなどを排除あるいは再訓練するために，関連するさまざまな専門家は積極的に手を打つべきである」と訴えている（p. 142，イタリック体〔傍点〕は原文のまま）^{訳注2)}。それから半世紀以上経った今でも，臨床研究において心理療法による害に対する検証は進んでおらず（Dimidjian & Hollon, 2010），行動保健の提供者を訓練，監督，研究する立場にある人間が，有害なセラピストに対して効果的な手を打てることはほとんどない（Castonguay, Boswell, Constantino, Goldfried, & Hill, 2010）。

クライエントに害を与えているセラピストが自分でそのことに気づく可能性は低く，また，セラピストの成果をモニターしない限り，職場のシステムが害に気づくこともないだろう。しかし，最も効果的でないセラピストを

> セラピストの中には，単に効果がないだけでなく，むしろクライエントに害をもたらす者もいる。

数人排除することができれば，クライエントに害の及ぶ可能性を低下させつつ機関やシステム全体の業績を大幅に改善できるかもしれない（Imel, Sheng, Baldwin, & Atkins, 2015）。

セラピスト内の差

セラピスト効果を裏づけるエビデンスの強固さを考えると，個々の治療

訳注2）　引用元が英語のイタリック体になっている箇所の訳をここでは傍点で表示した。

提供者は担当する全てのクライエントに対して一貫して有益な（または有害な）影響を与えると結論づけたくなるだろう。しかし、そうではない。セラピスト間で治療効果を比較すると全体的な差がある。つまり、セラピスト同士を比較すると有効性に順位をつけることができ、さらに治療対象になったクライエントによってもスキルや効果に差異が生じる。最高のセラピストであってもクライエント全員に対して有効というわけではないし、最悪のセラピストであっても何人かのクライエントにとっては有益かもしれない。セラピストの成功は部分的にはさまざまなクライエントとの相互作用によって説明できる。

　例えば、治療セッションで測定される全体的な共感レベルはセラピストによって差があることが多く（第3章参照）、平均的には、クライエントはより強い共感スキルを持つセラピストと治療に取り組む方が改善する可能性が高い。しかし、一人のセラピストが異なるクライエントに対して示す共感の質にも大きなばらつきがあり、このばらつきもクライエントの治療結果を予測する。あるセラピストが平均してどのくらい共感を示すかだけではなく、各々のセッションにおいてどのくらい共感を示せるかも同様に重要なのである。現実には、セラピスト間の差よりも、この同一セラピスト内のケース間のばらつきの方が、結果の大きな差につながっていることが多い。このことは、セラピストとクライエントの間で、相互作用がどのように良い（あるいは悪い）結果をもたらすかという点で、重要な「ギブアンドテイク」があることを示唆している。セラピスト（およびそのスーパーバイザー）は、治療スキルが平均してどれだけ優れているかだけでなく、クライエントによって自分のスキルの表現がどのように、そしてなぜ異なるのかにも関心を持つべきである。セラピストの総合的なスキルも重要だが、さまざまな点で違いのある各々のクライエントに対してスキルの使い方を順応さ

> 最高のセラピストであってもクライエント全員に対して有効というわけではないし、最悪のセラピストであっても何人かのクライエントにとっては有益かもしれない。

せる能力も重要だ。

クライエントとセラピストの相性

　このことは，第Ⅱ部の各章で具体的な治療スキルについて考える際に心に留めておくべき問いにつながる。誠実なセラピストはどうやって自分の能力やスキルに影響を与えるクライエントの特徴を特定し，対応できるのだろうか。中には，多くのセラピストに共通して影響を与えるようなクライエント属性もあるだろう。よく知られた格言によれば，セラピストは高齢で地味，口下手で平均的，苦労を重ねてきたクライエントよりも，若く魅力的で，饒舌で，知的かつ成功している（young, attractive, verbal, intelligent, and successful; YAVIS）クライエントを好む傾向があるという（Kugelmass, 2016; Schofield, 1964; Teasdale & Hill, 2006）。さまざまなクライエントと働く中でセラピストが抱えてしまうバイアスは他にもあるだろうし，年齢や民族，性別のような人口統計学的変数がクライエントの全てを語るわけでもない。経験豊富なセラピストは協働関係を築くのが楽なクライエントとそうでないクライエントがいることを知っているが，その理由がいつも明確であるとは限らない。

　これまでの研究はクライエントの特徴とセラピストのスキルの相性が重要であることを示唆している。例えば，より外在化した症状（物質使用など）を持つクライエントは，その症状に焦点を当てた治療を行うと反応が良いようであるのに対し，内在化した症状（不安や抑うつなど）を持つクライエントは内省的な探求を受け入れやすい（Beutler, Kimpara, Edwards, & Miller, 2018）。同様に，より指示的なセラピスト（およびセラピー）は，怒りや抵抗のレベルが低いクライエント相手の場合にはうまくいくかもしれない（Karno & Longabaugh, 2005; Waldron, Miller, & Tonigan, 2001）。セラピストの治療スキルはクライエントごとに，さらに同一クライエントとの毎回のセッションでも時の経過とともに異なって変わるだろうし，その違

いはさまざまな要因に影響されており，要因が何であるかについてはセラピスト自身も一部しか分かっていないだろう。

セラピーとセラピスト

　カウンセリングや心理療法において重要なものは何だろう。使用される具体的な治療テクニックなのか，あるいはそれを提供するセラピストなのか（Blow, Sprenkle, & Davis, 2007）。料理にたとえれば，何が食事をおいしくするのか？　シェフなのか，あるいは食材なのか。この質問の「あるいは」という単語は錯覚の原因になる――どちらか一方を選ばなければならないと考えてしまうが，本当はどちらも重要なのだ。各々の治療法の有効性に関する科学的エビデンスの強さには確かにばらつきがある（Chambless & Ollendick, 2001; McHugh & Barlow, 2010; Miller & Wilbourne, 2002）。治療を受ける側は治療者が治療の有効性に関する最新情報を知悉していることを願う（Miller, Zweben, & Johnson, 2005）。しかし，「特定成分と共通要因は相互に排他的なものではなく，心理療法を効果的にするために共に作用する」（Wampold & Ulvenes, 2019, p. 69）。

　本書は主に，カウンセリングや心理療法に対して治療者がどう貢献するかという点に焦点を当てている。これを選んだのは，きわめて見落とされやすい点であると同時に自身で変えられる部分でもあるからだ。実際，クライエントとの関係における治療能力を伸ばすことは可能だ（第12章を参照）。少なくともクライエントに悪影響を与えることを避けられるだろうし，人の変化を援助できるポジティブな可能性はとても高い。積み上げられたエビデンスは明確だ。あなたが援助者として何をするか，そしてその何をどのように行うかの両方がクライエントの福祉に違いを生み，その違いは時にきわめて大きい。

　では，効果的なセラピストはいったい何をしているのだろうか。それが第Ⅱ部の焦点である。

第2章 治療効果 33

── キーポイント ──

- 高度に構造化された同一の治療を行うときであっても，セラピスト間には重要かつしばしば多大な差があることを70年分の研究が示している。

- こうしたセラピスト間の差は常にセラピスト自身の対人関係スキルと関連しており，その年齢や経験年数，性格，準拠する理論モデルとは関係がない。

- 治療スキルレベルの低いセラピストは，単に効果がないだけでなく，クライエントに悪影響を及ぼす可能性がある。

- 人を悪い方向へ変えてしまうような治療提供者を排除あるいは再訓練する責任が援助専門家にある。

- セラピストの治療スキルの現れ方は担当するケース間で異なるし，同じケース内でも異なる。

- 全体的な治療スキルレベルは重要であるが，さまざまなクライエントに対してスキルの使い方を適応させる能力も重要である。

- 「何を」するかと「どのように」それをするかの両方が重要である。

第Ⅱ部

治療スキル

　本書は，何が人をより良い治療提供者たらしめるのか，つまり対人援助職自身が持つ影響力に焦点を当てる。セラピスト要因の方が使用される治療法よりも治療結果に与える影響が大きいのだとしたら，その違いを説明するものは何だろうか。表向きは同じマニュアルに従ってエビデンスに基づく治療を行っているにもかかわらず，なぜ提供者によってクライエントの治療結果が非常に大きく異なるのだろうか。レシピや食材の有用性は認識しているが，ここでの関心はより優れたシェフの育成にある。あなたがどんな治療法を使おうと，ここではそれをどのように行うかについて述べる。

　第3章から第10章では，効果的なセラピストが用いる8つの治療スキルを紹介する：

- 正確な共感
- 受容
- 肯定的配慮
- 誠実さ
- フォーカス
- 願いと期待

- 引き出す
- 情報提供と助言

　各章では，最初にスキルそのものとその背景について説明する。次に，そのスキルの背後にある治療的態度——内的経験の側面——について説明する。その後，外的な表現，つまりそれが実践においてはどのように見えるかということに目を向ける。最後に，そのスキルと治療結果との関係について，研究から分かっていることをまとめる。第11章では8つの治療スキル全てを眺め，共通点や，その背後に高次の「在り方」があるのかどうかを検討する。

第3章

正確な共感

　「共感」という言葉にはさまざまな意味がある。ここではまず，人間の正常な発達の一部である特性としての共感について簡単に考察する。次に，正確な共感という治療スキルについて説明し，その根底にある態度や対人関係表現を探る。最後に，さまざまな形態のカウンセリングや心理療法において，セラピストの共感性がクライエントのより良い成果につながることを示した研究の長い歴史をまとめる。

特性としての共感

　共感という経験はヒトという種において高度に発達しており（Hojat, 2007），神経解剖学的基盤上はまったく別個だが，相互に関連している少なくとも2つの構成要素を含んでいる。1つ目は認知的な視点の取り方である：ヒトは，複雑かつ時には矛盾する合図が飛び交う中で，他者の明らかに内面的な経験や意図を読み取る（Fonagy, Gergely, & Jurist, 2002; Lamm, Batson, & Decety, 2007）。生き残るためには協力し合い，お互いを理解し合う必要がある進化を遂げた人間の小集団の中で，この能力がどのように優位性をもたらしたかは想像に難くない。他者の意図を予測するこの能力は，スポーツやディベート，ゲーム，争いにおいて競争上の優位性につながりうる。
　特性的共感の2つ目の構成要素は情緒反応の共有である。あるタイ

プのニューロンは他者の行動や感情を「ミラーリング」する（Gallese, Gernsbacher, Heyes, Hickok, & Iacoboni, 2011）のだが，これは心拍数や皮膚の電気伝導度の変化から観察できる（Critchley, 2009）。例えば，映画の鑑賞中に悲しいとか怖いと感じるのがそうだ。この章の目的と特に関連するのは，こうした変化が話し手と聞き手の間で一致しうる点である。治療の二項関係における生理学的反応は，セッションの中で共感という意味での同調性につながるかもしれない（Levenson & Ruef, 1992; Messina et al., 2013）。カウンセリングや心理療法における感情の共有は，クライエントの悲しみや喜びといった感情をセラピストが認識することで起こるだけでなく，セラピスト自身が同じ感情を部分的に経験して起こることがある。

　情緒反応の共有は，慈悲的な行為を促すかもしれないが，関係する個人や社会にとって最善の利益につながらない反応を引き起こす可能性もある。Paul Bloom（2016）は，感情的な共感から衝動的に反応することを戒め，代わりに「理性的な思いやり」──客観的で人道的な意思決定──によって，同情から生じるバイアスを避けることを提唱している。分かりやすい例は，感情的な共感に基づいて特定の子どもを臓器提供の待機者リストの上位に移動させるかどうかという問題だ（Batson, Klein, Highberger, & Shaw, 1995）。

　特性的共感は部分的に遺伝し（Hojat, 2007），集団内では正規分布していると思われる（Gillberg, 1996）。共感性が異常に高い人や低い人もいるが，ほとんどの人は間のどこかに位置する。一部の人は天賦の才によって他者が何を考え，感じ，伝えようとしているかを鋭く理解できるようである。また別の人は，さまざまな方法でその能力を高める。音楽や運動能力のような他の才能と同様に，共感性は人生経験（Fox, 2017; Miller & C'de Baca, 2001）や限界的練習（意図的な実践〔intentional practice〕）（Miller, 2018; Thwaites et al., 2017）によって高めることが可能である。セラピーの実践自体が臨床家の共感能力を高める可能性もある。

正確な共感というスキル

　援助関係の文脈においては「共感」という言葉は特別な意味を持つ。それは単なる特性や内的経験以上の一つのスキルである。誰かに対してかわいそうと思う，同情とは違う。正確な共感のスキルは，他者がある感情を経験しているとき，同時に同一の感情を感じることを必要としない。感情の共有は起こるかもしれないが，起こったところでそれ自体は相手にとって特に役に立つものではない。事実，セラピストは自分が表現する感情を調整して，クライエントの感情喚起とのバランスを取っていることが多い（Soma et al., 2002）。また，セラピスト自身が過去に同じような経験をしている必要もない。実際には，自分の経験を基にして相手に自分の姿を重ねることが，むしろ正確な共感を妨げるおそれがある。現在あるいは過去に似たような経験をしていることは，正確な共感を提供するための必要条件でも十分条件でもない。最後に，正確な共感とは単に視点の取り方（他者の立場に身を置き，その人が経験しているかもしれないことを想像する能力）の問題ではない。ただし，前提条件ではある。

　このスキルの中心的側面は，クライエント自身の視点や経験を理解しようとすることだ。このスキルレベルが低いセラピストは，クライエントの視点にほとんど注意を払っていないか，あるいはまったく注意を払っていないように見えるだろう。正確な共感スキルのレベルが高いセラピストは，クライエントが伝えようとしていることに深い理解を示し，典型的にはクライエントよりも口数が少なく，自分の理解をクライエントに聞き返す（Perez-Rosas, Wu, Resnicow, & Mihalcea, 2019）。正確な共感は（以下に述べるように）観察可能なスキルであると同時に，内的経験や態度でもある。

正確な共感の態度

　正確な共感の出発点は，人は誰でもある意味で全ての人と同じような，またある意味で一部の人と同じような，そしてまたある意味で他の誰とも共有できないような経験を持っていると知ることである（Kluckhohn & Murray, 1953）。あなたとクライエントの間には，相手の真意や経験をつかむことができる共通点が十分にあるが，初心を忘れず，相手を完全に理解しているとは思わないようにするとよい。共感的理解の基本的な態度は好奇心である。他者の経験に対して心を開き，関心を持つことである。多くの場合，人は人間の経験に対する好奇心から援助職に惹きつけられる。人間であることの素晴らしさの一つは，自分自身の経験や視点のみに制限されない点である。柔軟に心を開けば，他者の人生を最初から正確に理解することなどできないと悟り，そして理解したいと思うことだろう（Lazarus, Atzil-Slonim, Bar-Kalifa, Hasson-Ohayon, & Rafaeli, 2019）。時間をかけてクライエントの立ち位置に入って，彼らが世界を知覚するのに使っているレンズを覗いてみることを厭わないだろう。

　普通の会話では人は返事ができる程度までしか話を聞かないことが多い。正確な共感では理解しようとする意図を持って聞く。しばらくの間は自分の視点や見識について述べることを控える。全ての注意をこ

> 人は誰でも，全ての人と同じような，一部の人と同じような，そして他の誰とも異なる経験を持っている。

の人が何を経験しているのかを理解することに向ける。このときの集中と没入の深さはマインドフルネス瞑想の鍛錬に似る（S. C. Hayes, Lafollette, & Linehan, 2011; Kabat-Zinn, 2016; Thich Nhat Hanh, 2015）。

　共感的傾聴には展開的な性質がある。初心者の気持ちで始めて，徐々に相手の伝えようとしていることや経験のより深いレベルの理解へと進んでいく。このような傾聴は，自分自身（あるいはクライエント）に向かって

「なるほど，これで理解できました」と時期尚早に幕を引きたくなる気持ちに逆らう，継続的に開かれた心を必要とする。

　セラピストの内的な共感体験は，相手に伝わらない限り，クライエントの役にはほとんど立たない。自分の理解を返すという継続的なプロセスは以下で明らかになるようにセラピストの理解をより深く，より正確なものにしてくれる。共感的な考察を提供し，クライエントの話に注意深く耳を傾けることで，セラピストの理解は次第に正確なものへと近づいていくだろう。

正確な共感の伝え方

　援助関係には他者の経験を理解し，重んじ，自分がその人になったつもりで相手の視点から現実を捉える力が必要である。しかし，こうした内的な共感体験だけではまだ何かが足りない。正確な共感は治療スキルであり，自分の理解を特別なやり方で外へ向けて表現することである（Gelso & Perez-Rojas, 2017）。そこには自分の内的な理解をクライエントに伝えることも含まれる。

　誰かの真意や経験を誤解するのは簡単だ。他者が考えたり感じたりしていることについて想像，あるいは推測した内容は，不正確である可能性がある。ならば，正確な共感のス

> 正確な共感は内的な理解をクライエントに伝えることを必要とする。

キルはどのように身につけることができるのだろうか。この章の後半はこの点に焦点を当てる。

コミュニケーションがうまくいかない3つのパターン

　誰かがあなたに向かって言ったことの裏には，言葉にはなっていないが伝えたい真意があり，その真意を誤解するパターンとして少なくとも3つ

が考えられる。まず第一に，人は本当に伝えたいことを常にそのまま口にしているとは限らない。クライエントの話す言葉は真意の一部しか伝えない。どんなことを話すか，そしてそれをどのように話すかには，喜ばせたい，良い印象を与えたい，騙したいといった話者の動機によって色が付けられているかもしれない。さらに，同じ言葉であっても，人によってあるいは文脈によって意味が大きく変わることがある。また，言葉の真意は話し方の「音楽」によっても伝えられる。声のトーン，話すペース，音量，間の取り方などは文字に書き起こした時の言葉以上に情報を与えてくれる。

　コミュニケーションがつまずく第二の（話し手が真意を言葉にしない以外の）パターンは，聞き間違いである。あなたは話された言葉を正しく聞き取っただろうか？　聞き間違いは，不注意，背景の雑音，アクセント，聴覚障害，母国語ではない言語で聴いていることなどが原因で起こりうる。

　たとえ言葉が完全に正しく聞き取れたとしても，第三の誤解の発生源がある。それは，あなた自身の言葉の解釈だ。あなたは何か言葉を耳にすると，基本的には頭の中の辞書でその単語を調べ，考えられる意味を検討し，おそらく最も正しいと思われるものを選び取る。この作業は瞬時に，自動的に，そして多くの場合無意識に行われる。危険なのは，聞こえたと思った言葉の自分なりの解釈を，それが本当に話し手の伝えたいことだと思い込むことだ。

沈黙

　傾聴の一つの方法は，黙っていること，聞いたことに対して何も言わないことである。実際，相手に自分が何を言っているのか処理する時間を与えることには価値がある。カウンセラーは沈黙に対する耐性を身につけるのがうまく，会話の中で数秒の間を置いて何か言いたいという衝動に抵抗することができる。しかし沈黙が長すぎると，話し手は聞き手が何を考えているのかとあれこれ考え始め，自分が想像したことを聞き手に投影する

ことになる。これは古典的な精神分析においては意図的な方略であり，セラピストの沈黙を使ってクライエントの投影を引き出し，研究していた。だが投影を誘いたい場合以外は，長時間にわたって無反応でいるのは避けた方がよいだろう。また，普通の会話においては，話し手は交代で個人的な視点や反応を差し挟む。しかし，援助関係の焦点はクライエントの幸福であり，カウンセラーが普通の会話のように自分の視点，意見，アドバイス，同意や不同意を定期的に差し挟むのは，多くの場合有益ではない。正確な共感におけるセラピストの応答とは，クライエントが何を表現しようとし何を経験しているかについて，新たに得た理解を伝えるためのものである。

よく聴くことを妨げるもの

　正確な共感の一部は傾聴中に何をしないかによって定義できる。Thomas Gordon（1970）は，話をよく聴く代わりにしてしまいがちな反応に12種類あるとした。こうした反応があると話し手は容易に脇道に逸れてしまい，たどろうとしていた本来の思考や経験に戻るには，いわば回り道をしなければならない。このため，彼はこれを「障害物」と名付けた。文字通り，共感的な傾聴を邪魔するものである。ここでは，Gordon の聞くことを妨げる12の障害物を言い換えて，カウンセラーが行いがちなものから並べた：

1. 　探索（probing）──事実を収集したり，さらに情報を得たりするために質問すること
2. 　助言（advising）──提案を行ったり，解決策を提示したりすること
3. 　保障（reassuring）──安心させる，同情する，慰める，など
4. 　同意（agreeing）──「あなたは正しい」と伝えることであり，場

合によっては賛成（approving）したり称賛したりすること

5. 指示（directing）——命令や指令であるかのように，クライエントに何をすべきか言うこと

6. 説得（persuading）——説教する，議論する，異議を唱える，理由を説明する，論理的に説得しようとすること

7. 分析（analyzing）——相手の言動を解釈したり，説明したりすること

8. 警告（warning）——相手がしている行動のリスクや危険性を指摘すること

9. 気逸らし（distracting）——冗談を言ったり話題を変えたりすることで，相手の注意を今，経験していることから逸らそうとすること

10. 説教（moralizing）——相手が何をすべきか，なぜそれをすべきかを伝えること

11. 批判（judging）——責める，批評する，あるいは単に異議を唱えるなど

12. 侮辱（shaming）——貶めたり，嘲ったりするような調子で話す，非難めいたラベルを貼るなど

　ただし，時と場合によっては，この反応の中に援助関係における適切な反応と言えるものもある。ここで指摘したいのは，12の反応はいずれも共感的な傾聴には該当せず，話していることや経験していることから意識を逸らしてしまう傾向があることだ。例えば同意することは，もう十分聞いたからこれ以上話す必要はないと伝えることになる。これは先に進みたい場合には有効だが，クライエントの経験に対する理解を深めることが目的である場合には有効とは言い難い。質問すると，相手が話している内容の特定の側面に関する情報を要求することになり，もともと目指していた自己探索から外れてしまうかもしれない。同意も質問も間違いではない。単に正確な共感とは異なる（正確な共感よりも簡単にできる）だけだ。

共感的傾聴

　正確な共感とはどんなものだろうか。それは，障害物を避けて他者の世界に足を踏み入れる助けとなる傾聴方法である。受動的ではなく能動的な傾聴（Gordon, 1970; Gordon & Edwards, 1997; Miller, 2018）であり，一種のミラーリングである。相手の言っていることに全ての注意を向け，同時に自分の理解を返すことである。James Finley（2020）は，心理療法家を「ペースを落とし今言ったことを感情レベルで聴いてみるよう繰り返し誘う人」と表現している。正確な共感は，聞いたことをただ繰り返すだけの反響ではない。それは何を意味するのか，何が（まだ）語られていないのかを推測する。クライエントの言葉を単に繰り返すのではなく，同じ段落の次の文になるかもしれないことを話す。最初は相手の言葉から大きくは離れないだろうが，理解が深まるにつれ，徐々に推測が付け加えられる（Miller, 2018; Nichols, 2009）。

　　話し手：大変な一週間でした。
　　聞き手：つらかったんですね。
　　話し手：そうなんです！　何もかもうまくいきません。
　　聞き手：○○さんが望んだような形では。
　　話し手：なんだか，自分でも本当に驚かないんですが，娘が，もう付き
　　　　　　合うなと言った仲間とまたつるんでいるんです。とにかく娘が
　　　　　　言うことを聞かないんです。
　　聞き手：娘さんのことがすごく心配なんですね。
　　話し手：心配？　一昨日の晩は，娘は救急外来に行くハメになりました
　　　　　　よ。
　　聞き手：それは心配どころではありませんね！
　　話し手：どうしたらいいか分からないんです。娘を方向修正させるため

に，できることは全てしてきたつもりですが，娘は自分の将来
なんて考えていないんです。全然気にしていないように見えま
す。

聞き手：○○さんは気にしているんですね。だから娘さんのことを諦め
たくない。

話し手：ときどき，どうしようもない無力感に襲われます。

上記の会話が，少し手を加えただけでひとまとまりの文章になることに
注目してほしい：

「大変な一週間でした。つらかったんです。何もかも私が望むよう
な形ではうまくいきません。なんだか，自分でも本当に驚かないんで
すが，娘が，もう付き合うなと言った仲間とまたつるんでいるんです。
とにかく娘が言うことを聞かなくて，すごく心配なんです。心配どこ
ろではありません。一昨日の晩は，娘は救急外来に行くハメになりま
した。どうしたらいいか分からないんです。娘を方向修正させるため
に，できることは全てしてきたつもりですが，娘は自分の将来なんて
考えていないんです。全然気にしていないように見えます。でも私は
気にしているので，娘のことを諦めたくないんです。ときどき，どう
しようもない無力感に襲われます」

このようなミラーリングによって，クライエントは自分の経験から注意
を逸らすことなく，より詳しく見ることができるようになる。また，セラ
ピストはクライエントが言おうとしていることについての自分の理解を確
認（または修正）することができ，自分がクライエントの話を気にかけて
いるのだと伝えることもできる。

上記の聞き返しは，質問ではなく発言であることに注目してほしい。自
分が推測している自覚があると，文末の抑揚が上がり調子になりやすく，

発言が質問に変わる。すると，クライエントの話に対して意図せずに，理解ではなく質問したことになり，結果的にクライエントは自分が言ったことから距離を取り，自己探索を続けるのをやめてしまうかもしれない。例を挙げると，以下で比べる2つの聞き返しが，それぞれ違った反応を引き出すことを想像できるだろうか。

「不安なんですか？」対「不安なんですね」
「その人に怒っているんですか？」対「その人に怒っているんですね」
「自分が何も悪いことをしていないと思いますか？」対「自分が何か悪いことをしたとは思えないんですね」

違いはわずかかもしれないが，発言としての聞き返しは普通の会話のようにそのまま流れていくのに対し，質問の形をとった聞き返しは防衛性を助長してしまう可能性がある。

何を聞き返すか

クライエントの発言のどの部分が大事で，聞き返すべきかをあなたはどのようにして判断しているだろうか？　返すという行為は，相手の話の特定の面に焦点を当て，選択的に強調したり強化したりする。誰も無作為に聞き返すことはしないし，もし，そうしたら奇妙なことになるだろう。クライエントの話を聴くとき，セラピストはどこが強調すべき重要な部分かを暗黙のうちに，そしてしばしば無意識に決断している。

セラピストは，クライエントの全ての発言の中から「麦と籾殻を分けることができなければならない」(Truax & Carkhuff, 1967, p. 160) が，その麦，すなわち聞き返すべき最も重要な内容とは何なのだろうか？　これは，どのような会話においてもその瞬間その瞬間での判断になり，これまでにもさまざまな提案がある：

- 常識的には，その人の根底にある感覚や感情を返すことが特に重要である（Gordon, 1970）。
- Charles Truax と Robert Carkhuff（1967）は，治療にとって重要な内容の「最も信頼できる」手掛かりは，「外に向かって表現された，動揺，不安，防衛，あるいは抵抗のサイン」（p. 291）であると述べ，(1) 人間関係，(2) 自己探索，(3) 肯定的な自己イメージという3つのテーマを選択的に強化することを推奨した。
- Leslie Greenberg と Robert Elliott（1997）は，セラピストはクライエントの経験，特に弱さや脆弱性が顕著に表れた経験を聞き返し，その経験が面接のその場で十分に蘇るようにすることを提案している（p.183）。

　何を聞き返すか，さらには共感もどの程度まで伝えるのかは，クライエントのニーズに合わせるべきという意見もある。クライエントによっては，共感を表に出されるのが気に入らず，より「ビジネスライク」なセラピストを好むこともある（Elliott, Bohart, Watson, & Greenberg, 2011b）。そのようなクライエントに対して，熟練したセラピストは共感的理解に基づいてその場での共感の表現を減らすかもしれない。

　いずれにしても，聞き返す内容の選択が重要である。セラピストが共感的傾聴という反応を見せることで，クライエントの発言の一部が特に強調され，同様の内容についてもっと話してほしいと促すことになる。第9章では，分化強化的な聞き返しがクライエントの治療結果に与える影響について，いくつかの例を紹介する。

> 聞き返す内容の選択が重要である。

大げさな表現と控えめな表現

　共感的傾聴の，目立たないが重要な側面は，聞き返しの強弱と関係している。クライエント自身の強さと完全に一致させることを強調する者(Truax & Carkhuff, 1967) もいるが，方略的理由から，感情や意見の表現をほどほどに「大げさに」あるいは「控えめに」することも考えられる(Miller & Rollnick, 2013)。控えめに表現することで，クライエントは自分の言ったことを再確認し，自己探索を続けられることが多い。一方，大げさに表現することで，クライエントは自分の言ったことから一歩ひいて距離を取るかもしれない。次のクライエントの発言を使って，セラピストが取りうる3種類の反応（控えめ，一致，大げさ）について考えてみよう：「母のことで嫌な気分になっているんです。母にはときどき本当に腹が立ちます」

1. 「お母さんにちょっとイライラさせられるんですね」
2. 「お母さんに腹が立っているんですね」
3. 「お母さんに対して強い憤りを感じるんですね」

3つの聞き返しに対するクライエントの反応は，それぞれまったく違うかもしれない。例えば考えられるのは：

1. 「イライラ？　いえ，イライラどころではないです。本当に腹が立つんです！」
2. 「うーん，どうでしょう。ときどきイライラさせられるだけなんですが」
3. 「いえ，それほどひどくはないんです。母もいろいろストレスを感じているので」

50　第Ⅱ部　治療スキル

　今度は，クライエントが「息子はずっと間違った選択ばかりしているんです！」と言ったと仮定しよう。

1. 「それで○○さんは少し落ち込んでいらっしゃるんですね」
2. 「息子さんはずっと良い選択ができていないんですね」
3. 「息子さんは絶対に良い選択をしないんですね」

　どのように聞き返すかによって違いが生まれる。クライエントに自身の経験を探索し続けてほしいなら，基本的には相手の発言の強さと同じか少し弱いレベルの聞き返しをするのがよいだろう。一方，上記の3番目の例のような拡大・増幅した聞き返しをすると，クライエントが自分の極端な立場取りや過剰な一般化を見直す助けになるかもしれないが，それはあくまでセラピストが皮肉や批判を感じさせない口調で話すことが前提である（Miller & Rollnick, 2013）。

正確な共感に関する研究

　これまでに研究されたあらゆる治療要因の中で，クライエントの良い結果との関係が最も一貫しているものは正確な共感である。合計で6,000名以上のクライエントを含む，82の独立したサンプルを用いたメタアナリシスでは，理論的志向性やクライエントの問題が多様であったにもかかわらず，共感性はクライエントの治療結果と中程度の関係（$d = 0.58, p < 0.001$）を示した（Elliott, Bohart, Watson, & Greenberg, 2011a; Elliott, Bohart, Watson, & Murphy, 2018）。セラピストの正確な共感のレベルの高さは，クライエント中心カウンセリング（Truax & Carkhuff, 1976），心理療法（Elliott et al., 2011a, 2011b），認知行動療法（Burns & Nolen-Hoeksma, 1992; Miller & Baca, 1983; Miller et al., 1980; Moyers, Houck, et al., 2016），感情焦点化療法（Watson, McMullen, Rodrigues & Prosser, 2020），健康増進（R. G.

Campbell & Babrow, 2004），動機づけ面接（Fischer & Moyers, 2014），さらにコンピューターベースの短期介入（J. D. Ellis et al., 2017）において，クライエントの良い結果を予測した。また，共感的なセラピストは，より良い結果を予測するタイプの強力な作業同盟を確立できる可能性が高い（McClintock, Anderson, Patterson, & Wing, 2018）。心理療法の領域外では，共感性は，待ち時間や診察時間といった要因とは無関係に，患者の医師に対する満足度と強く関連している（Kortlever, Ottenhoff, Vagner, Ring, & Reichel, 2019）。救急外来の医師の共感性がわずかに上昇しただけでも，患者が訴訟を考えにくくなる可能性もある（D. D. Smith et al., 2016）。

　実践において共感性のレベルが低いセラピストは，際立った懸念対象であるかもしれない（Mohr, 1995; Moyers & Miller, 2013）。セラピスト効果を分析すると，担当するクライエントの治療結果が目立って悪いセラピストが数人見つかることがある（McLellan, Woody, Luborsky, & Goehl, 1988; Project MATCH Research Group, 1998）。同様に，クライエントの治療結果の悪さは，セラピストの正確な共感のレベルの低さや Rogers のコア治療スキルのレベルの低さと関連づけられてきた（Lafferty, Beutler, & Crago, 1989; Miller et al., 1980; Valle, 1981）。Truax と Carkhuff（1967）の研究では，担当セラピストのコアスキルが中等レベルだったクライエントと高レベルだったクライエントを比べてもその成果に差はなかったが，対人関係スキルのレベルの低いセラピストのクライエントと比較すると，両群の成果ははるかに良好だった。

クライエントがセラピストの共感を引き出すのか

　対立的な説明として，予後の良いクライエント（例えば，より「やる気のある」クライエント）はカウンセラーの共感性を高めるので，結果としてセラピストの共感性がより良い結果を予測するのだ，というものがある。確かに，共感的な反応は同じセラピスト内でもばらつきがあるし，セラピ

スト間にもばらつきがある。この説明はある意味，直感的に筋が通っている。クライエントについて言えば，自分の経験を言葉にしようとする意欲があり，かつ実際にそうできる人ほど，セラピストが共感を表現する機会は多くなる（Barrett-Lennard, 1981）。セラピストは概して，クライエントが知的で精神症状が軽いほど高いレベルの共感を示す傾向にある（Elliott et al., 2018; Kiesler, Klein, Mathieu, & Schoeninger, 1967）。クライエントに対するセラピストの否定的な態度は，治療におけるより大きな障害や予後不良の判定と関連し，セラピーの経過に悪影響を与える可能性がある（Strupp, 1960）。さらに，クライエントとセラピストの間の類似性に応じて共感度が高くなるというエビデンスもある（Duan & Hill, 1996）。一方，Truax と Carkhuff（1967）は，セラピストの中核的な治療スキル（共感性を含む）はクライエントから比較的独立した要因であることを発見した。ふたりはさらに，セラピストがセッション内で治療スキルレベルの高低を切り替えると，予測されたとおり，クライエントの自己探索のレベルはセラピストの反応を追って変動することを実験によって実証した（Truax & Carkhuff, 1965）。

　真実はおそらく両方だろう。セラピストごとに正確な共感スキルに差があるのも事実であるし，クライエントもまたそのプロセスに影響を与えている。まとめるなら治療的共感とは共同で創造されるものであり，セラピストは自身の貢献部分についてより大きな責任を負っていると言える。

第 3 章　正確な共感　53

━━ キーポイント ━━

- 正確な共感とは，信頼性のある方法で測定でき習得できるセラピストのスキルである。さまざまな介入と問題の領域において，クライエントのより良い成果と関連する。

- 共感的（聞き返しを用いる積極的な）傾聴とは，「障害物」を避けながらクライエントの経験を鏡のように映す，特定の応答方法である。

- 巧みな聞き返しは，クライエントが言ったことを単に繰り返すのではなく，言われていないかもしれないことをそっと推測する。

- メタアナリシスによれば共感的傾聴はクライエントの自己探索の増加と治療結果の向上に関連する。

- クライエントの自己探索は，セラピストの行う聞き返しの強弱（控えめ，一致，大げさ）によって影響を受ける可能性がある。

第 4 章

受 容

　非評価判断的受容（nonjudgmental acceptance）は，カウンセリングや心理療法における重要な治療スキルとして長く認識されており，最重要スキルとさえ考える人もいる（Wilkins, 2000）。ある初期の記述を見てみよう：

　　それには，クライエントの「良い」，ポジティブな，成熟し，自信に満ちた，社会的な感情の表現に対する受容の感覚と同じだけの，ネガティブな，「悪い」，痛ましい，おびえた，防衛的な，異常な感情の表現の受容の感覚を伴い，クライエントの一貫した有り様の受容と同じだけの，一貫性を欠いた有り様の受容を伴う。（Rogers, 1957, p. 98）

　この意味で，カウンセラーの姿勢は「無条件」である。クライエントは，カウンセラーに受容され尊重されるのに一定の基準を満たす必要はない。受容とは，「先入観や偏見，非難する気持ちを持たずに話を聴く能力」（Strupp, 1960, p. 99）である。これは，議論する，異論を唱える，警告する，評価判断する，分析する，道徳を説く，批判する，非難する，皮肉を言うといった行為――第3章で触れた障害物のほぼ全て――が普通に起こりうる日常の社会的談話とは大きく異なる。通常のコミュニケーションとは対照的なこの点こそ，受容を非常に治療的なものとしているのかもしれない。
　本章では，特にこの非評価判断的受容の対人関係的質に焦点を当てる。ただ，「受容（acceptance）」という言葉は他にも，温かさ，肯定的

配慮，是認といった治療条件にも用いられている（Farber & Doolin, 2011b; Orlinsky & Howard, 1986; Rogers, 1951）。第5章では，こうした関連する治療属性を見ていく。

受容の態度

　非評価判断的受容は，21世紀初頭の心理療法研究，特に第三世代の認知行動療法（S. C. Hayes, 2004; S. C. Hayes et al., 2011），ストレス管理（Kabat-Zinn, 2013; S. L. Shapiro, Astin, Bishop, & Cordova, 2005），および嗜癖行動の治療（Witkiewitz, Bowen, Douglas, & Hsu, 2013; Witkiewitz, Lustyk, & Bowen, 2013; Witkiewitz & Marlatt, 2004）において注目を集めた，マインドフルネスの鍵となる要素である。古代の観想的実践（Anonymous, 1957; Salzberg, 1995; The Dalai Lama & Hopkins, 2017）に基づくマインドフルネスは，判断や評価，賛成や反対をせず，その瞬間の経験を注意深く観察することを必要とする。それは批判やこうすべきだという要求なしに，あるがままを受け入れ認識する。

　この治療的態度には人間は生まれながらにして価値があり，何らかの努力がなくても尊敬に値するという信念が込められている。この信念は，人間に対する広い意味での畏敬の念にとどまらず，目の前のクライエントという特定の唯一無二の個人に対する尊敬と受容でもある。セラピストはクライエントをあるがままに受け入れることを伝えようとし，その生まれながらの価値の感覚を是認する（Farber & Doolin, 2011a）。

　受容の表現のどこが治療的なのだろうか。Carl Rogers（1951）は，人は自分を受け入れてもらえない経験をすると，固定化され，変化することができなくなると考えた。罰のような受容されない感覚は，行動を抑制することはあっても新しい在り方を育てることはない。逆説的に言うと，人が変わることを可能にするのは，それが両親であれ，愛する人であれ，セラピストであれ，神であれ，誰かから無条件に自分のあるがままを受容され

る経験をしたときなのだ。これは，人は十分自分を嫌いになれば変わることができるという考え方とは正反対である。Rogers の考えでは，受容されない経験，条件付き価値の経験こそ，人が自分の価値条件に合わない経験を拒絶する原因である。反対に，判断を伴わない非評価判断的受容の経験は，たとえそれがセラピストによってわずかな時間だけ提供されたものであっても癒やしとなる（Miller, 2000; Rogers, 1961）。（このスキルを身につけることの付加的な恩恵は，他者を無条件に受容するという実践を通して，自分の経験もより十分に受け入れ統合できるようになるかもしれない点である）。セラピストは，クライエントの経験をはっきり理解し，その理解を聞き返し，評価判断せずに応答し，クライエントの提供するものを受容しようとする。このモデル化を通して，クライエントは自分の経験を受け入れ，尊重するようになるかもしれない。

　ここまで読んで，「これは単に，相手に何でも好きなことをする許可を与えるだけではないのか」と抗議する気持ちが出ているだろうか。

> 受容は変化の可能性を提供する。

実際には，人はすでにこの選択の自由というものを持っており，それをさらに拒絶したり非難したりしても物事は改善しない可能性が高い。非評価判断的な受容に暗黙のうちに込められているのは，「変化しないことも，『治療』されないことも，成長しないことも，自己決定的な個人としての彼らの権利」（Wilkins, 2000, p. 27）という認識である。受容は，変化の可能性を提供するのである。

人間の本質に関する根本的信念

　個々人の価値に対する一般的な敬意を超えた，人間の本質に関するより広義の信念がある。人が生まれながらにして持つ性質に関する，3つの対照的な見解について考えてみよう（Miller, 2017; Rogers, 1962）。

A説：人は本質的には利己的である。社会的なコントロールがなけれ
　　　ば，自己中心的かつ敵対的，反社会的，破壊的な本能的性質に回
　　　帰してしまうだろう。
B説：人は基本的な性質を持たない，遺伝子と経験の偶然の産物であ
　　　る。本質的には白紙であり，そこに先天的要素と後天的要素が書
　　　き込まれる。
C説：人の自然な素因は協調的・建設的で，信頼に値する。少なくとも
　　　変化のための援助的な条件を与えられた際には，通常はポジティ
　　　ブで向社会的な方向に動くだろう。

　どの見解についてもそれが真実であるという決定的な証明を行うことは
できないが，それぞれの見解を受け入れた帰結に関するエビデンスはある。
Douglas McGregor（2006）は経営管理論において，自身が「X理論とY
理論」と呼んだ2つを提案した。X理論では，労働者は本質的に怠惰であ
り，無気力であり，働くことを嫌い，できるだけ働かなくて済むよううま
く切り抜けると想定する。そのためX理論を受け入れるマネージャーは，
従業員に対する警戒心が強く懐疑的で，信用しない傾向にあり，そのまま
では労働者が避けようとすることをさせるため，脅しや強制，抑圧的な管
理，報酬，罰に強く依存する。これに対してY理論では，労働者には未
開発の才能や創造性があり，仕事を楽しみ，自己管理や自己指導が可能で
あると考える。そして，そのような労働者から職場での責任感，モチベー
ション，創造力あふれる参加を引き出すための適切な雰囲気を提供するの
がY理論のマネージャーの仕事である。どちらの考え方も，ふたを開け
てみると自己達成的予言となる傾向にあり（Jones, 1981），成功したビジネ
スは遠い昔に，共同的生産性，創造性，コミットメントを促すにはY理
論に利があることを発見している（Deming, 2000）。結局のところ，あなた
だったらどちらのマネージャーがいいだろうか。
　カウンセリングと心理療法には明らかな類似点がある。セラピスト間の

有意差は新しい発見であるとはとても言えない。心理療法家に関する最初期の研究の一つにおいて，Hans Strupp（1960）は2種類のセラピストを区別した。グループⅠのセラピストは，より温かく，受容的，人道的，寛容，民主的であったのに対し，グループⅡのセラピストは，より指示的，規律主義的，道徳的で，冷たく，厳しかった。グループⅠのセラピストはクライエントの予後をより楽観的に見ていたが，グループⅡのセラピストはより悲観的であった。第8章で述べるように，予後の認識は重要であり，期待と一致した結果をもたらす傾向がある。同じく，以前に行われた John Whitehorn と Barbara Betz（1954）による研究では，平均改善率が50.6%であった統合失調症のクライエント群において，個々のクライエントの改善率は治療したセラピストによって0から100%までばらつきがあった。ふたりは治療成績から逆算して，クライエントの特徴がわずかに異なってはいたが，症状改善率が最も高かった7人の精神科医（平均75%）と最も低かった7人の精神科医（平均26.9%）の特徴を比較した。その結果，両群のセラピストの重要な違いは，前者がより受容的——「尊重的，共感的，積極的」——と評定されたのに対し，後者は「表面的，非人間的，受動的」と評定された点であった。セラピストの受容が与える具体的な影響について，より新しいエビデンスを以下にまとめる。

抵抗

「抵抗」という現象も，人間の本質に対する態度が自己確認的になる一つの在り方である。かつて嗜癖行動の治療に携わる臨床家の間では，物質使用障害を抱える人（当時は「アルコール依存者」や「中毒者」と呼ばれていた）は病的な嘘つきで，治療に非常に抵抗的で，性格的には否認のような未熟な防衛機制に依存しているという信念が広まっていた。実際，DSM-Ⅲ（American Psychiatric Association, 1980）以前は，依存症はパーソナリティ障害に分類されていた。私たちはこの記述に困惑した。そうした

人と治療を通じて接してきた自分たちの経験と一致しなかったからだ。物質使用障害を抱える人が特徴的な人格構造を持つとか特定の防衛機制を過剰に使用するといった科学的エビデンスが見つかったことは一度たりともない。依存症は，特定の人口統計学データやパーソナリティ分類に限定されるものではない。だとすれば，上記のようなクライエント特徴に関する見解は，どのようにして専門家の間でこれだけ広まったのだろうか。突き詰めて考えれば，これは自己達成的予言である。当時の嗜癖行動の治療で一般的だった，指示的かつ非受容的，直面的コミュニケーションスタイルは，当然のように正直さよりも防御心を呼び起こし，したがって反治療的になり，クライエントの予後に対する悲観的な見方を助長した（White & Miller, 2007）。本質的には対人関係の中で生じ，セラピスト側の行動に極めて反応しやすい現象に対して，「抵抗」という概念はクライエント側の病理に帰属させている（Miller & Rollnick, 2013; Patterson & Chamberlain, 1994; Patterson & Forgatch, 1985）。

　対照的に，受容的なコミュニケーションスタイルは通常，防衛反応を軽減させる。クライエントの「抵抗」はセラピストの応答スタイルを変えることでラジオの音量のように上げ下げすることができる（Glynn & Moyers, 2010; Patterson & Forgatch, 1985）一方，防衛的あるいは抵抗的なクライエントの応答はより悪い治療結果を予測する。抵抗を喚起するやり方でのカウンセリングは良い結果をもたらす可能性が低く，防衛性を弱めるやり方でのカウンセリングはポジティブな変化をもたらす可能性が高いと言える。

　この現象は，対人コミュニケーションのダイナミクスが進化してきた長い道のりにそのルーツを持つのかもしれない。「心理的リアクタンス」とは，人はたとえ同意できる内容であっても，招かれざる説得や助言と感じるとそれに反した行動を取るという，十分に立証された傾向を指す（Brehm & Brehm, 1981; Rains, 2013; Steindl, Jonas, Sittenthaler, Traut-Mattausch, & Greenberg, 2015）。順位制は，高等哺乳類の間にはっきりと観察することができ，黙認のサインを送ることによって対立における敗者の逃走を許す，

複雑な社会的行動によって制御されている（de Almeida Neto, 2017）。人間の場合，優位性のダイナミクスは言語（多くの場合，評価判断的なもの）によってコード化されており，無意識のうちに作動することがある。この考え方においては，説得や助言に従うということは，「一つ下」の立場を受け入れるということである。人は自分の行動に対する最終的な裁量権を持っているため，行動に関するアドバイスというのは，リアクタンスとノンコンプライアンス（不服従）を誘うのに理想的な文脈である（de Almeida Neto, 2017）。抑うつ状態にあるクライエントとの行動活性化をめぐる対話について考えてみよう：

セラピスト：今の○○さんに必要なのは，家の外に出て，何か他の人と楽しめるようなことをすることだと思います。

クライエント：そのエネルギーがありません。

セラピスト：エネルギー不足はうつ症状の一つにすぎません。ブラインドを閉めて部屋に引きこもっていたのでは，良くなることはありません。何か楽しめることをすべきです。

クライエント：でも前は好きだったことさえ楽しめないんです。

セラピスト：それもうつ症状の一つです。アンヘドニア（失快楽症）といって，喜びを感じなくなることです。とにかく外に出て好きだったことをやってみれば，まだいくらか楽しめるかもしれません。

クライエント：そうは思えません。

セラピスト：では，今週それを試してみるのを，今回の宿題とします。今週少なくとも3日，家の外に出て楽しめそうなことをしてみてください。楽しむ必要はありません──とにかくやるんです！

クライエント：やってはみます。

セラピストの意図は良い。アドバイスは妥当で，エビデンスに基づい

ている。しかし，この対話の過程では，セラピストは説得，助言，教育，指示を行うことによって専門家としての態度を示している。だが対話における教示／指示のダイナミクスは，通常防衛的な応答を喚起し，結果として不履行と変化の欠如を予測する（Miller & Rollnick, 2013; Patterson & Forgatch, 1985）。このセラピストはきちんと傾聴しておらず（第3章），受容も伝えていない。

受容の伝え方

　では，どのようにして受容という治療条件を明示すればよいのだろうか。かなりの範囲にわたり，受容はあなたがしないことによって伝達される。受容には，非難や批判，反対，レッテル貼り，警告，辱めといった評価判断を下す反応を控えることが必要なのである。第3章で述べたコミュニケーション上の障害物の多くは，クライエントを一つ下の立場に置く効果がある。賛成という反応でさえ，クライエントの経験を（この場合は肯定的に）評価するという点で判断的になりうる。

　「直面化」とは，評価判断を伝達する可能性と反応や抵抗を誘発する可能性が際立つセラピストの反応である。直面化の本質は，指示，説得，非難，相手の誤りの修正，反対，評価判断，あるいは辱め——つまりコミュニケーションの障害物全てを含みうる。セラピストの行動を観察するあるシステムでは，直面化という反応を「クライエントの正直さに対して，直接かつ明瞭に異議を唱える，議論する，修正する，辱める，非難する，批判する，レッテルを貼る，警告する，道徳を説く，嘲笑する，あるいは質問すること」（Moyers, Rowell, Manuel, Ernst, & Houck, 2016）と定義している。直面的な反応は，その数が比較的少ないとしても，それがなければ生産的であったかもしれないカウンセリングセッションを台無しにしてしまう可能性がある。

　セラピストが傾聴と受容から始めた場合，前述の対話はどのように変わ

りうるだろうか。

セラピスト：他のクライエントさんとはうまく
いったやり方があります。○○さんにも
納得していただけるものかは分からない
のですが，よろしければ紹介させていた
だけますか？

セラピストは，クライエ
ントが反対する許可を与
える（「○○さんにも納
得していただけるものか
は分からないのですが」）
ことで，即座に受容を
伝えており，さらにいき
なりアドバイスに進まず，
まず相手の許可を求めて
いる。

クライエント：もちろんです。

セラピスト：うつの罠の一つは，自分が大切に
思っている人や場所，物事から切り離さ
れてしまうことなんです。私の言いたい
ことが伝わりますか？

自分の話にクライエント
がついてこられているか，
丁寧に確認している。

クライエント：はい，私もほとんど家にいて，
それが良くないことだとは分かっていま
す。

抵抗ではないチェンジ
トーク（第9章）。

セラピスト：そして罠から抜け出す方法の一つ
は，外に出て，以前楽しんでいたことを
やってみることなんです。そういう気分
にならないときでも，そしてそういう気
分にならないときこそやってみる。絶対
にできない気がするかもしれませんが。

生じうる抵抗を認め受け
入れる。

クライエント：いえ，言っていることは分かり
ます。ただ，いつもすごくだるいんです。

セラピスト：もちろんそうだと思います。分かります。だるいときは，外に出て楽しめそうなことをするなんて，想像するのも難しいですよね。それこそ本当に罠みたいです。

思いやりのある，受容的な口ぶりである。聞き返しは，それ自体が受容を伝える。

クライエント：そうなんです。身動きが取れなくなっているようで，この状態から抜け出さないといけません。

セラピスト：どんなことならやってみようと思えるか，私には分かりません。それは○○さん次第です。でも，今週何か新しいことをやってみようと思えそうですか？

クライエントの自律性を認め，尊重している。クライエントの選択を強調する形で質問している。

　この対話でもいくつかの心理教育が起こっている点に注目してほしい。しかし，指示的ではなく協同的なやり方であり，何を受け入れ実行するかを決めるのはクライエント自身であるという事実を認めてもいる。

　Confront（直面する）の語源は「to come face to face（正面から向き合う）」であり，この意味ではセラピストの行動（「誰かの視界に入り込むこと」）としてではなく，むしろカウンセリングの目標として，クライエントが安全で助けを得られる環境で自身とよりじっくり向き合うのを手伝うこと，と考えることもできるだろう。穏やかな直面化は自己探索と変化を促すことができるが，それは信頼に足る，共感的で受容的な治療関係の文脈においてのみである（S. C. Anderson, 1968; Moyers, Miller, & Hendrickson, 2005）。受容を伝えることで防衛反応が軽減され，潜在的に脅威や困難となりうる内容について，より安全に考えることが可能となる。

　セラピストが評価判断を行わないことに驚くクライエントもいるかもしれない。特に，校長室に呼び出された生徒のように，強制されて治療に訪れ厳しい対応を予期している状況ではそうだろう。クライエントは非難や

反対と受け取れる言葉に非常に敏感になりうる。例えば対人関係カウンセリングを受けに来たカップルは，より悪いのはどちらかをセラピストが決めるのではないかと予想したり恐れたりする。非難されている感覚や辱められている感覚は，自己防衛と現状維持をもたらすレシピである。何か重要な内容を話したとき，セラピストから評価判断や非難を受けず，すぐに指図されるようなこともないと知ると，クライエントの多くは驚くと同時に安心する。

　あからさまな判断をしないためには黙っているというのも一つの方法だ。しかし，沈黙も判断と完全に無縁ではない。第3章で述べたように，問題はクライエントがセラピストの沈黙に対して自分の最悪の恐れや想像を投影してしまうことである。距離を置いて黙っているのではなく，クライエントを安心させ想像上の評価判断を回避できるやり方で，積極的に受容を伝えよう。

　第3章で紹介した正確な共感というスキルは受容を伝える良い方法である。相手が本当に言おうとしていることを理解する努力は，尊敬の念を含意する。これは返事を（あるいは往々にして障害物を）差し挟むのに必要な

> クライエントを安心させ想像上の評価判断を回避できるやり方で，積極的に受容を伝えよう。

だけ聞くという一般的な会話スタイルとはまったく異なる。ここで重要なのは，受容の根本的な態度だ。反対する気持ちは，声の調子からだけでも聞き返しに滲んでしまう。評価判断なく関心を寄せるというマインドフルな態度が，聞き返しを用いた傾聴の背後に流れる音楽を律するのだ。受容とは，共感的な理解を伝えることができる文脈である。

　マインドフルネスの実践の起源は古く，現代の治療法にも幅広く取り入れられてきた（Benson & Klipper, 2000; S. C. Hayes et al., 2011; Kabat-Zinn, 2016; Thich Nhat Hanh, 2015; Witkiewitz et al., 2014）。さまざま瞑想法には，自分の経験を評価判断せずに観察し受け入れつつ，意識を（例えば呼吸や静物，マントラに）集中させることが関わっている。こうした方法を対処ス

キルとしてクライエントが習得できるようにしたいなら，セラピスト自身も実践者であることが望ましい。マインドフル瞑想に習熟することは，「ひとに教えることを自分でも実践する」という誠実さにとどまらず，治療者自身にメリットをもたらす可能性もある。例えば，状態としてのマインドフルな受容を実践することで，性質としてのマインドフルネスを一般化し強めることができる（Kiken, Garland, Bluth, Palsson, & Gaylord, 2015）。さらに，カウンセリング自体もマインドフルな受容の状態で行うことができるし，練習によって受容を自分自身の経験に対する通常反応にできるだろう。そうすれば，受容は必要に応じて呼び出すスキルではなく，治療者の本来の在り方となる。

　受容を伝える方法には，共感的傾聴とマインドフルネスに加えて，第5章で紹介する是認がある。是認とは，クライエントのポジティブな性質や行動に着目し認める気持ちを直接伝えることである。本章では，より一般的な治療姿勢である非評価判断的受容に焦点を当てたが，もちろん最も重要なのは，セラピストがこの是認の態度を伝えることである（Horvath, 2000）。

治療的受容に関する研究

　瞑想やマインドフルネスの実践自体が持つ好ましい効果についての科学的文献が膨大にある（Gotink et al., 2015; Keng, Smoski, & Robins, 2011）。ここではセラピストの受容がクライエントの治療結果に及ぼす影響に焦点を当てる。

　セラピストの受容とクライエントの治療結果の関係を調べた大規模レビューを見てみると，David Orlinsky, Klaus Grawe, Barbara Parks（1994）によれば，154の効果のうち56％がポジティブなものであり，セラピスト属性をクライエントの視点から評価した場合にはさらに高い65％がポジティブな効果であった。また，セラピストの受容性を参加者でない観察

者が記録から独立して評価し，クライエントの結果を客観的指標によって評価した場合，結果の62％がポジティブな関係を示した（Orlinsky & Howard, 1986）。セラピストとクライエントが相互に受容を示した場合も高い結果となった（79％）。

　興味深いのは，サンプル中の人種・民族的マイノリティーの割合が高いほど受容のポジティブな影響が大きくなる傾向が見られたことだ（Orlinsky et al., 1994）。これは，人種・民族的マイノリティーの多いサンプルでは，クライエント中心療法である動機づけ面接の効果量が非マイノリティーのサンプルに比べて3倍（$d = 0.79$ vs. 0.26）になったというメタアナリシスの結果と似ている（Hettema, Steele, & Miller, 2005）。どちらのレビューでも，研究に参加したセラピストは主に非マイノリティーであった。受容的で共感的な治療スタイルは，クライエントが社会的に疎外されそのような治療に慣れていない場合や，大きな社会文化的違いを超えてカウンセリングを行う場合に，より重要となるのかもしれない。

　まとめると，セラピストが受容を示し伝えるとクライエントの治療結果が向上することを十分なエビデンスが示している。受容性はセラピスト属性の一つに過ぎず，それ自体の効果は決して高くない。しかし，他の要素と組み合わさることで，同じ治療技術を使っているとされる場合でもセラピスト間によく見られる大きな差を生み出しうる。

> 受容的で共感的なスタイルは，社会的に不利な条件に置かれたクライエントの治療において，より重要となるかもしれない。

第 4 章　受容　67

キーポイント

- 受容という治療的態度には，人間は生まれながらにして価値があり，それを勝ち取らずとも尊敬に値するという信念が込められている。

- その時のありのままを受容される経験は，ポジティブな変化を促す。

- 人間一般の本質に関する信念，あるいは特定の個人の本質に関する信念は，自己達成的予言となりうる。

- クライエントの防衛反応や抵抗は対人関係の現象であり，通常は受容的，共感的で相手に敬意を払う治療スタイルによって軽減される。

- 受容は部分的には，セラピストが非難や批判，反対，レッテル貼り，警告，辱めをしないことによって伝達される。

- 受容的で敬意を払う治療スタイルは，クライエントが社会的に疎外されている場合や大きな社会文化的違いを超えてカウンセリングを行う場合により強い影響力を持つかもしれない。

第 5 章

肯定的配慮

　カウンセリングにおける温かさや敬意は Carl Rogers が創始したもので
はないが，クライエントを誠実に有意義なやり方で尊重することによる
因果関係の仮説を考えたのは彼が最初だった。Rogers は正確な共感と誠
実さに加えて「無条件の肯定的配慮」を治癒に必要な3条件の1つとし
た[原注1]。これは，特定の技法と手順をこなすセラピストの専門知識と能力
を通じて治癒が生じるとする従来の見解を根本から覆すものだった。Paul
Wilkins（2000）は，肯定的配慮とは「セラピーのあらゆるアプローチにお
ける主要な治癒要因であり，自己一致（congruence）と共感は単に肯定
的配慮が信頼に足るものとなる文脈を提供するだけである」(p. 23) と主
張した。

　肯定的配慮の無条件という側面は，第4章で述べた「非評価判断的受
容」の議論と重なる。つまり，クライエントはカウンセラーから向けられ
る敬意を証明する必要も，勝ち取る必要もない。肯定的配慮は，人間を本
質的に「ポジティブで，前進的で，建設的で，現実的で，信頼できる存
在」（Rogers, 1962, p. 91; cf. Giannini, 2017; Miller, 2017）とする意図的な見方に
根ざした，明らかなメリットとは無関係に全ての人に拡張される前提条件

原注1）　Rogers は，共感と誠実さ，肯定的配慮は，カウンセリングや心理療法において
　　癒やしが起こるための必要条件であるだけでなく，十分条件であると信じていた。私た
　　ちはこの3つのみが治療に重要な側面であるという見方には同意しない。しかし，クラ
　　イエントの変化を助けるのにこの3つの治療技術で事足りるケースは驚くほど多い。

である[原注2]。

　治療属性としての肯定的配慮を測定することは試行錯誤を繰り返してきたが，その理由の一部は，同じあるいは類似した概念を指すために温かさや受容，敬意，支援など多くの異なる用語が使われてきたためである。実際，Rogers（1957）は肯定的配慮をクライエントの経験に対する「温かい受容」と表現している（p. 829）。Truax と Carkhuff（1967）の尺度では，肯定的配慮が低いとクライエントに助言を与えたり，クライエントに対する責任を負ったりする一方，肯定的配慮が高いセラピストは「患者の人としての価値や自由な個人としての権利に対する深い敬意」を示すという（p. 66）。

　Rogers の3つの治療条件全てを測定するためにデザインされたクライエントによる自記式尺度（Barrett-Lennard, 1962）は肯定的配慮を2つの側面に分けた。肯定的配慮の全体的なレベルとそれが生じる場面の条件性である。条件性の評価では，クライエントの言動によってセラピストの賛同や温かさが変化するのかに着目した。したがって，肯定的配慮の全体的なレベルを高く評価された治療者が特定の内容に関しては賛同レベルを下げることが見られた。クライエントの悩ましい行動や発言とは無関係にセラピストはクライエントを尊重すべきだというのが Rogers の明確な意図であることを考えると，この点は興味深い。セラピストの肯定的配慮の条件性の評価は下位尺度としての信頼性と妥当性が低いことが判明したため，Barrett-Lennard Relationship Inventory（BLRI）（Barnicot, Wampold, & Priebe, 2014）を用いた研究では省略されることが多い。肯定的配慮の全体水準に関する尺度は，良好な内部一貫性（＝0.91）を有し，複数の治療プロセス研究において十分な信頼性と妥当性を示しており，セラピストの肯定的配慮測定におけるゴールドスタンダードとなっている。ただし，こ

原注2）　Rogers は自分の仕事に対する神学の影響を否定していたが，彼自身の大学院教育はユニオン神学校から始まっている（Kirschenbaum, 2009）。Martin Buber と Paul Tillich, Reinhold Niebuhr との対談ではスピリチュアルな面を隠すことなく探っていた（Kirschenbaum & Henderson, 1989）。

の尺度はセラピストがどのような行動を通じて肯定的配慮を示すかは特定していない。

肯定的配慮の態度

　正確な共感や受容と同様に，肯定的配慮にはセラピストにとって内的経験である面とそれをクライエントに伝える方法の両方が関わる。肯定的配慮の内的経験要素とは，セラピストの認知的・感情的な傾向，つまりマインドセットである。最も一般的な意味では，この傾性はクライエントに対する敬意と善意のスタンス，クライエントのウェルビーイングと最善の利益に対するコミットメントを指す。肯定的配慮は，本書が紹介する全ての関係性の要素を実践するための慈愛の文脈である。例えば，自社製品を売るためや競争で優位に立つために巧みな共感的傾聴を実践することもありうるだろう。しかし，カウンセリングや心理療法においては，クライエント自身の幸福（welfare）と最善の利益を促す意図を持って治療技術を使用する。

　Rogers（1959）は無条件の肯定的配慮をセラピストの「温かさ，好意，敬意，思いやり」を表す態度だとした（p. 208）。彼は病理ではなくポジティブな成長に焦点を当てていたが，この姿勢は人間の幸福（happiness），美徳，ウェルビーイングの研究に焦点を当てたポジティブ心理学の最近の発展にも表れている（Peterson & Seligman, 2004; Rashid & Seligman, 2018; Seligman, 2012）。Rogers は，人は生まれながらにして健康とポジティブな成長を目指す強い意欲を備えると信じていた。そのため，自身を癒やしの専門家とは考えず，困難な状況下でも治癒し成長するというクライエントの自然な能力を目の当たりにする栄誉に恵まれた証人とみなしていた。このように，クライエント自身の英知を認識し敬意を払うことは肯定的配慮の重要な要素である。

肯定的配慮の伝え方

　肯定的配慮の外的側面は行動の表出である。クライエントに対して内的に肯定的配慮を経験するのも良いことであるが，それを言葉や行動で伝えることができればさらに良い。肯定的配慮にはクライエントのポジティブな部分を大切にし，それを認め受け入れることが含まれる。強みや成果，意思，美徳といったクライエントの内なる美点を予測し，認め尊重しよう。やる気を失っているクライエントに対しては，その人が自身について見失っていることを見抜き，伝えよう。これは，問題だけでなく強みや能力に注目するという，培うことのできる習慣である。以下は肯定的配慮を反映したカウンセラーの対応例のいくつかである：

- 「今日は本当に難しい問題から目を逸らさず，よく向き合いましたね。勇気ある行動だと思います！」
- 「これまでに経験された問題について話してくださいましたが，聞いていて私が何を感じたと思いますか？　よく乗り越えてきましたね！　何度打ちのめされても立ち上がって，今ここにいらしたのですね」
- 「一週間の断酒を目標にして，5日間もまったく飲まずに過ごせたんですね。すごいことですよ！　どうやって達成したんですか？」
- 「お子さんを本当に深く愛していらして，お子さんを守るためなら何でもするという気持ちでおられるのですね」

　肯定的配慮を言葉で表現する際は，通常「私」ではなく「あなた」への言及から始まる。たとえそれが肯定的なものであっても，「私」で始まる内容は評価判断的なニュアンスから逃れられない（「（私は）あなたを誇りに思います」）。「（あなたは）とてもがんばっていると私は思います」とい

う言い方も，少なくとも部分的には焦点をクライエントからセラピスト自身に移してしまう。「よくがんばっていますね」と言う方が，よりシンプルで良いだろう。

では，セラピストのどのような反応が肯定的配慮を伝えるのだろうか。心理療法家肯定的配慮表出尺度（Psychotherapist Expressions of Positive Regard; PEPR）には，担当セラピストの言語的および非言語的行動についてクライ

> 肯定的配慮にはクライエントのポジティブな部分を大切にし，認めることが含まれる。

エントに問う項目が含まれている。例えば，セラピストの単純な是認（「またお会いできて嬉しいです」，「良いセッションでした」）のほか，セラピストの具体的な行動（「私のセラピストは，私が泣きだしたときにティッシュを渡してくれた」，「私のセラピストは，自分でうまくやれることを誇りに思えるように励ましてくれた」）や，長期間の複数回のセッションの中で現れるセラピストの全般的な態度（「私のセラピストは，現在経験していることと過去に行ったことを関連づけてくれた」，「私のセラピストは，自分の弱点と考えている部分に対する新しい見方を提示してくれた」）について尋ねている。PEPR の因子分析を行うと，2つの信頼できる因子が得られた。最初の因子，「支持的な／気遣う発言」は，セラピストがクライエントに対して温かさや安心感を与えようとする際の具体的な発言である。2つ目の「独自の応答性」は，セラピストがクライエントを一人の人間として深く観察し，そこから何か価値あるものを発見したという感覚を表す。ただしこの2つの因子は，第1因子の全項目がセラピストの直接的な発言であるのに対し，第2因子は「私のセラピストは……」で始まる項目のみで構成されるという，項目構造におけるメソッド分散を反映しているに過ぎない可能性がある。

3つ目のやや弱い因子である「親密性／情報開示」には，セラピストがハグをする，クライエントの肩に手を置く，悲しい話を聴いて涙ぐむ，個人的な話を共有する，クライエントの外見の変化に気づく，特に大変だっ

たセッションの後にクライエントの様子を確認するためにカウンセリング外で連絡を取るといった，境界侵犯ともみなされうる項目が含まれている。最初の2つの因子とは異なり，この因子はBarrett-Lennard尺度で測定される肯定的配慮と負の関係にあった。

　まとめると，肯定的配慮が高いセラピストは，全体的な温かさ，敬意，支援の感覚をクライエントに伝える。関連する別の概念として，「非評価判断的受容」（第4章），すなわちクライエントの表現する内容によって肯定的配慮が変化するどうかという問題がある。これにはおそらく，肯定的配慮のコミュニケーションと，特定の内容に対する反対または非受容を伝える選択的なメッセージの組み合わせが関わっているだろう。セラピストの肯定的配慮と非受容反応を個別に測定すれば，無条件性という下位尺度よりも高い信頼性を得られるかもしれない。

是認

　是認は肯定的配慮を直接伝える方法である。そのためには相手の長所やポジティブな行動，属性に気づきコメントすることが必要だ。是認することで率直かつ明瞭に相手への敬意を表現することができる。聞き返し（第3章）と同様に，是認も単純なものと複雑なものが考えられる。単純な是認とは特定の行動に対するコメントで，例えばクライエントがセッションに来てくれたことにお礼を言う，課題を達成したことに対して正当に評価する，気分が良さそうであることに気づくといった，小さなものであるかもしれない。単純な是認は比較的簡単に行うことができ，認知的にも感情的にもあまりコストがかからないが，治療者の肯定的配慮や敬意の一端を伝える。しかし，低コストであるがゆえに使いすぎてしまい，善意からのコメントであっても，不誠実な印象を与えてしまうこともある。単純な是認は相手のどの部分に治療者が敬意を表しているのかを直接には語らない。単純な聞き返しと同じく，単純な是認のみに頼ると関係の深まりが制限さ

れてしまうかもしれない。

　複雑な是認にはセラピストの努力が必要である。このためには話を聴きながら長所を探し，人として尊敬，称賛できる点を見つけ出さなくてはならない。治療セッションでクライアントに向き合っている間に，次から次へと詳細な情

> 是認には，相手の長所，ポジティブな行動，属性に気づきコメントすることが必要である。

報や重要な問題が姿を現してくると，称賛できる点をやすやすと見逃してしまう。しかし，筆者は，息をするかのように自然に誠実な是認をするセラピストを知っている。もしかしたら，あなたもそうかもしれない。ただ大部分のセラピストにとっては，混乱のさなかにポジティブな部分に注意を払ってコメントすることは時間をかけて徐々に身につける実践である。習得可能なスキルでもある（Muran, Safran, Eubanks, & Gorman, 2018）。複雑な是認の本質とは，ポジティブな事柄の内的で安定した（特性的）帰属である（Weiner, 2018）。以下に複雑な是認の例を挙げる：

- 「今日は来るのが嫌だったにもかかわらず，奥さまのことを考えて，来る決断をされたんですね。奥さまのことを本当に大切に思っていらっしゃるんですね」
- 「これまであれだけの問題を乗り越えてこられて，今度は今回の件があり，壁にぶつかっても前に向かって進み続けていらっしゃいますね。道のりが困難なときでも，本当に確固たる意志をお持ちです」
- 「それは本当に独創的なアイデアです！　他の人が思いつかないような解決策を思いつかれますね」
- 「まさに有言実行ですね。あなたが誰かにコミットすると決めたら，その人はあなたに全幅の信頼を寄せることができますね」

　つまり，クライアントの現在の経験をその人のもっと永続的で称賛に値

するような部分に結びつけるのである。そのような視点から物事を眺めることで，クライエントは励まされ，勇気づけられ，楽観的な気持ちになり，リスク恐れず行動したり難しい選択をしたりする意欲を得る。もちろんこれは，教師，コーチ，友人など，さまざまな人との関係において起こる可能性がある。大切にされ正当に評価されることは，深遠な経験となりうるものだ。

埋め込まれた肯定的配慮

　肯定的配慮は，直接的な口頭での是認以外にもさまざまな方法で伝えることができる。クライエントは，あなたが自分について何を言うかよりも，あなたが何をするかに価値を見出すことがある（Suzuki & Farber, 2016）。例えば，セラピストがよく話を聴いてくれたり，予約に柔軟に対応してくれたりすると，クライエントは自分が大切にされていると感じることができる。肯定的配慮は部分的には，非評価判断的受容（第4章）や，時間をかけて相手の真意を理解する正確な共感という行為（第3章）そのものによって伝達される。こうした行動は，直接そう言わなくても，「あなたは耳を傾ける価値のある人であり，あなたの言葉は重要である」というメッセージを伝える。

　ここで肯定的配慮の内的側面と外的側面がつながる。クライエントに対して肯定的，受容的，楽観的な態度を取るセラピストは，直接的な是認を超えた，埋め込まれ織り合わせられた肯定的配慮の表現を伝えられる可能性が高い。そうした表現は，クライエントの強みや努力，達成した事柄を継続的に認識し正当に評価することから生まれる。

　トレーニングを受けても本書を読んでいただいても，肯定的配慮の内的な楽観的態度を理解するのは難しいかもしれない。だが幸運なことに，それはクライエントから学ぶことができる。困難な経験をしているクライエントの旅路に寄り添い，彼らの良いところを探し続けることで，人間のレ

76 　第Ⅱ部　治療スキル

ジリエンスをより深く理解し評価することができ，次の人，また次の人へと肯定的配慮の能力を高めていけるのだ。あなたの前に座るクライエントのポジティブな部分を探す訓練は，決して無駄にはならない。

是認は害となりうるか

　心理療法の流派の中には治療者からの是認を警戒するものもある。語られてきた理由の一つは（Gelso & Kanninen, 2017が説明しているが，エビデンスはない），正当に認められ評価されたいというクライエントのニーズに応えることで，他者からの承認を求めることを超えて成熟するのに必要な自己吟味からクライエントが逸れてしまうのではないかという懸念である。治療者は，未熟で神経症的な欲求を満たすことを控えることで，クライエントがより成熟した在り方を模索するのを助けられると考える。そのような「満足感を与えることを差し控える」態度は精神分析のイメージとしては一般的であるが，温かな対話を重視する分析家はこのステレオタイプを遺憾に思っている。確かに是認を控えることでクライエントが成熟する可能性は考えられるが，私たちの知る限り，それを裏づけるような科学的根拠はない。一方で，是認や肯定的配慮の表現がクライエントのより良い結果と関連していることを示すエビデンスは豊富にある（この章の最後でレビューする）。差し控えすぎるリスクと是認しすぎるリスクの間で選ばなければならないなら，私たちは後者を選ぶ。

　もちろん是認が良くない結果を生むこともある。浅はかで不的確な是認は，空虚で不誠実な称賛と受け取られ，逆効果になるかもしれない。また，クライエントや文化によっても是認への反応が異なるだろう。操られることに対する不信感を持って治療を始めたクライエントは，初期の是認に警戒心を示すかもしれない。ここで明らかに注意すべきは，本書で触れる他のスキルにも共通することだが，クライエントの反応を注意深く観察する必要があるということだ。例えば，クライエントによってはお試し期間に

あたる時間の間に，誠実さ，受容，共感を通して肯定的配慮を表現する機会を稼ぎ取る必要があるかもしれない。是認はあなたの臨床判断とクライエントからのフィードバックに応じて，段階的に行わなければならない。さらに，対人関係における是認の規範もさまざまである。温かさや正当に認め評価する気持ちをはっきり表現することが一般的な文化やサブカルチャーもあれば，ほとんど表現されない文化もある。また，是認の解釈のされ方も異なるかもしれない。自分を操ろうとしていると思われたり，形を変えた批判であると受け取られたりすることも考えられる。しかし，仮に是認のやり方を間違えたとしてもクライエントの反応に注意を払っていればそれに気づくことができ，作業同盟に生じた亀裂を修復するための調整を行うことができるはずだ（Rubino, Barker, Roth, & Fearon, 2000; Safran, Crocker, McMain, & Murray, 1990）。いずれにしても，クライエントの長所を認識し，称賛し，大切にするという内的経験を維持し続けよう。

　ほとんどの対人関係上の治療スキルがそうであるように，肯定的配慮の表現にもゴルディロックスのバランス，つまり，それぞれにとって多すぎず少なすぎない，ちょうどよい量がある。また，どのように是認を行うかという点でも，前かがみになる，クライエントの目を見て話す，優しい調子で話すなどの多くのスキルが関わってくる。

　以下は，2型糖尿病を患い，健康行動やライフスタイルの変化について話し合うために紹介された女性との初回セッションである。ここでは共感的な傾聴と受容に肯定的配慮を組み合わせている。

クライエント：何もかも新しい経験です。自分が糖尿病なんてとても信じられません。自分では元気だと思うのですが。

セラピスト：本当に驚かれたんですね。ずっと健康だったから，そのままでいたかった。

クライエント：そうなんです。健康維持に努めてきました。

セラピスト：もうすでに，体調を管理して健康でいるための努力をされ

ているんですね。だからこの診断は予想していなかった。

クライエント：医師は糖尿病ではなく糖尿病予備軍かもしれないと話していました。

セラピスト：まだあまり深刻な状態でなければいいと思っているんですね。

クライエント：分かりません。もし深刻なら，そうでないふりはしたくありません。

セラピスト：事実を受け止める用意があり，その上で元気でいるために自分に何ができるのかと考えていらっしゃるようですね。

クライエント：はい，私にとっては健康が大切です。

セラピスト：それは何よりです。というのは，これから健康のために生活を変えていく中で，何が効果的かを一番実感できるのは，おそらく○○さんご自身だからです。

クライエント：自分でもそう考えていました。

セラピスト：すでに考えていらしたんですね！　一つ質問させてください。これまでに生活を大きく変える必要があったことが何かありますか？　健康に関するものでなくて大丈夫です。何か大きな問題に直面し，自分の生活を変える必要に迫られた経験がありますか？

クライエント：離婚とか？

セラピスト：まさにそうです。そのときはどう乗り越えたんですか？

クライエント：それまで自分ではほとんど経験したことがなかったことを，いろいろ覚えないといけませんでした。

セラピスト：それまで以上に自立されたんですね。そして新しいことができるようになった。

クライエント：はい，そうだと思います。そうせざるをえませんでした。

セラピスト：ということは，何か予期しないことが起こったとき，○○

さんは何をすべきか，どのようにすべきかを考えて対処できる人なんですね。

　ここではどの応答にどの治療技術が対応しているのかと考え込む必要はない。共感的な聞き返しは，受容や是認のように聞こえることもある。カウンセラーはこの例において，クライエントの強みと動機，前向きの努力，選択の自由を強調している。

肯定的配慮と是認に関する研究

　メタアナリシスでは治療結果に対する肯定的配慮の正の効果量は小さかった（$g = 0.27 - 0.28$）（Farber & Doolin, 2011a; Farber, Suzuki, & Lynch, 2018）。対象となった64件の研究におけるデータセットと研究サンプルの重複使用をコントロールすると，効果量はやや増加した（$g = 0.36$）。これは，正確な共感（第3章）や誠実さ（第6章）について報告されている推定効果量と比べていくぶん小さい。うつ病に対するある臨床試験（Barnicot et al., 2014）ではセラピストの肯定的配慮はクライエントの結果を予測しなかったが，誠実さと共感は予測した。

　なぜこのようなばらつきがあるのだろうか。肯定的配慮の予測性の低さは，一つにはその定義に幅があることと関係しているかもしれない。一方，セラピストの是認は肯定的配慮よりも具体的な概念であり，信頼性の高い観察可能な実践行動に基づいている。心理学研究によると，是認（自己是認を含む）は防衛性を減少させ，潜在的に脅威となる情報の検討や行動変容を促進する傾向がある（Critcher, Dunning, & Armor, 2010; Epton, Harris, Kane, van Konigsbruggen, & Sheeran, 2015; W. M. P. Klein & Harris, 2010）。

　聞き返し（第3章）がそうであったように，肯定的配慮でもどの内容を是認するかが重要なようだ。正の強化の原理と同じく，発言の後にセラピストの是認を受けたクライエントは，不適応な内容も含め，同じ種類の発

言をその後も行う可能性が高かった（Karpiak & Benjamin, 2004）。この研究では，クライエントの発言に含まれる「不適応な」内容をセラピストが是認すると認知行動療法の12カ月後の結果が悪化していた。

条件付き確率を使ったある研究では，セラピストの是認の後にクライエントの飲酒継続を擁護する発話（維持トーク）が続く可能性は有意に低く，クライエントのチェンジトークが続く可能性が高かった（Apodaca et al., 2016）。つまり，是認が先行することで問題行動を変えることに対するクライエントの関心が高まり，現状の擁護が減少したのである。

肯定的配慮や是認は，オンライン形式であってもポジティブな治療効果を有するようである。Fredrick Holländare ら（2016）の研究では，うつ病に対するインターネット上の認知行動療法において，セラピストの是認や励まし行動がクライエントの症状改善と有意に関連した。

弁証法的行動療法（dialectical behavior therapy; DBT）の創始者である Marsha Linehan が特筆すべき臨床試験の結果を発表した。この研究では，オピオイド依存と境界性パーソナリティ障害両方の診断基準を満たす女性を，DBT または comprehensive validation therapy（CVT; 包括的承認療法）と呼ばれる新しい統制群，12ステッププログラムの組み合わせの3つのどれかにランダム割り付けした（Linehan et al., 2002）。全てのクライエントはオピオイド維持療法を受けることができ，もちろん12ステップのミーティング参加も自由にできた。CVT にはセラピストの温かさや誠実さ，受容に基づく方略，承認（validation）など，DBT の「非指示的」要素が含まれていたが，DBT の指示的な行動手順は一切除外されていた。CVT（および DBT）は是認的要素について「セラピストは，セッション内での有効な反応やセッション外での有効な反応の報告に気を配り，即座の承認によって対応する」（p. 24）と説明している。Linehan らは行動療法を用いた以前の取り組みは「包括的な承認を治療に加えるまで」効果がなく，したがって「承認が鍵となる治療要因であることが示唆された」と述べている（p. 16）。同研究はこの意味で，CVT を超えた特定の治療要素

の付加的影響を検証するための要素分解研究であった。

　上記2つの治療法は，16カ月にわたる治療および追跡調査の期間中オピオイド使用量の減少に同程度の効果を示したが，治療開始後8〜12カ月の間はDBTの方がわずかに優れていた。1年間の治療において，CVTからの脱落者はゼロであったのに対し，DBTのクライエントは36％が離脱した。精神症状の改善と自殺未遂行為の減少はどちらの治療法においても目覚ましく，両群に差はなかった。以上から，フルのDBTプログラムは，その一部分である是認／承認の構成要素よりも効果的であるとは言えなかった。

キーポイント

- Rogersは無条件の肯定的配慮を，正確な共感および誠実さと並ぶ，ポジティブな変化を促すために必要な3つの治療条件の1つとした。

- セラピストにとっての肯定的配慮の経験的（内的）側面とは，クライエントに対する無条件の敬意と善意を備えた性質であり，その強みや成長の可能性を予測し正当に評価することである。

- 肯定的配慮の外的側面には，実践における行動を通した肯定的配慮の表現，すなわち，クライエントへ肯定的配慮を伝えることが含まれる。

- 是認とは信頼性のある方法で観察可能な実践行動であり，防衛性の軽減と治療同盟や治療結果の向上に関連する。

- 単純な是認ではクライエントの特定の行動にコメントするが，複雑な是認ではクライエントのポジティブな強みや特性に焦点を当てる。

第6章

誠実さ

　対人援助職の中には，客観的であることや個人的な感情を排除すること，感情や考えが読めないこと（不透明性），主観的な情動反応に左右されないことが求められるものもある。例えば裁判官には自発的であることや感情的であること，感情や考えが読めること（透明性），面白さは期待されない。同じことは歯科医や探偵にも言えるかもしれないし，プロのポーカープレイヤーにとっても考えが顔に出るのはふさわしくない。仕事によっては，特に人との関わりが少ないか，ほとんどないような仕事であれば，真剣に取り組むほど嘘偽りのない自分という側面を人との交流から遠ざけておくことになるだろう。その距離感が目の前の仕事に必要な客観性をもたらすのだ。個人的な人間関係は仕事に不可欠なものではなく，むしろ邪魔になることもある。

　しかし，それ以外の職業では，誠実さは財産である。例えば熟練の教師や指導者は，仕事に真剣に取り組みながらも，そこに自分の人間性を持ち込むことに長けている。彼らは2つを両立させられるのだ。ある程度の客観性はなくてはならず，尊重すべき職業上の境界線というものは確かに存在する。しかし，誠実さが欠けていると，成果の向上につながる作業同盟が損なわれてしまう。

　受容（第4章）においてそうであったように，誠実さという性質は，それが不在であるときに最も明確になるかもしれない。不誠実であるということは，何らかの形で本心を隠すということだ。嘘偽りのない本物の自分

としてそこに存在しなければ，援助者はなんらかの役割，よくあるのが専
門家役や第三者的観察者であるが，こうした役割にしがみつくことになる
だろう。部分的には自己防衛目的で，控えめになったり，距離を置いたり，
完全に客観的に振る舞ったりするように見えるだろう。簡単に言えば，専
門家としてのやりとりの中で，自分を隠しすぎてしまうのだ。例えば，臨
床実習でクライエントに初めて接する学生を考えてみよう。不安や自信の
なさを感じ「インポスター症候群」^{訳注3)} を経験すると，本当の自分であろ
うとする誠実さが抑えられ，硬くて人工的な存在が作り上げられてしまう。
だが幸いなことに，ほとんどのカウンセラーは自分を隠す必要性から解放
され，自分の人間性を大切にしてクライエントと接することができるよう
になっていく。

医師はこのプロフェッショナルなバランスの
よい例である。医療現場では，患者は医療従事
者に一定の客観性，能力，自信を期待する。最

> 不誠実さには自分を隠
> すことが含まれる。

新の科学論文に精通し，回復するのに役立つだろうアドバイスや治療を提
供してくれる専門家を求めている。態度は冷たいが有能な治療者と優しい
が無能な医師の間で選択を迫られたら，多くの人は前者を選ぶだろう。だ
がありがたいことに，専門家は有能であると同時に誠実であることができ
る（Gordon & Edwards, 1997）ので，そのような選択は必要ない。実際，親
身になって話を聴いてくれる医師の患者はアドバイスに従う可能性が高く，
病気の転帰も良好になる傾向がある（Rakel, 2018; Rollnick, Miller, & Butler, in
press）。

セラピストの誠実さの度合いは，自分を隠すことに労力を使わず，代わ
りに自分らしい独自のやり方で応答するときに高くなる（Gelso & Carter,
1994）。援助専門家の，クライエントの犠牲の上に自分を隠すようなこと

訳注3) インポスター症候群とは自分の力で何かを達成し，周囲から高く評価されても，
自分にはそのような能力はない，評価されるに値しないと自己を過小評価してしまう傾
向のこと。

をしないこの特性を表現するために，他にも実在感や真の関係性，オープンさ，正直さ，非偽物性といった用語が使われてきた（Geller & Greenberg, 2018; Kolden, Klein, Wang, & Austin, 2011; Weinraub, 2018）。自発性やユーモア，脆弱性といった資質は，クライエントとの作業同盟を促進する。これは実践の中では，(1) クライエントとの内的経験に気づき，(2) クライエントの物語の展開に沿って感情的に関与し，(3) クライエントの利益になる場合は，自分の経験や考え，感情，価値観を進んで明らかにすることを意味する（Schnellbacher & Leijssen, 2009）。言い換えれば誠実さとは，セラピストが治療者という看板の後ろに隠れず，一人の人間として輝くことである（Lietaer, 2001a）。

　誠実さは Carl Rogers の3つの治療条件の中で最も研究が乏しい要素だったが，援助関係において測定することができ，その関係の成功に関係することが報告されている（Grafanaki, 2001; Truax & Carkhuff, 1976）。誠実さの測定法としては，観察評価尺度と行動尺度がある。

　Charles Truax と Robert Carkhuff（1967）によって最初に考案されたセラピストの誠実さの尺度は，（通常は録音テープを通した）治療セッションの観察に基づくものであった。この尺度では，彼らが開発した非独占的な温かさや正確な共感の評価尺度と同じく，カウンセラーを5つのレベルあるいは段階で評価した。最も低いレベルは，セラピストの言葉と経験の間にはっきりした矛盾のある，明らかな防衛的態度である（例：「私は怒っていない！」と叫ぶ）。誠実さがわずかに高くなるレベル2は，「わざとらしく前もって練習したような」「個人ではない専門家としての態度」で応答したことを示す。中間点を超えたレベル4は，（明示的または暗示的な）防衛性がないこと，あるいは経験と自己報告の間に明らかな自己不一致がないことを示す。最高評価であるレベル5には，防御的な態度やよそよそしいプロ意識がないだけでなく，自分らしくあること，自分の感情や経験と自己一致することが求められた。

　臨床家の誠実さを把握するための自記式質問紙としては，Barrett-

Lennard Relationship Inventory（BLRI）(Barrett-Lennard, 1962) と Real Relationship Inventory（RRI）(Kelley et al., 2010) の2つが最も一般的である。BLRI はセラピスト（自己評価）とクライエント（セラピストの評価）の両方を評価することができる。質問の一例を挙げると，セラピストには「私は（クライエントに）自分の考えや感じていることを進んで伝えようと思っている」という文章に対する自己評価を行ってもらう。同じ質問がクライエントに対しては「（私のセラピストは）自分の考えや感じていることを進んで話してくれる」と表現される。RRI も同じように2つのバージョンがあり，どの項目もセッション中のセラピストの行動に焦点を当てている（例：「私のセラピストは本当の自分を隠していた」）。

　誠実さに関連する行動指標には，セラピストの自己開示もある。これについては，後ほど誠実さの伝え方の項で取り上げる。

自己一致：誠実さの内的経験

　治療上の誠実さは内的な要素と外的な要素の両方を持つと考えることができる（Kolden et al., 2011; Lietaer, 2001a, 2001b）。その内的あるいは経験的要素を，ここでは「自己一致（congruence）」と呼ぶことにする。これは誠実さを外に表現するための必要条件であるが，十分条件ではない。誠実さの外的な表現は，ここでは「真正性」と呼ぶ（自己一致と真正性という単語は，どちらも誠実さの同義語として使われる場合もあることに注意してほしい）。

　受容を他者へと拡大する力（第4章）と自己受容の間には直接的な関係があり，同様に自己受容は自己一致と関係がある。あなたが自分の経験に不快さを感じていれば，他者が自分の経験を受け入れ統合するのを助けるのも難しいだろう。「自分が長所と短所を持つ一人の人間として受け入れられ，愛されていることを発見したとき，自分の中に秘密，自己の唯一性という秘密を持っていることを発見したとき，私は初めて他者に心を開き，

彼らの秘密を尊重できるようになる」（Vanier, 1998, p. 82）。

　自己一致とは人の自己認識と実際の経験がどのくらい収束しているかというその度合いである。Rogers（1957）は自己一致の概念を，クライエントと心理療法家双方の精神的健康の指標として，さらにはより広く人間一般の精神的健康の指標として利用した。Rogers の理論において苦しみや病理の原因となる自己不一致とは，自分が実際に感じ，考え，行っていることを受け入れられない状態である。この意味で自己不一致は，否定された，あるいは完全には意識されていない自己の側面を指した，Carl Jung の影の概念と類似する（Jung, 1957; Jung, Read, Adler, & Hully, 1969）。自分の不完全な部分を受け入れられなければ，他者の不完全な部分も見えないか，あるいは他者への投影が起こることが予想される。ある諺が簡潔に表したように，「他者の内に見えるものは自分の内にある（You spot it, you got it）」のである。共感や温かさといった他の中核的な治療条件を経験し伝えるためには，カウンセラーの自己受容が必要であると考えられている（Truax & Carkhuff, 1976）。

　援助関係の文脈でいう自己一致には，セッション中にクライエントが自分にどのような影響を与えているかをリアルタイムで認識すること，自分の中に感情や印象が生じたときそれを受け入れることも含まれる。この意味での自己一致は，精神力動的な概念である逆転移，つまりセラピスト自身のクライエントに対する感情や反応と重なる（Wilkins, 2000）。クライエントに対する自分の反応を自己認識することは，責任ある実践を行うための重要な要素である（Burwell-Pender & Halinski, 2008; Pieterse, Lee, Ritmeester, & Collins, 2013）。

真正性：誠実さの伝え方

　自分自身の経験と合致しているとは，対人場面においてそのことを相手に伝えることとイコールではなく，それは援助場面でも同じことである。

自分の内的経験を認識し受容しながら，故意あるいは無意識のうちにクライエントに偽った外面を見せることは可能だ。対人関係の特性としての誠実さは，今この時のこの関係における自分の経験を嘘偽りなく表現することを必要とする。反対に自己隠蔽は，さまざまな健康上の問題と関連することが分かっている（Larson, Chastain, Hoyt, & Ayzenberg, 2015）。

　治療における誠実さが目指すのは，セッション中に生じる自分の感情を乗り越えることではない。一番の目的は，自分やクライエントを欺かないようにすることである。治療目標の達成を促すようなかたちでセラピストの内的経験をクライエントに開示できたとき，それを真正性と呼ぶ。つまり，誠実さは自己一致（自分の内的経験を認識し受け入れること）と真正性（共感をもって自分の経験を正確に伝えること）の両方を必要としている（Watson, Greenberg, & Lietaer, 1998）。臨床研修によって，この2つのうち1つは影響を受けるかもしれないがもう片方は影響を受けないことは容易に想像がつくだろう。自己一致と真正性に関する人間の能力は，個人の心理療法を含めた人生経験を通じて伸びることが多い。

　誠実さは常に受容，共感，肯定的配慮といったより大きな対人関係の文脈の中で生じなくてはならない。共感なき誠実さを受け取っても嬉しくない。クライエントがセラピストからの共感と受容，肯定的配慮を経験していれば，正直さのゴツゴツした部分が滑らかになる。治療における透明性は，常にこうしたより大きな治療条件に基づかなければならない（Watson et al., 1998）。誠実さとは，クライエントに起こっていることに対する自分の反応の自覚と，クライエントの最善の利益のために共感というフィルターを通してそれを伝える能力を指す。

　正直さと共感は時に相反する価値観である。対人援助職は，自分が考えたことや感じたことをわざと正直に言わないこともある。クライエントが傷つきやすい場合や深刻な問題を抱えている場合には，この選択が特に重要となるだろう。しかし，リラックスして共感し，受容し，正直に応答するカウンセラーは，害となる可能性よりも助けとなる可能性の方が高い。

これは情緒が不安定なクライエントや気難しいクライエント，けんか腰の
クライエントに対しても言えることだ。重要な質問をしよう。あなたが率
直でないのはクライエントのためだろうか。それとも自分のためだろうか。

クライエントに対するネガティブ感情

　臨床家が誠実さよりも対人関係上の距離を取ることを選ぶ理由として一
般的なのは，クライエントによっては時折生じる強烈なネガティブ感情を
避けるためである。これを選ぶ理由は理解できる。クライエントに対して
不満や嫌悪感，怒りを感じるのは珍しいことではなく（Pope & Tabachnick,
1993），セラピストが賢明な対応をしなければこうした感情は治療関係に
とって有害である（Wolf et al., 2017）。では，真正なセラピストはどう対応
すべきなのか。ありがたいことに解決策は誠実さの特徴に見出すことがで
きる。

　クライエントに対する自分のネガティブ感情を認識し受け入れられるこ
とは，賢い対応のために必要な最初のステップである。自己一致の度合い
が低いセラピストは，ネガティブ感情の認識と受け入れに特に苦労するだ
ろう。クライエントに対するネガティブ感情を経験し，それを認めたとき
には，少なくとも2つの重要な問いについて考えてほしい。まず，その感
情は自身の歴史や性格，価値観と関係しているのだろうか。次に，その感
情は，他の人がそのクライエントと接するときに経験するものと似ている
のだろうか。この問いに答えるプロセスで，あなたはその参加者となり，
観察者ともなる。そのことがあなたのネガティブ感情を和らげるかもしれ
ない。

　また，クライエントに対する自分の正常な，反射的な，そして潜在的に
有害な感情を調整する方法を身につけるのも賢いやり方である（Wolf et al.,
2017）。例えばマインドフルネス（Davis & Hayes, 2011; Kelm, Womer, Walter,
& Feudtner, 2014）もよいし，治療の妨げとなる行動への具体的な対応策

（J. A. Hayes, Gelso, & Hummel, 2011）や治療的関係を強化し，生じた亀裂を修復する方策（Safran et al., 2014）を構築するのもよいだろう。Abraham Wolf ら（2017）が観察したように，「私たちは，心理療法におけるこうした経験とそれに対する対応が，セラピスト効果——あるセラピストは他のセラピストよりも優れている，あるいはこの場合についてはおそらく，他のセラピストよりも劣っているという事実——を少なくとも部分的には説明すると考えている」（p. 176）。クライエントもそうであるように，治療結果に影響するのはセラピストのネガティブ感情そのものではなく，それにどう反応するかなのである。

自己開示

　セラピストの具体的な対応としては，自己開示が誠実さと論理的に関連した観察可能な行動である。しかし，Truax と Carkhuff（1967）の尺度では，最高レベルの誠実さと評価されるのに個人的な感情や経験を「開示する」必要はなく，そうした感情や経験について不正直，防衛的，自己不一致になることを避けるよう求められているだけである。セラピストは自己開示すべきか否かという問題，またするのであればいつ何をどのように自己開示すべきかという問題は，誠実さに直接関わる永遠の課題であるが（Knox & Hill, 2003），臨床研修では見過ごされがちである。自己開示の在り方についてはさまざまな意見があり，セラピストの威厳やプロとしての距離感を損なうのではないかと懸念する人やセラピスト自身のニーズを満たすだけではないかと懸念する人もいる（Farber, 2006）。クライエント中心アプローチではプロとしての距離感や威厳は望ましくなく，まさに治療関係に求められないものである。

　自己開示に関する実証的知見にはもう少し一貫性がある。セラピストの自己開示はより良い治療関係や治療結果と関連づけられており（Hill, Knox, & Pinto-Coelho, 2018），特に開示によってセラピストの人間性やクライエ

90　第Ⅱ部　治療スキル

ントとの類似性が明らかになった場合に顕著である（Henretty, Currier, Berman, & Levitt, 2014; Levitt et al., 2016; Somers, Pomerantz, Meeks, & Pawlow, 2014）。一般的には，自己開示をする人は「より好感が持て，信頼でき，好ましい性格的特徴を持っている」と認識される傾向にある（Collins & Miller, 1994）。

　多くの美徳と同様に，過剰な透明性は有害にもなる。セラピストに自分の考えや経験を全て伝える義務はないし，そうすべきでもない。そうしてしまったら害をもたらす可能性があるからだ。誠実であるということは，セッション中に生じるありとあらゆる思考や行動の衝動に従うことではない。残酷なまでに正直であることでもない。自己開示が適切なのは，それがクライエントの役に立つ可能性がある場合だ。プロのセラピストは，セッションを通じて自分の個人的な問題に取り組む共同クライエントではない。特定の自己開示が有益であると信じる理由を意識できる必要があり，その上でクライエントの反応を注意深く観察する必要がある。どんなタイプの自己開示が有益でどのようなことは言わないでおくべきかの判断には，人の変化に関する理論モデルが参考となるだろう。

　誠実さとは確かに不正直を避けることである。実際には何かを考えたり感じたりしているのにそうでないふりをするのは，誠実さの基本的な違反と言える。「セラピストの正

> 自己開示が適切なのはクライエントの役に立つと思われる場合である。

直さへのコミットメントは，クライエントの問題の受容を助け，変わろうとする努力を促進する」（Kolden et al., 2011, p. 69）。真実を否定することは不正直であり，クライエントはすぐにそれを見破る。多くの場合，セラピストの言語行動と非言語行動の間に矛盾が生まれるからだ。最も重要なのは誠実さのレベルが高いことではなく，セラピストに偽りがないことなのかもしれない（Grafanaki, 2001）。

　特に自己開示の岐路となるのは，クライエントからあなた自身に関する質問をされたときだ：

- 「お子さんはいらっしゃるんですか？」
- 「こういうふうに感じたことはありますか？」
- 「ドラッグを使ったことはありますか？」
- 「結婚されているんですか？」
- 「お酒を飲まれますか？」
- 「お住まいはどちらですか？」
- 「私は魅力的だと思いますか？」

　情報を開示するかどうか，またどんな情報を開示するかを決めるのはあなた自身であり，情報提供への抵抗感がどのくらいか，情報を提供することでクライエントや治療関係にどんな影響が及ぶかを考えて決断を下すことになるだろう。個人情報を提供すれば，心理療法において維持されるべき適切な境界線を越えてしまう可能性もある。拒否したり不誠実な態度を取ったりすれば，作業同盟を損なってしまう可能性もある。プロとしての立ち位置は「常に開示する」と「決して開示しない」の間で振れ幅があるが，ほとんどのセラピストは内容ごとに両極端にならない中間のどこかに立ち位置を見つける。

　クライエントがなぜその質問をするのかを考えてみるのは良いことだ。私たちの大学の研修クリニックでは，クライエントが若いセラピストに「おいくつですか？」と尋ねることがある。質問の背後にある動機を推測できる場合もあり，その出発点として一つ考えられるのはクライエントの懸念を聞き返すことだ。

クライエント：おいくつですか？

セラピスト：このカウンセラーでは経験不足ではないかと考えていらっしゃるんですね。

クライエント：ええ，そうです。とてもお若く見えるので。かなり年下

ですよね。

セラピスト：そうですね，心配になりますよね。勇気を出してここまで来られました……とてもつらそうに見えます。悩みを分かってくれて何か助けてくれるようなカウンセラーと話したいのですね。

クライエント：はい，そうです。

セラピスト：ではセッションをどのように進めていくのか，少し説明させてください。それを聞かれたうえで，担当が私でも大丈夫かどうか教えていただけますか？［自律性の尊重］

クライエント：分かりました。

セラピスト：ここは研修クリニックで，大学病院に研修医がいるのと同じような感じです。私を含むセラピスト全員が博士課程レベルの研修を受けていて，講義はほとんど終わっています。心理士の資格を持つ教員がスーパーバイザーとしてついていて，私も毎週指導を受け，セッションの質が保証できるようにしています。ご承知でしょうか？

クライエント：はい，受付の人が，担当するのは研修生だと教えてくれました。

セラピスト：今，お悩みのことをしっかり理解できるよう，そして望んでおられる方向に変化を一緒に起こせるよう，きちんとお話を聴くと約束します。できる限りのことをしたいと思っていますし，そうする用意もあるのですが，○○さんが不安を感じられないことも大切です。いかがでしょうか？

クライエント：やってみようと思います。

　この例ではセラピストは冒頭の質問に答えず，クライエントの根本的な懸念に対処している。質問に答えることはできるが，クライエントが質問している理由を見落とさないようにしよう。以下は嗜癖行動の治療でよく出てくる質問への対応例である：

クライエント：ドラッグを使ったことはありますか？　今は回復期ですか？

セラピスト：質問に正直にお答えしたいと思うのですが，その前に二点うかがわせてください。まず，もし私が「使ったことがある」と言ったら，それは○○さんにとってどんな意味を持ちますか？　そして，もし私が「使ったことがない」と言ったら，それは○○さんにとってどんな意味を持つでしょうか？　ではまず，私がドラッグを使ったことがあり，今が回復期だとしたら？

クライエント：たぶん，それなら私のことをよく理解してもらえると思うのが一番でしょうか。責められることもなさそうだし。

セラピスト：それはもっともです。ご自身を理解してくれて，批判しないセラピストと一緒に取り組みたいんですね。

クライエント：そうです。

セラピスト：分かりました。ではもう一つの可能性について考える前に，付け加えたいことは何かあるでしょうか？

クライエント：もし，先生がこんな生き方から抜け出せたのだとしたら，どうやったのか気になります。

セラピスト：なるほど！　ご自身が回復するための方法を知りたいと思っていらっしゃるんですね。では，もし私が「使ったことはない」と答えたら，それは○○さんにとってどんな意味を持ちますか？

クライエント：そうですね，だとしたら，本当に助けてもらえるのかなと思う気がします。自分で回復した経験のない人の話を聞く意味があるのか分かりません。

セラピスト：自然なことですね。やはり，自分のことをきちんと理解できる人，批判ばかりせず力になってくれる人に担当してほしいんですね。

クライエント：そうです。それで，本当はどうなんですか？

セラピスト：若い頃は，加減を知らずに飲んでいました。ドラッグを試したことも何回かあります。ですが今はやめて，お酒も少し飲むだけです。私自身は依存症の回復期にあるわけではありません。

クライエント：じゃあ，なぜ今ここで働いているんですか？

セラピスト：ここでは生きるか死ぬかに関わるような大きな変化をお手伝いできるからです。ここでは本当にたくさんの人が回復していくのを見てきました。○○さんに関心があるかもしれないことを話してもいいですか？

クライエント：どうぞ。

セラピスト：これまで研究で，回復者カウンセラーかどうかにかかわらず，治療結果は同じだということが分かっています。私に○○さんと似た経験があればもっと安心できるかもしれませんが，私もここでの仕事が19年になりました。○○さんとも一緒に治療に取り組めればと思っています。お手伝いできればありがたいです。

クライエント：私としては，回復について教えてもらえればと思います。

セラピスト：はい，説明できます。私の話を全て鵜呑みにする必要はありません。使えるものとそうでないものを選り分けるのは○○さんご自身です。ですが，私の方は○○さんのお話をきちんと聴くことをお約束しましょう。

誠実さに関する研究

　誠実さの価値に対する治療者の意見は分かれているが，メタアナリシスの結果は数十年の間おおよそ一致しており，セラピストの自己開示と同様に，誠実さは作業同盟を強化し治療結果を向上させることが分かっている（Gelso, Kivlighan, & Markin, 2018）。Gregory Kolden ら（2011）は10本の展望論文を引用し「自己一致がクライエントの治療結果に与える影響

について，実証的な裏づけでは甲乙つけ難いが，全体として肯定する側に向かっている」と結論づけた（p. 67）。その後に行われたメタアナリシスでは，カウンセラーの自己一致とクライエントの治療結果の関連を調べた21の研究から中程度の推定効果量（$d = 0.46$）を得た（Kolden, Wang, Austin, Chang, & Klein, 2018）。

　治療条件に関する他の研究でも見られるように，セッションにおけるセラピストの誠実さの観察者評価を予測する際には，セラピストの自己報告よりもクライエントの報告の方が信頼性は高い傾向にある。さらに，クライエントによるセラピストの誠実さの評価は治療結果を予測するが，セラピストの自己評価は予測しないことが多い（Gelso et al., 2012）。こうした報告自体が誠実さに関する興味深い観察である。

　治療条件間の関係性も参考になる（Gelso & Carter, 1994）。うつ病治療に関するある大規模マルチサイト実験は，クライエントのBLRIセッション評価を検証した（Barnicot, Wampold, & Priebe, 2014）。同研究では，ベック抑うつ質問票（Beck Depression Inventory; BDI）を用いて測定された治療結果との個々の治療条件との関連性を明らかにするため，3つの中核的治療条件（共感性，誠実さ，無条件の肯定的配慮）を全て個別に評価した。その結果，臨床家の誠実さは治療中の抑うつ重症度の低下と関連し，さらにベースラインの抑うつ重症度にかかわらず治療後の抑うつ度の低下をやや予測した。

　また，治療条件の評価とクライエントの症状改善との関係は臨床家の間の真の違いによって説明でき，セラピストから好ましい反応を引き出すクライエントとそうでないクライエントがいるためではないことを研究が示している（Baldwin, Wampold, & Imel, 2007; Barnicot et al., 2014; Zuroff et al., 2010）。加えて，誠実さのようなセラピストのスキルは，作業同盟に関連する統計上の分散を超えた独自の分散を持つ（Coco, Gullo, Prestano, & Gelso, 2011）。こうした知見を総合すると，臨床家の誠実さを伝える能力がクライエントの治療結果を向上させることの証明になるだろう。

だが，誠実さについては未解決の問題がまだ複数残っている。共感性のようなセラピスト特性と比べると，誠実さにはあまり科学的な関心が払われておらず，これまでに発表された研究の多くは実際の治療場面ではなくアナログ研究に基づいている（Grafanaki, 2001）。このテーマに関する研究が進めば，心理療法の臨床科学だけでなく，誠実さが重要な役割を果たす他の人間同士のやりとりについても理解が深まるだろう。また，誠実さはどのように形成されるのか，臨床研修やスーパービジョンでどのように強化できるのかといったことについても，分かっていることは比較的少ない（Lietaer, 2001b）。

本書で触れるあらゆる治療法でそうであるように，誠実さに対するクライエントの反応にも個人差がある。誠実さに関する研究はほとんど全てが欧米で行われているが，文化やサブカルチャー，文脈によっては，セラピストが「偽りのない個人」であることを抑え，より権威的な役割を担った方が効果的な場合もあるだろう。あるいは，誠実さや「本物の関係」がセラピストの最も重要な対人関係スキルであり，誠実さなしではクライエントにとって共感や受容はほとんど意味をなさない可能性も考えられる（Greenberg & Geller, 2001; Lietaer, 2001b）。結局のところ，もしクライエントがセラピストを不誠実であると認識していたら，そのセラピストの共感と受容にはどんな価値があるのだろうか？　誠実さはセラピスト個人にとっても，また幅広く援助職一般にとってもさらに探求する価値のある要素だと私たちは考えている。

第 6 章　誠実さ　97

キーポイント

● 距離を置いた客観性が重要視される職業もあるが，セラピストについて言えば，温かくオープンで正直である方がクライエントの治療結果（$d = 0.46$）にも作業同盟にも良い影響があるようだ。

● 誠実さのレベルが高いことよりも，嘘偽りや不正直さがないことの方がカウンセリングや心理療法では重要かもしれない。実際，透明性が高すぎると害になる可能性もある。

● 誠実さは常に，受容，共感，肯定的配慮といったより大きな対人関係の文脈で生じなくてはならない。

● 誠実さの内的要素である自己一致は，その外的表現である真正性の必要条件であるが，十分条件ではない。

● 誠実さは，リッカート尺度でもセラピストの特定の反応を観察することでも信頼性のある測定が可能であり，どちらもクライエントのより良い治療結果と関連づけられてきた。

第7章

フォーカス

　ルイス・キャロルの有名な一節を借りるなら，「どこに向かっているのか知らなければ，どんな道を通ってもそこに行ける」。あるいはヨギ・ベラの言葉を借りるなら，「どこに向かっているのか知らなければ，別の場所に行き着くハメになる」。効果的なセラピストの属性として以前から知られているのは，明確な目標を持っていること，そしてクライエントと共に目標を達成するための一貫した計画があることだ（Beutler, Machado, & Neufeldt, 1994; Frank & Frank, 1993; Imel & Wampold, 2008）。是認（第5章）と同じくここでもバランスが問題であり，フォーカス（focus）を絞りすぎると害をもたらす可能性がある。舞台の俳優にスポットライトを当てる場面を想像してほしい。照射範囲が狭すぎれば，俳優の一部，例えば足だけを照らすことになる。広すぎるとステージや客席全体に光が行き渡り，俳優へのフォーカスが失われてしまう。変化に迷いのあるクライエントや変化に消極的なクライエントに対しては，焦ってフォーカスを絞ると治療同盟を損なう恐れがある。治療の方向性とクライエントとの共感的つながりの両方を維持するには，バランスを取ることが必要だ（Miller & Rollnick, 2013）。

　新しいクライエントフォーカスの最初のステップは，セラピーの目標を明確にすることだ。「治療状況における具体的な目標や副次的目標があると，その進捗が加速される傾向がある」（Truax & Carkhuff, 1967, p. 361）。セラピストとクライエントが共通の目標を持つことは，作業同盟

を良好にする重要な要素であり，ひいてはより良い治療結果を予測する（Flückiger et al., in press; Horvath, Del Re, Flückiger, & Symonds, 2011; Horvath & Greenberg, 1994; Tryon & Winograd, 2011）。クライエントは共感的な聞き手が寄り添ってくれることに価値を感じ，対価を払ってもよいと思うかもしれない（Schofield, 1964）が，明確な目標がなければ治療結果も曖昧になり，セッションは果てしなく続くかもしれない。私たちの考えでは，方向性を持たないままセラピーが無期限に続けられることは責任ある在り方とは言えず，望ましいことではない。多くの機関は目的とそれを達成するための手段を明記した治療計画を要求しており，それによって治療プロセスにおける説明責任を促している。行動保健サービスに支払いを行う政府やその他の第三者機関も，特定の結果をもたらすことが示されたエビデンスに基づく治療を好んでいる。その治療がどんな効果を狙っているかを知らずにある治療が効果的であるか否かを判断することはできないのだ。

　しかし，実践においては，常に明確なフォーカスがあるとは限らない。カウンセリングの最中には，クライエントの治療ニーズとは関係のないカジュアルな「おしゃべり」に驚くほど多くの時間が費やされることがある（Martino, Ball, Nich, Frankforter, & Carroll, 2009）。ある研究は，そのようなテーマ外のおしゃべりが多いほどクライエントの変化へのモチベーションや治療への定着率が低くなることを報告している（Bamatter et al., 2010）。

フォーカスの態度

　治療関係におけるフォーカスの一要素として，自分のサービスに明確な方向性を持つという責任感がある。明確な方向性とは，クライエントと取り組む目標についての共通理解を育み，それを達成するための計画を立てることである。そのクライエントにとってポジティブな結果とはどんなものだろうか。例えば禁煙外来のように，目指す結果が明確に定義されている文脈もある。しかし，他の文脈やクライエントでは，カウンセリング

の目標が最初ははっきりしないこともあり，お互いが納得する方向性を決めるための策定プロセスが必要となる。目標に関する共通理解がないまま数セッションが過ぎてしまったことに気づいたら，そのセラピストの心にはやんわりと警告灯が点滅しているはずだ。フォーカスの内的経験は，クライエントと取り組む目標がはっきりしないまま何セッションも過ぎてしまった場合，居心地の悪さとなって現れる。時間の経過とともに目標が変わるのは問題ない。カウンセリングや心理療法ではよくあることだ。フォーカスが明確であるというのは，クライエントと一緒にどこへ行きたいのかを知っており，そこに到達するための暫定的な計画がある状態を指す。

　フォーカスを明確にして維持することはプロとしての重要な責任であり，通常は治療計画に反映される。そしてフォーカスの態度には，時間が経過しても方向性が継続されるよう維持に努めることが含まれる。それには，特に多忙な現場では，各セッ

> フォーカスが明確であるということは，自分がクライエントとどこへ向かいたいかを知っており，そこに到達するための暫定的な計画があるということだ。

ションの前に治療計画やメモを見てクライエントの進捗状況を思い出し，次のステップを確認する必要があるかもしれない。そのような継続性が欠けると，クライエントがその場で訴えたことや持ち出した話題に対応するだけになりがちだ。クライエントの中には，友人に近況報告するような感覚でセッションごとに自分の生活に今何が起こっているかを報告したがる人もいるだろう。

　ここでもまた，バランスが必要だ。治療の方向性の発見と維持は，正確な共感や受容，肯定的配慮，誠実さを犠牲にして行われるべきではない。こうした治療スキルはフォーカスを継続させるための対人関係の文脈を提供してくれる。

フォーカスの仕方

治療目標を決めるのは誰だろうか。理想は交渉のプロセスを経て決めることであり，治療目標の出どころとしては（1）クライエント，（2）環境（文脈），（3）治療提供者としてのあなた自身の3つが考えられる。クライエントは通常，対処したい具体的な問題を念頭に置いて治療に臨むため，ある意味では，治療目標はクライエントの同意が得られない限り目標ではなく，もちろん共通目標でもないと言える（治療目標の対立についてはこの章の後半で触れる）。さらに考慮すべきは，以下に挙げる例のように，実際の「紹介者」が（少なくとも部分的には）特定の目的でクライエントを紹介した紹介者側である可能性だ（Monahan, 1980）。

- 飲酒運転や家庭内暴力で罪に問われ，裁判所の指示によって治療に来た人
- 問題行動の治療のために保護者によって連れてこられた未成年者
- 糖尿病をよりうまく管理できるよう，医師によって紹介されてきた患者
- 従業員支援のプログラムに上司から紹介されてきた人

また，従事するサービスや文脈によって治療目標が形作られることもあるだろう。減量クリニックのドアからクライエントが入ってくれば，主たる話題が何であるかを悩む余地はほとんどない。他にも，人間関係の改善，嗜癖行動の治療，不安や抑うつ，家庭内暴力，疼痛管理を専門とする環境もあるだろう。さらに，文脈によっては許容される結果が制限されることもある。歴史的に見ると，一部の依存症プログラムは「特定の（あるいは全ての）向精神薬を完全に断つ」という目標を受け入れたクライエントだけを治療していた。妊娠カウンセリングセンターの中には，クライエント

が中絶という選択をする際にサポートをしたがらないところもあるかもしれない。このような文脈に応じた制限があるとフォーカスを絞ることができる反面，クライエントの自律性と自己決定を支援する上で重大なジレンマをもたらす可能性もある（Ryan & Deci, 2017）。

　他にも提供者であるあなた自身が，クライエントが最初に提示したものとは違う優先事項に気づくこともあるだろう。考えられるケースの一つは，来院のきっかけとなった問題の根底に別の原因が隠れていそうな場合である。例えば医師であれば，健康を害して繰り返し来院する患者を診るうちに，その人の飲酒や喫煙習慣との関連に気づくかもしれない。気分障害やストレス障害は人間関係の問題に端を発しているかもしれない。相談を受ける中で，本題とは無関係だが対処が必要と思われる臨床的問題を見つけることはありうる。そういう場合の課題は，クライエントが訴えている問題の中にはない潜在的な変化を提起することだ。

　つまりフォーカスのプロセスとは，こうしたさまざまな，時には相反する潜在的な目標の中から治療の方向性を見出すことである。そしてそれには共同の意思決定が必要である（Barry & Edgman-Levitan, 2012; Elwyn & Frosch, 2016）。中には最初から目標がある程度明確なケースもある。例えば，心臓発作から回復した男性が喫煙をやめたいと思っている場合や，悩んでいるカップルがふたりの関係を改善する助けを求めている場合がそうだろう。

　他のケースでは，フォーカスするにはさまざまな選択肢の中から変化を選び取り優先順位をつけることが求められる。これは，Stephen Rollnick が「アジェンダ設定」と呼んだプロセスである（Rollnick, Miller,

> フォーカスするには，時には相反する潜在的な目標群の中から治療の方向性を見つけることが必要だ。

& Butler, 2008）。例えば糖尿病管理では，血糖をよりうまく管理し健康を促進する道筋として多くの可能性が考えられる（Steinberg & Miller, 2015）。図 7.1 は，健康心理学者や糖尿病教育者が健康行動における変化として考

えられる選択肢を紹介するのに使う「バブルシート」のサンプルである。

　「ここには，糖尿病を上手にコントロールして将来の合併症を予防するためにできることが12個書かれています。中にはすでに実行されていることもあるかと思います。この中で○○さんが気になるものが1つか2つはあるでしょうか？　あるいは，ここに書かれていないもっと大切なことがあるでしょうか？　何も書いていない丸があるのはそのためです。どれから始めるのがいいと思いますか？」

図 7.1. 糖尿病の健康管理についての「バブルシート」の例。Steinberg and Miller（2015, p. 17）より 許可を得て転載。© 2015 The Guilford Press.

また，具体的な変化の方向性がまったく見えないこともある。それが起こるのは，離婚，失業，愛する人の死など，生活に大きな変動があったときだ。それまで人生の整理容器として機能していた構造や意味が，突然崩れてしまうのだ。こうした大きく急激な変化は人々を混乱させ，深く悩ませ，戸惑わせる。あるいは何もかもが間違っているように思えて，どこから手をつけたらいいのか，根本的な問題は何なのかが分からなくなってしまうこともある。そうしたケースでは，最初に共感的傾聴をしっかり行った後で一緒に変化の方向性を考えていくのがよいだろう。

両価性の解消

クライエントと双方が同意するフォーカスを決めるというのは，問題がはっきりしていて分かりやすいと思える場合でさえ一筋縄ではいかないことがある。それは隠れた問題があるからでも，問題が実は複雑だったからでもなく，クライエントが問題に変化をもたらすことに対して両価的な（ambivalent）感情を抱いているからである。困難を伴う変化について考えるとき，人は両価的になることが多い。治療のために来院し，セラピストに変化を手助けしてほしいと求めていても，一方では変化にためらいがあるのもごく普通のことだ。この両価性を認識して対処しておかないと，アドバイスをする，苦痛を和らげる方法を勧める，次のセッションまでの課題を与える，クライエントの問題の原因を説明するといった変化の手順を実行しようとするときに，両価性が悪化するおそれがある。よく見られるのは，セラピストが何をすべきか，どのようにすべきか，なぜそれが重要なのかを伝えたときの「そうだけど，でも……」という反応だ。抵抗や否定の表現とみなされることもあるが，実際にはセラピストが相手の両価性の一方を擁護した結果として十分予測される反応である（Engle & Arkowitz, 2006; Miller & Rollnick, 2013）。セラピストが変化を主張して説得しようとすればするほどクライエントが反論する可能性が高まり（Miller,

Benefield, & Tonigan, 1993），クライエントが変化に反対する理由を言語化すればするほど変化が起こる可能性が低くなる（M. Magill et al., 2018）。カウンセリングや一般的な人間関係においてよくある間違いは，相手が両価的でまず傾聴を必要としているときにフォーカスを絞って問題を解決しようとすることである。

この種の両価性に直面したときは，そこからどう進めるかを決める重要な岐路に立ったと考えよう。選択肢の一つは中立性の維持で，これは「平衡（equipoise）」と呼ばれることもある。中立性を保つと決めた場合は，クライエントを特定の方向に（たとえ故意でなくても）誘導するような言動を慎重に避けなくてはならない。そして代わりに，クライエントが納得のいく決断を下せるよう最善を尽くすのだ（Janis & Mann, 1977）。もう少し言えば，クライエントが何かを選ぶこと自体もフォーカスになりうるだろう。中立性は親族に腎臓を提供するかどうかなど，援助者が特定の決断や方向性の肩を持ってはならない状況において重要である。医療の現場ではこれを**共同意思決定**（*shared decision-making*）と呼び，医師が複数の正当な行動方針を認識している状況を指す（Elwyn et al., 2014）。共同意思決定の目標は意思決定に至ることであり，治療提供者にとって好ましい特定の行動方針を勧めることではない。心理療法のセラピストの中にはどんな問題を抱えるクライエントに対しても中立性こそプロとして唯一適切な態度と考える人もいる。中立性については本章の後半で詳しく触れる。

臨床でより一般的に見られるのは，両価的な状態を越えながらクライエントが具体的な目標に向かうのを助けたいという状況である。ほとんどの場合，それこそがクライエントの主訴である。では変化が目標である場合，どのようにしてクライエントの両価性を解消することができるのだろうか。一つには，クライエントがジレンマについて話す際の言葉に細心の注意を払うことだ（第9章参照）。クライエントが変化へ向かうときは，現状を支持する「維持トーク」よりも「チェンジトーク」（変化の動機や利点が言語化されたもの）が多くなることが報告されている（Baer et al., 2008;

S. D. Campbell, Adamson, & Carter, 2010; Moyers et al., 2007; Vader, Walters, Prabhu, Houck, & Field, 2010)。動機づけ面接（Miller & Rollnick, 2013）の臨床スタイルは，この維持トークとチェンジトークのバランスに影響を与えることが分かっており，それがその後の行動変容を媒介する（M. Magill, 2018; Moyers, Houck, Glynn, Hallgren, & Manual, 2017; Moyers & Martin, 2006; Moyers, Martin, Houck, Christopher, & Tonigan, 2009）。セラピストはクライエントの言葉に慎重かつ優先的に対応することで，クライエントが向かう方向に影響を与えることができる。つまり，クライエントが自分自身を説得して変化するのを助ける（Miller & Rollnick, 2004）。

　時には，クライエントに必要だったのは両価性の壁を乗り越えることだけで，その後はセラピストの助けがほとんど無用となる場合もある。例えば，一度変化を起こすと決意さえしてしまえば，それをどう実行するかははっきりと分かっているクライエントもいるだろう。あるいは，変化に対する両価性の解消はクライエントの歩みの始まりに過ぎず，決断した変化を実行に移すにはセラピストの他の臨床スキルが必要となることもあるだろう。

　状況によっては，クライエントが両価的な状態であっても一定のフォーカスや治療目標を設定しなくてはならない。例えば保護観察官であれば，対象者が最初は目標に同意していないとしても，犯罪行為から離れるよう促さなければ仕事をしたことにはならないだろう。同じように，性犯罪や飲酒運転で有罪判決を受けた人を治療する場合も，セラピストがクライエントの変化に無関心であるとは考えにくい。確かに，何がクライエントの「最善の利益」であるかを決めるには倫理的な問題が絡んでくる（Koocher & Keith-Spiegel, 2016; Miller, 1994）が，そのクライエントがどの方向に変化するのが好ましいかという考えを治療提供者が持っている方が一般的である。

中立性を保ったカウンセリング

　中立性の維持を選んだ場合，セラピストはどうすればよいのだろうか。クライエントの選択や変化の方向性に影響を与えないよう注意したければ，どのように進めればよいのだろうか。中立性を保ち方向性に影響を与えることを意識的に控えるべきなのは，どういうときなのだろうか。これは倫理的な検討事項であり，その解決策は普通，治療法そのものからは得られない。しかし，臨床研修では治療上の中立性についての議論が棚上げされてしまうことがあまりに多い。人格理論を覗けば良い人生の構成要素に関するさまざまな主張が見つかるかもしれないが，中立性についての決定は通常，意識的であれ無意識的であれ，臨床判断の問題である。

　変化の目標がすでにはっきりしていれば，中立性は問題にもならないかもしれない。その目標は，クライエントがこういうことを助けてほしいと提示し，あなたも同意した内容かもしれない。また時には緊急性も問題となる。自殺防止ホットラインのスタッフをしていたら，電話をかけてきた人が自殺するかどうかについて中立的な立場を取ろうとすることはまずないだろう。同様に，クライエントが注射薬物の使用やリスクの高い性行為など，生命を脅かす行動を取っている場合も，セラピストが望ましい変化の方向について中立的であるとは考えにくい。

　他のケースでは，あなたはクライエントが提示した問題を見て中立性を保つと決め，相手を特定の方向に誘導しないよう注意を払うかもしれない。しかし，どんな質問をするのか，何を聞き返すのか，何を是認するのか，まとめに何を含めるのかを決めるのはあなた自身であるため，知らず知らずのうちにクライエントが特定の方向に進むよう影響を与えている可能性はある。真の意味で中立性を保つのは，想像する以上に難しい。少なくとも部分的には，あなた自身の価値観や専門知識が提供する質問，是認，聞き返しにバイアスをかけている可能性がある。

　何よりも重要なのは，自分の臨床上の意図を意識することだ。変化の方

向性を明確にすることを目指しているのか，それとも中立性の維持を選ぶのか。どちらの場合でも，平静さとプロとしての支持的な態度を見せなくてはならない。中立性とはセラピストの属性ではなく，クライエントの選択や変化の方向性に影響を与えないようにするという意識的な臨床判断である。この判断は臨床の一つひとつの局面で現れる：

「クライエントの状況の解決に向けて，戦略的に特定の方向性を支持すべきだろうか」

あるいは

「中立性を保って，故意でも偶然でも特定の方向に導かないようにすべきだろうか」

後者を選んだ場合のフォーカスは，あなたは選択の方向性に影響を与えないまま，クライエントが納得のいく慎重な決断を下せるようサポートすることにある。クライエントは養子縁組や遺言書の作成をするかどうか決めようとしているかもしれないし，仕事や人間関係をやめるか続けるか悩んでいるかもしれない。意思決定のプロセスを助けながらも中立性を保ちたい場合，どうするのがベストだろうか。どうすればたとえ事故的にでも「まず，害を与えないこと」を実践できるだろうか。

Irving Janis と Leon Mann（1976, 1977）が，慎重な意思決定に役立つ枠組みを広めた。現代では，彼らのアプローチを4つのセルから成る「意思決定バランス」として利用することが多い。本来の手法は比較にならないほど複雑だが，4セル構造でも説明には役立つ。

> あなたは変化の方向性を明確にすることを目指しているのだろうか。それとも中立性を保つことを選ぶのだろうか。

例えば，子どもを産むかどうかの決断に悩んでいるクライエント（個人

またはカップル）を想像してほしい。生物時計の針は進み続け，決断にかけられる時間はどんどん短くなっている。あなたが臨床スタンスとして中立を選んだとしたら，どのように進めるだろうか。二者択一の選択である場合，関連する要因は以下のように表される：

	子どもを産む	子どもを産まない
メリット （利点，有益な点）	A	B
デメリット （問題点，不利な点）	C	D

　特定の方向への変化を支持するのであれば（Miller & Rollnick, 2004），対角線上にある2つのセルに特に注意を向けることになるだろう。例えばセル A と D の内容について開かれた質問をし，聞き返し，是認し，まとめると，子どもを産むという決断の肩を持つことになり，セル B と C から選択的に内容を引き出すと，子どもを産まない決定の肩を持つことになる。一方中立性のバランスを保つには，4つのセルを均等に検討できるよう気を配る必要がある。それには意識的な努力が求められる。1つのセル（例えば子どもを持つことの利点）だけについて尋ね，聞いたことを継続的に聞き返し，是認し，その後，親になりたいというクライエントの主張にまとめてしまうことは自然に起きてしまうだろう。以下はその一例である：

セラピスト：子どもを持ちたいと思う理由もいろいろあるのではないかと思います。例えばどんなものがありますか？

クライエント：子どもを持つというのは，すごく特別な経験という気がします。新しい命が生まれるということなので。子どもの親になるというのも，他では経験できない，特別な関係だと思います。

セラピスト：親子という関係を経験するチャンスを逃したくないのです

ね。

クライエント：そうなんです！　でも決断を急がないといけません。養子というのも一つの選択かもしれませんが，自分たちの血を分けた子どもがどんな子か，気になります。

セラピスト：自分たちの子どもがどんな子か，想像できるんですね。

クライエント：そうですね。もちろん実際にどういう子かなんて分かるはずありませんが，どんな子であっても絶対に愛せます。

セラピスト：○○さんにとっては，そうやって愛情を注ぐことが大切な意味を持つんですね。

クライエント：私たち夫婦で経験してみたいんです。もしこのチャンスを逃したら，残りの人生を後悔して過ごすことになるかもしれません。

セラピスト：それは寂しい感じです。

クライエント：あるいは虚しいかも。なにかそんな感じです。

セラピスト：では，子どもを持つことは○○さんにとって新しい経験となり，おふたりの人生の新たな次元が開かれるということでしょうか。

クライエント：そうだと思います。

セラピスト：何が一番楽しいと思いますか？

クライエント：赤ちゃんの頃は楽しそうです。赤ん坊を抱っこすると，すごく幸せな気持ちになります。それが自分たちの子どもだったら，もっと幸せだろうと思います。

セラピスト：とっても特別な関係性ですね。他にはいかがですか？

クライエント：子どもが成長して世界を知るのを見ることでしょうか。新しいステップの一つひとつを心待ちにすると思います。子どもが新しい経験を積んでいく横にいたいです。

セラピスト：きっと驚きに満ちているだろうとすでに考えていらっしゃるんですね。

クライエント：そのとおりです！　他では経験できないことだと思います。

セラピスト：では，ここまでのお話を振り返ると，親子という関係性には何か特別な唯一無二のものがあり，他では経験できないようなものだと考えていらっしゃるんですね。自分は子どもをずっと大切にするだろう，子どもの成長に寄り添い，発達の新しい段階が訪れるたびにそれを近くで見守るだろうとも考えていらっしゃる。親が子に注ぐ特別な愛情を身をもって体験することを楽しみにされていて，それがご夫婦の関係や世界を広げることにもなりそうですね。

ここでのセラピストの応答は正確な共感に優れており，この調子で会話をかなり長く続けることができるだろう。ここでセラピストもクライエントも気づいていないと思われることは，セラピストが意図したかどうかにかかわらず，ふたりが子どもを持つ動機に個別的に焦点を当てている点だ。そうなったのは，セラピストがまず109ページの表のセル A に的を絞った開かれた質問をし，その後共感的傾聴を上手に行ったからである。

中立的なカウンセリングに必要なのは，109ページの表の4つのセル全てについて同等の好奇心を持って質問し，クライエントの話をよく聴いて内容を覚えておき，各選択肢のメリットとデメリットの総括をバランスよくまとめるのを手伝うことだ。

もちろん，表のセルの数が4つ以上になることもあるだろう。今回の例であれば，3つ目の選択肢として養子を取ることが考えられるし，ブレインストーミングをすれば選択の幅はさらに広がるかもしれない。議論を重ねることで，根底にある，相反するかもしれないさまざまな価値観が見えてくるかもしれない。中立性を保ったカウンセリングを行うには，考えられる選択肢を辛抱強く，バランスよく検討し，意思決定後のクライエントの後悔を最小限に抑えられるような，考え抜かれた決断に到達するのを助けなくてはならない（Janis, 1959; Janis & Mann, 1976）。

もう一つ触れておくべきは，セラピストの目標が特定の変化に向かうことであるなら，メリットとデメリットを等しく強調してバランスのとれた意思決定プロセスを構築しない妥当な理由がある点だ（Nenkov & Gollwitzer, 2012）。まだ両価的な状態にあるクライエントに対して意思決定バランスの介入を行うと，変化へのコミットメントを減少させ現状へのコミットメントを増加させることが分かっている（Krigel et al., 2017; Miller & Rose, 2015）。なぜそうなるのだろうか？　変化のメリットとデメリットをクライエントから均等に引き出すことができれば，予想される結果は両価性である。そして両価性とはトランスセオレティカルモデルの用語を使えば準備や行動よりも熟考に関連するものである（Prochaska et al., 1994; Schumann et al., 2005）。

目標が対立するとき

もちろん，クライエントの治療目標が治療提供者やプログラムの目標と相反することもある。おそらく治療において最も望ましくない状況は，敵対関係になってしまうことだ。ここでいう敵対関係とは，治療提供者の目標がクライエントの変化を起こすことであるときに，それが自然とクライエントの補完的役割である心理的リアクタンスを誘発し，自分の自由を守り変化に抵抗しようという態度につながった状態である（Beatler, Harwood, Michelson, Song, & Holman, 2011; Brehm & Brehm, 1981; Karno & Longabaugh, 2005）。変化を勧めただけでそうしたリアクタンスが引き起こされることもある（de Almeida Neto, 2017）。

また，セラピストが特定の治療結果にどれだけ力を注いでいるかも重要である。治療結果から心を離しすぎたセラピストはフォーカスや方向性を十分提供することができず，人間味がないとか関心がないと受け取られてしまうかもしれない。逆の方向に極端になると，特定の結果に対して個人的に入れ込みすぎて，何が何でも「クライエントにゴールテープを切らせ

る」という願望につながってしまう。これではおそらくリアクタンスや抵抗を引き起こすだろう。両者の中間にスイートスポットとでも言うべき場所があり，そこに立てばポジティブな結果に向けて取り組むことに関心を持ちつつクライエントが自分で選択するという自律性を尊重することが可能である（Ryan & Deci, 2017）。

　特にクライエントが敵対関係を期待しているような文脈（保護観察や法によって強制された治療など）では，欠かせない最初のステップとして協働的な作業同盟を築くことを優先すべきである。治療開始時に目標が共有されていなければ，関わることが特に重要となる。正確な共感（第3章），受容（第4章），是認（第5章）といった治療プロセスは，変化のための計画はもちろん，共同フォーカスが定まる前に作業同盟を築き上げるのにも有用である。William Miller と Stephen Rollnick（2013）による治療プロセスの順序は，関わること（信頼できる治療関係の構築）から始まり，フォーカスすること，変化の動機を引き出すこと，そして最後に計画することへと続く。いきなり計画から入ろうとしても，特に治療が強制である場合やクライエントが何らかの理由で両価的である場合，ポジティブな変化を育むのは難しい。

　特にクライエントが変化せねばというプレッシャーを感じている状況では，クライエントの自律性を認め尊重することは，治療的であるだけでなく，真実の確認ともなる。極端にコントロールされている状況下でも，人はなお自己決定権を行使し，意思決定を行う（Frankl, 2006）。クライエントや犯罪者，あるいは自分の子どもの行動を導こうという私たちの最善の努力にもかかわらず（あるいは時にはそれ故に），彼らは自分で選択する。人間は，他人が望む変化を起こすくらいなら喜んで重い代償を払うのかもしれない。人に何か（飲酒，喫煙，街を出るなど）をしてはいけないと言うのは，単に正確さに欠ける発言というだけでなく，その禁止事項を助長する可能性もある。外部からのコントロールの強要は，自律的な変化の動機を損なう恐れさえあるのだ。反対に個人の選択であることを強調すれ

114 第Ⅱ部 治療スキル

ば，クライエントが現状を擁護する必要性が減り，自律的な変化の動機づけが促されるかもしれない（Deli, Koestner, & Ryan, 1999; Deci & Ryan, 2008; Ryan & Deci, 2008）。クライエントの選択の自律性を受け入れ是認することは，クライエントに対して強力な，そして同時に誠実で共感的でもあるかもしれない治療姿勢を示すことにつながる。私たちは Carl Rogers（1962）と同じく，人は変化のための支持的な条件を与えられれば，ポジティブで向社会的，自己決定的，そして健康的な方向に自然と向かう性質があると考えている。少なくとも一部の人はそうしたいと思っているだろう。彼らの両価性のその部分こそ，あなたの共同セラピストである。

フォーカスに関する研究

治療上のフォーカスのより広い文脈に目を向けると，目標設定に関する心理学研究の文献が豊富に存在する（Bandura, 1986; Ford, 1992; Locke & Latham, 1990）。達成可能な目標を設定することが変化を促進すること，特に目標達成に関するフィードバックを伴う場合にそうであることをメタアナリシスがはっきりと立証している（Mento, Steel, & Karren, 1987; Neubert, 1998; Tubbs, 1986; Wood, Mento, & Locke, 1987）。同じことは心理療法の文脈にも当てはまり，目標設定によって治療目標の達成が促進されることが知られている（e.g., Swoboda, Miller, & Wills, 2017）。特にセラピストとクライエントの間で目標が一致するとより良い結果が予測される（Tryon & Winograd, 2011）。この目標一致効果（goal-consensus effect）は，クライエントとの権限分担や協働関係をサポートすると考えられており，私たちも同じ考えだ。もちろんこのようなコンセンサスは，治療目標が存在し，詳しく設定され，相互に受け入れられていなければ成立しない。

治療目標が合意されれば前に進む可能性が高くなる。反対に，クライエントが来院する理由になった問題に治療がフォーカスしなければ，役に立つ可能性は低くなる（Wampold & Imel, 2015）。

臨床研究はまたフォーカスが欠けているときに起こる事態も明らかにしている。この点で示唆的なのは，本物の心理療法と，その心療療法に似せてはいるが本物の有効成分を含まない対照治療と比較した研究の数々だ。対照治療は多くの場合，セラピストが従うべき構造や筋の通った論理的根拠，指導理論が欠けているように意図的にデザインされている（Wampold, 2015）。このような比較研究では典型的には顕著な差が生じる。つまり，明確なフォーカスを持つ本物の心理療法の方がより効果的である。第8章で述べるように，これはフォーカスの有無だけでなくセラピストの期待に起因する可能性もある。

　Bruce Wampold（2015）はさらに一般化し，心理療法の有効性に寄与する治療要因として明瞭で首尾一貫した論理的根拠があればよく，その具体的な内容は関係ないと論じている。これは「何でもあり」ということではない。第2章で述べたように，具体的な治療方法や治療スキルは治療結果に対して独立した，あるいは相互に作用する影響を持つことがある。実際，カウンセリングや心理療法において何をやっても変わらないというのは考えにくい。本章で強調したいのは，どんな治療アプローチであっても，合意に基づく目標とそれに向かう計画を持つことが有用であるということだ。

116　第Ⅱ部　治療スキル

━━━━━ キーポイント ━━━━━

- フォーカスするとは，コンサルテーションのための明確な目標を見つけるための共同の意思決定プロセスである。

- クライエントの治療結果は一般的に，セラピストが明確な治療目標とそれを達成するための整理されたアプローチを持つ場合の方が良好である。

- 変化に対して両価的であることは正常であり，両価性を解消するのを助けることは重要な治療プロセスである。

- クライエントに変化を勧めたり，説得したり，強要したりすることは心理的リアクタンスを誘発し，変化の可能性を減少させる。

- 中立性はクライエントが両価的であるときに下す意図的な臨床上の決断であり，意思決定バランスはクライエントの選択の方向性に誤って影響を与えないようにするのに役立つツールである。

第 8 章

希 望

　あなたがクライエントの成功する可能性について楽観的であることは，クライエントの結果に影響を与えるだろうか。クライエントが変化を追求するための強さや勇気を見つけることとあなたがポジティブな期待を持つことは関連しているのだろうか。もしあなたが悲観的になったり燃え尽きたりしたら救済措置はあるのだろうか。推測通り，私たちはこれらの質問に対する答えは全て「イエス」であると信じている。この章を読み終える頃にはあなたにも賛同していただけることを願っている。

　まず，希望を持つことに関する研究の中で私たちのお気に入りを紹介しよう。アルコール依存症の回復に関する研究に3つの独立した入院治療プログラムが参加した。この研究では特別にデザインされた性格テストを用いており，研究者たちはこのテスト結果から，特に高い回復の可能性を示すクライエント（high alcoholism recovery potential の頭文字から，HARP と呼ぶ）を特定できた。プログラムのカウンセラーにはテスト結果が伝えられ，守秘義務のため他言しないよう求められた。

　この性格テストの影響には目を見張る。HARP 群は，重症度や過去の治療歴といった一般的な予測因子については他のクライエントと差がなかったが，ある重要な点で異なっていた。他のクライエントは3分の1が早期に治療から離脱したのに対し，HARP 群では誰も離脱しなかったのである。また，クライエントにお互いを評価するように求めたところ，HARP 群は他のクライエントから，一緒にいたいと思うような相手で，良い回復を

118　第Ⅱ部　治療スキル

していると評された。カウンセラーも退院時に各クライエントを評価した
が，その結果，HARP 群は他のクライエントに比べ治療に対するモチベー
ションが著しく高く，セラピーの予約時間を守り，協調性と自制心があり，
身なりもきちんとしており，良好な回復を示し，断酒を継続する努力も顕
著であったと報告された。12カ月後の追跡調査でも，こうした印象を裏
づける結果が得られた。HARP 群は断酒率が高く，断酒期間も長く，飲
酒回数も少なく，就職率も高い傾向があった（Leake & King, 1977）。

　クライエントの一年後の行動と結果を予測した，この驚くべき性格テス
トとは何だったのだろうか。実はテストには研究者による仕掛けがあった。
実は，HARP 群のクライエントはランダムに選ばれたのであって，性格
テストなど関係がなかったのである。HARP と他のクライエントとの唯
一の違いは，プログラムのカウンセラーが「HARP は特に良い予後を示
すだろう」と言われていたことだ。「HARP はうまくいくだろう」という
カウンセラーの期待が，実際に治療中や治療後のクライエントの成功に影
響を与えたのである。

　たとえこの研究のように研究者のトリックがなかったとしても，セラピ
ストはクライエントに対して何らかの期待を持ち，その期待が結果に影響
を与える。教師やコーチの期待が影響力を持つのと同様だ。どうしてこの
ようなことが起こるのだろう。クライエントに対するポジティブあるい
はネガティブな期待が，セラピストのクライエントに対する認識や扱い
に影響を与え，それによって自己実現的予言となる可能性が考えられる
（Goldstein & Shipman, 1961; Jones, 1981; Leake & King, 1977）。

　このように期待はクライエント自身の変化への希望に影響を与える
（Yahne & Miller, 1999）。希望は動機づけと同じく，クライエント属性と考
えられることもあるが，人間関係の文脈において現れ，対人関係にも帰属
する。クライエントの希望を刺激し引き出すことは，重要な治療スキル
であり（Frank, 1968; Snyder, 1994），本書で取り上げる他のスキルと同様に，
希望には内的経験や態度と外的な表現の両方が含まれている。

希望の態度

　希望に満ちた態度とは楽観主義であり，ポジティブな変化を予想し，期待することである。楽観主義とは選択であり，疑念を好意的に解釈することである。グラスを見て「半分空」ではなく「半分満たされている」と考える方を選ぶことができる。本章の冒頭で紹介した研究が示すように，楽観主義と悲観主義のどちらも現実になりうる。

　例えば，提供する治療法の有効性を信じることも重要である。Nathan Azrin らは一連の比較臨床試験を行い，アルコール使用障害に

> 楽観主義と悲観主義のどちらも現実になりうる。

向けた彼らのコミュニティー強化アプローチ（community reinforcement approach; CRA）と「伝統的な」治療法とを比較した（Azrin, 1976; Azrin, Sisson, Meyers, & Godley, 1982; Hunt & Azrin, 1973）。3つの連続した研究において，CRA は従来の疾患モデル治療よりもはるかに優れていることが確認された。しかし，どちらの治療も同じ行動療法家が行っていた。みな CRA に熱心で，従来の治療には効果がないと考えていた。その後の試験（Miller, Meyers, & Tonigan, 2001）では，CRA と従来の疾患モデル治療による治療を，それぞれのトレーニングを受け，そのアプローチを熱心に行っている独立した治療者が行った。この場合，CRA の優位性は6カ月後の追跡調査においてわずかに見られたのみで，18カ月後と24カ月後の結果では差がなかった。自分が行うことに対する信念は重要であり，クライエントにも伝わる。これは，熱心な信者の力を利用するという意味で，「メッカ効果」と呼ばれている（B. F. Shaw, 1999）。信念がどのように治療成果に結びつくかは明らかになっていないが，セラピストが特定のアプローチに忠誠を尽くすと，クライエントの治療へのアドヒアランスが上がり，セラピストの成功への自信も高まるのかもしれない（McLeod, 2009）。

　クライエントの中には，持続的な楽観主義的態度を特に必要とする人も

いる。クライエントを治療する過程で失望することもあるだろうが，希望を失う必要はない。安定した変化や回復に至るまで，熟考と準備，行動，維持という多理論統合モデル的な段階を幾度か（あるいは何度も）繰り返す。治療結果を二元的に捉えてしまえば，完全な「成功」と「失敗」の間に存在する幅広い好ましい変化を過小評価することになる（Miller, Walters, & Bennett, 2001）。人間の本質は，「二歩進んで一歩下がる」であるようだ。他にも，セッションを通してクライエントが得た利益は，あなたが関わっている間は見えてこないかもしれない可能性を考慮する必要がある。人はよく，昔のセラピスト（あるいはメンター，教師，親，友人）が実は人生の大きな助けとなってくれたことにまったく気づいていなかった，と語るものだ。クライエントに対する希望を持ち続けたいときは，このことを思い出してほしい。

希望を促進する方法

　心理学的治療に関する最初期の比較試験の一つが1784年，Benjamin Franklin によって行われた。当時パリに住んでいた Franklin はフランス国王から Anton Mesmer という催眠術師の調査を依頼された。Mesmer は自然界に存在するとされる目に見えない流体「動物磁気」を操ることで心身の病気を治すと主張していた。Franklin の報告によると「彼の患者は急速に増えていた」。そして「治療例は非常に数が多く，驚くべき性質のものであった」（Franklin, 1785, p. xii）。Mesmer の理論を検証するため，Franklin の委員会によって一連の巧妙な実験が計画された。Mesmer 自身は参加を拒否したが，それ以外のメスメリズムの実践者たちは喜んで参加した。Mesmer の弟子たちは，人（さらには生物や無生物）に触れずに磁化することができると主張していたため，後年，バランス・プラセボ試験（balanced placebo experiment）と呼ばれる，患者に目隠しをつけた状態で治療を行う世界最初の実験が行われた（Rohsenow & Marlatt, 1981）。

第8章　希望　121

　その結果，目隠しをせず治療者の顔を見た状態で観察された劇的な治療効果は，患者に「今磁力を受けている」と信じ込ませることによって，たとえ治療者がその場にいなくても生じることが分かった。一方，目隠しをつけた患者から1.5フィート（およそ50センチ）離れた場所でセラピストが「磁気」を発しても，患者がメスメリストの存在に気づかない限り，効果はまったく見られなかった。何本かの木やいくつかの水桶に1つだけ密かに「磁化」したものを混ぜて患者に提示した場合も同様の結果であった。劇的な効果は生じたが，磁化された物体との関連は特になかったのである。Franklin は以下のように振り返っている：

　　　この新しい作用因子は，想像力そのものに他ならないのかもしれない。その力について知られていることは甚だしく少なく，また甚だしく広範である……病人の想像力がその病気の治癒に非常に頻繁にかなりの役割を果たしていることは疑いない……［物理的な世界］においても宗教においても，［私たちは］信仰によって救われる……希望の心地よい影響を受けながら。希望は人間の生命の欠かせない構成要素である。(1785, pp. 100, 102)

　その後，Mesmer は詐欺師として片づけられ，パリでの活動を禁止された。しかし，Franklin が「数多の驚くべき」治療例を観察した事実は残る。Mesmer の仮定した治療メカニズムとは無関係だったというだけだ。
　クライエントの希望を引き出すには何ができるのだろうか。先に触れたGeorge Leake と Albert King (1977) が示すように，治療の有効性に対するセラピストの信念は重要であり，ポジティブな期待は伝染するようである。クライエントが希望を失っているとき，セラピストの希望を貸すことができるかもしれない。そしてそれは，無数の巧みなやり方で暗黙のうちに伝えることもできるが，ポジティブな期待を育もうとしていることを明白に伝えることもできるだろう。

クライエント：このエクスポージャーとかいう治療法は大変そうです。試したいか，自分でも分かりません。

セラピスト：そうですね。あなたは恐怖のトリガーとなるものを避けることに慣れていて，私は，反対にそのものに直接向き合うことを勧めています。差し支えなければ，なぜ私がそうする価値があると考えているのかを説明してもよろしいでしょうか？

クライエント：はい。

セラピスト：まず，確実な研究がその効果を示しています。いろんな国で徹底的に検証され，この治療法が実際に恐怖を克服する助けになることが分かっています。避けるというのはごくごく自然なことに感じますが，実は恐怖を強めて苦しみを長引かせてしまいます。理解していただけそうですか？

クライエント：分かる気がします。この治療はどのくらいの期間がかかりますか？

セラピスト：そこがもう一つの強みです。他にも，時間をかけて楽になる方法はありますが，この治療はたいてい数週間で良い結果が表れます。

クライエント：痛みなくして得るものなし，という感じでしょうか。

セラピスト：まさにそのとおりです。短期的には難しいことであっても，長い目で見れば生活しやすくなります。もし効果がないと考えているのなら，私も不快なことをしろとは言いません。ですが，あなたにはできると信じています。それに，もう一つの根拠があります。

クライエント：何ですか？

セラピスト：私は，論文で読んだ研究結果だけに頼っているわけではありません。私が実際にこの治療法を使って，10年以上経ちます。この領域でベストと言われているセラピストの一人からトレーニングを受けて，何十人ものクライエントに実践してきました。そして

これまで，この治療法がどれだけ早く効果を発揮するかを，直接目にしてきました。その経験から，あなたの助けにもなるはずだと信じています。

クライエント：もし効果がなかったら？

セラピスト：先ほども言ったように，治療法はこれだけではありません。他にも試せる方法はたくさんあります。ただ，最初に試すにはこの方法が一番良いと思っています。もしうまくいかなかったとしても，私はあなたと一緒にうまくいく方法を探していきたいと思っています。では，この方法について聞いてみたいことはありますか？

ここでセラピストは，いくつかの希望に満ちたメッセージを伝えている。一つは提案した治療法が科学的根拠に基づいている点で，有効性が一般的に証明されていることを伝えた。また，自分が過去にこの治療法を使った経験とそれに伴う自信，想定される結果も説明している。さらにクライエントが実行できると信じていることを伝え，自己効力感をサポートしている。最後に，この治療法が考えられる唯一の希望であるとは言わず，うまくいく方法を一緒に探していこうとクライエントを安心させている。

もちろん臨床的判断は必要であり，希望を植えつけようとする過剰な試みはクライエント自身の見解と衝突して治療上の信頼や同盟関係を損なう可能性もある（Constantino, Glass, Arnkoff, Ametrano, & Smith, 2011）。希望を伝える努力も他の治療スキルと同じく，共感や協働（collaboration）といったスキルとのバランスを取らなければならない。

認知行動療法（Cheavens, Feldman, Woodward, & Snyder, 2006; Snyder et al., 2000）と動機づけ面接（Miller & Rollnick, 2013）において，セラピストの希望を共有することにとどまらず，クライエント自身のポジティブな期待を高めるための具体的な方法も扱われている。一般的な方法の一つは，過去に困難な状況をどう対処し，乗り越えたかをクライエントに問うことである。別のアプローチとしては，クライエントの強みに注目する方法もある。

例えば「変化に成功する人たちの特徴」は100のポジティブな属性を任意にリストアップしたもので，クライエントにはそこから自分を正しく表現する形容詞をいくつか選んで丸をつけてもらう（Miller et al., 2019; Miller & Rollnick, 2013）。そして以下の例のように，選んだ内容を基にクライエントの強みについてインタビューすることができる。

セラピスト：「粘り強い」に丸をつけていますね。どのような点から粘り強い人間だと思うのですか？

クライエント：何かをすると決めたら，最後までやり抜きます。頑固と言われるかもしれません。

セラピスト：簡単には諦めないのですね。何か良い例はありますか？

クライエント：そうですね，何カ月か前に新しい服というか，下着を買ったんですが，けっこう値段が高くて，長持ちするはずでした。でもすぐに伸びてしまって，3サイズくらい大きくなってしまいました。だからお店に聞きに行ったところ，製造元に問い合わせろというのでそうしました。

セラピスト：その後どうなったんですか？

クライエント：最初はオンラインの苦情用フォームしか見つからなかったので，書いて送ったのですが，この番号に電話してくださいという返事でした。電話すると，これで返品してくださいと返品用の番号を伝えられました。私は商品を送って，レシートを保管したまま待ちました。そのまま2カ月ほど経ったので，何度も電話して返品用番号を伝え，それでやっと，どうしたいのかと聞かれました。さらに2週間して，ようやく交換品が届きました。

セラピスト：かなり時間がかかっても，最後まで諦めなかったんですね。辛抱強いですね。自ら挑戦し続けることができる。

クライエント：ええ，ずいぶん時間がかかっていたのでイライラしましたが，電話口で対応している人の責任ではないと分かっていました。

セラピスト：冷静さを保ったまま，電話口の人にがみがみ言っても仕方ないと分かっていたのですね。

クライエント：もし私が同じ仕事をしていたら，そうされるのは嫌だと思います。

セラピスト：相手の立場に立って考えて，相手がどんな気持ちになるかを想像することもできる。

クライエント：そうですね。私は単に，正当な返品をしたかっただけです。

セラピスト：そして粘り強くあることによって，それを達成できたんですね。

第5章の是認で述べたように，強みとは具体的な行動以上のものである。セラピストはその人の永続的な資質，多様な状況で発揮できる強みを指し示す。

セラピストの楽観主義を妨げるバイアス

先に述べたように，クライエントの希望を強めるためには，セラピストが治療結果に対して楽観的な期待を保つことが重要である（Martin, Sterne, Moore, & Friedmeyer, 1976; Martin, Moore, & Sterne, 1977）。しかし，治療を求める人のサンプリングバイアスのために，セラピストは専門家特有のリスクにさらされている。治療実践の場において，セラピストが接するクライエントのほとんどは，これまで必要な変化を起こせなかった人であり，セラピストの援助の有無にかかわらず，変化に失敗した人である（Snyder, Michael, & Cheavens, 1999）。こうした変化に失敗したクライエントに毎日のように向き合っていると，人が変わる可能性に自信を持てなくなる。一方，治療結果の研究に関わる人には，治療を受けた全員をフォローアップできるというメリットがある。臨床試験を行うと，物質使用障害の治療後，

ほとんどの人が非常に良好な状態でいることに感心する。私たちが何十年も嗜癖行動の治療を続けていられるのは，治療結果から励まされているからだが，もし，受付や初期評価の仕事だけをしているならば同じように感じるのは難しいかもしれない（Miller, Forcehimes, & Zweben, 2019）。

　潜在的な負の情報バイアスはもう一つある。行動保健の専門家は受けてきたトレーニングの性質上，病理に目を向けがちで，クライエントの強みやポジティブな資質を見落としやすい（Stack, Lannon, & Miley, 1983）。トラウマや拷問，不幸，親による育児放棄といった困難を経験しても，人はなお驚くべき回復力――レジリエンス――を発揮できることを示した力強い研究が存在する（Rutter, 2006, 2013）。日々の仕事によって病理と失意に埋もれてしまったとき，人のレジリエンスについての知識や研究全体として見れば治療がいかに良好な結果をもたらしているかを学べば，精神的に救われ，楽観的な見方を強化できるかもしれない。

希望に関する研究

　プラセボ効果の有効性はよく知られている（A. K. Shapiro, 1971; Wampold, Minami, Tierney, Baskin, & Bhati, 2005）。クライエントを騙しているようだと悪者扱いされることもあるが，プラセボは治療における希望が持つ善意の効果の一例である。効果は小さいが，自己効力感（特定の課題で成功する能力が自分にあると信じること）も同様に成功を予測し（Bandura, 1997），行動介入によって高めることが可能である（French, Olander, Chisholm, & McSharry, 2014; O'Halloran, Shields, Blackstock, Wintle, & Taylor, 2016; Prestwich et al., 2014; Sheeran et al., 2016）。さらに，温かさや援助的な態度，信頼性，共感，肯定的配慮といった種々のセラピスト特性もクライエントの希望を呼びさますことに関連している（Howe, Goyer, & Crum, 2017; Kaptchuk et al, 2008; Orlinsky & Howard, 1986; Turner, Deyo, Loeser, Con Korff, & Fordyce, 1994）。

セラピストのコミュニケーションは，クライエントの期待を弱めてしまう可能性もある。私たちは何十年にもわたり，臨床試験における対照群として，倫理的な責任も果たすために，待機リストを採用してきた（Miller et al., 1993; Miller & DiPilato, 1983; Schmidt & Miller, 1983）。この方法であれば，全ての試験参加者がいずれは研究対象となっている治療を受けることができるからだ。一方，この待機リストデザインから一貫して得られる知見は，待機リストのクライエントは治療を受けるまでまったく改善を見せず，治療が始まるとポジティブな反応を示すというものである。さらに別の試験（Harris & Miller, 1990）では，アルコール使用障害のあるクライエントを3つの選択肢（即時に治療を行う，1回のセッションにてクライエントを励ましセルフヘルプ本を渡す，対照群として待機リスト群に入れる）にランダムに割り付けた。結果は見覚えのあるものだった——介入群はどちらも10週目までに飲酒量が大幅に減少したのに対し，待機リスト群は治療を開始するまで飲酒量に変化が見られなかったのである（図8.1参照）。

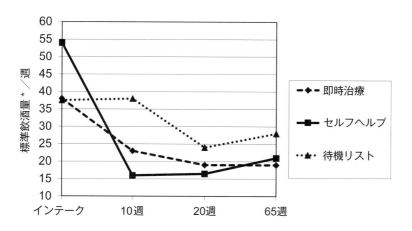

図 8.1. 即時治療，セルフヘルプ，待機リストへのランダム割り付け
*(訳注) 米国の基準では標準飲酒量1単位がアルコール14gである。これは350cc缶ビール1缶に相当する。

待機リストに割り付けられた人は，治療のために来院し，治療前のアセスメントを終え，飲酒問題を自認しているにもかかわらず，なぜ変化が見られなかったのだろうか。シンプルな説明は，彼らは言われたとおりに行動した，ということである。つまり，待っていたのである。クライエントに「あなたは待機リストに載りました」と伝えるとき，「あなたは良くなることが期待できない。治療を受けるまでできることや必要なことは何もない」と暗に伝えたことになる。一方，短期介入自己変容条件に割り付けられた人たちは，渡されたセルフヘルプ本（外来カウンセリングで提供される治療と同じ内容）を使ってすぐに飲酒習慣を変えて，10週間後にまた来るようにと指示された。この意味では，待機リストに載ったと伝えることは変化への足かせとなり，本来の変化への努力まで弱めてしまうかもしれない（Miller, 2015）。行動変容を待つのは必要な手術を待つのとは異なる。役に立ちそうで，個人の主体性を高めるようなものをすぐに提供した方がよい（Cheavens et al., 2006）。プラセボ介入でさえ，待機群よりはポジティブな変化につながる（Kaptchuk et al., 2008）。

セラピストの期待が持つ影響力は，研究者が臨床試験でそれを測定し説明しようと努力するほどのものである。先に述べたように，セラピストがその治療法を信頼していると成功する可能性は高まり，信じていなければその逆になる（Falkenström, Markowitz, Jonker, Philips, & Holmqvist, 2013）。このような忠誠効果にとどまらず，他の研究もクライエントの予後に対するセラピストの期待が実際の治療結果の良い予測因子になると報告している（Katz & Hoyt, 2014; P. J. Martin et al., 1977; Norris et al., 2019）。果たして，セラピストは単に優れた「予言者」なのだろうか。あるいはセラピストの信念が実際に治療結果を左右するのだろうか。私たちの知る限り，これは心理社会的介入に関する実証研究が今まで検討してこなかった問いである。唯一の例外が本章の冒頭で触れた Leake と King（1977）による巧みな研究だ。この問いへの答えはクライエントや問題の種類によって変わる可能性があり（Strauss, Huppert, Simpson, & Foa, 2018），他と比べてセラ

ピストの期待があまり意味を持たない状況があるとも考えられる。それでも，教師の期待が学生に与える強力な効果については確固たるエビデンスがあり（Rosenthal & Jacobson, 1966; Rubies-Davis & Rosenthal, 2016; Szumski & Karwowski, 2019），それに従えば，治療初期の期待はセラピストの予測の鋭さを反映するだけでなく，治療結果にも影響するような役割を果たすと考えるのが妥当だろう。167人の力動的精神療法の治療者を対象としたある研究では，クライエントの最もネガティブな治療結果と関連したのは，セラピストの悲観主義であった（Sandell et al., 2006）。このことからも，治療上の楽観主義は注意して育てる価値があると言える。楽観主義はメンターやコーチ，親，友人，パートナーといった立場であれば大切にされる長所であるのに，もしセラピストの楽観主義だけは別物だとしたら，それはおかしなことだ。

キーポイント

- クライエントの希望と期待（プラセボ効果と呼ばれることもある）は，より良好な健康転帰や治療結果と関連している。

- クライエントの予後に関するセラピストの信念は自己達成的予言になりうる。

- 使用する治療手法に関するセラピストの信念も治療結果に影響を与える。

- 臨床での特定の手続きによって，クライエントの変化への期待は強められることも弱められることもありうる。

- クライエントを「待機リスト」に載せることは，変化させないために有効な指示であるようだ。

第 9 章

引き出す

セラピストだけでなくクライエントも，変化のプロセスに重要な強みや専門知識をもたらす（Bohart & Tallman, 1999; Wampold & Imel, 2015）。クライエント属性は実際，心理療法の全体的な効果を説明する上で，少なくともセラピストの特性やスキルと同じくらい重要である（Duncan, Miller, Wampold, & Hubble, 2010）。変化への動機づけが強く，関わりの度合いや自己効力感が高く，希望を持っているクライエントは，予後が良好な傾向にある。しかし，こうした特性は固定的なものではなく，治療の対人関係の中で現れ，あなたの行動によってもその外的表現が変わりうるものである。

この章では，クライエントの治療結果に影響する治療要因リストに含まれないことが多いスキルとして，引き出すことを取り上げる。引き出すとは，クライエントがすでに持っているもの，すなわちクライエント自身の強みや知恵を呼び起こしサポートすることである。そうすることで，クライエントが変化のプロセスにおける協力者となる。この「引き出す」は，クライエント自身の自己治癒力を促進するとも考えられている（Bohart & Tallman, 1999, 2010; Levitt & Pomerville, 2016）。

クライエント自身の資源を引き出す能力は，セラピストのスキルとしては特殊で，指導や助言といった技術的なスキルとは対照的である。引き出すことと指示することのどちらかを選ぶ必要はなく，クライエントを導くスタイルには両方が含まれている（Miller & Rollnick, 2013）。また，反応性に関する新たな研究によると，引き出すことと助言の間のバランスは，

クライエントの特性に応じて調整するのが最適なようだ（C. J. Edwards, Beutler, & Someah, 2019; Karno & Longabaugh, 2005）。指示的方略と変化に活用できるクライエント自身の資源を引き出すことのバランスを取れるのが効果的なセラピストと言えるだろう。本書で扱う他の対人スキルと同様に，この「引き出す」にはセラピストの内的態度とそれに対応する外的な行動の両方が関わっている。

「引き出す」の態度

　引き出す態度の出発点は，クライエントから引き出すべき重要なものがそこにあると認識することだ。この態度の対極と言えるのが，自分はクライエントが持っていないもの，できないことを提供する専門家であると考えることである。心理療法の中には，クライエントに欠けているもの——例えば洞察力，知識，スキル，動機，合理的思考——を与えることを重視するものもある。対して「引き出す」は，欠点ではなく長所を想定する。「あなたに必要なものは私が持っています。これをあげましょう」と暗に言うのではなく，「必要なものはあなた自身が持っています。それを一緒に見つけましょう」というのが「引き出す」のメッセージなのである。

　確かにあなたには専門的なトレーニングや経験から得られた専門知識があり，それを提供することも援助関係の一部である（第10章）。しかし，専門知識があるのはクライエントも同じだ。第1章の最後で述

> 「引き出す」のメッセージ:「必要なものはあなた自身が持っています。それを一緒に見つけましょう」

べたように，クライエントのことを本人以上に知っている人はいない。どうすれば今の生活に変化を組み込めるのかを考えることは，指示的なプロセスではなく，協力的なプロセスである。そして最終的に変化するかどうかを決めるのは，そしてなぜ，いつ，どのように変化するかを決めるのは，クライエント自身である。ならばもちろん，引き出す態度の根幹にはカウ

132　第Ⅱ部　治療スキル

ンセリングや心理療法を協働的パートナーシップとみなすことが含まれる。受動的な受け手であるクライエントを専門家が操作する作業ではないのだ。そう捉えることで，クライエントは変化への積極的な参与者となる。

　引き出す態度には好奇心も含まれている。クライエントには重要な資源や才能があると考えるだけでは足りず，それを見つけようとする意欲が必要なのだ。そのクライエントが援助関係に何をもたらしてくれるのかを先読みすることはできない。だから驚きに満ちており，クライエントの知恵や強みを重んじる感覚も伴われる。

　さらに必要なのは何を引き出すかを知ることである。カウンセリング中にクライエントが言語化すべきことは何だろうか。経験すべきことは何だろうか。この問いへの答えを導くのは，人間の性質と変化について治療者自身が無意識に持っているモデルと，治療プロセスに関する研究結果である。本章ではエビデンスに基づく引き出す手法を2つ紹介するが，その前に引き出すことに使える実用的なツールを見ておこう。

「引き出す」の仕方

　治療中のクライエントの発言は，何もないところで勝手に生じているのではない。あなたとのやりとりの中で生じている。カウンセリングや心理療法の中には，癒やしや成長につながると思われる特定の種類の発話（自由連想，カタルシス，感情表現，ポジティブな期待など）を援助者が促すものもある。このような最適と考えられる発話は，依拠する理論モデルにもよるが，質問や共感的な聞き返し，フラッディング（flooding），徹底した沈黙を使って導かれる。また，治療法は意図的に方略に則ることもあれば（Haley, 1993; R. J. Kohlenberg & Tsai, 2007），単に自然な治癒が起こるための治療条件として概念化されることもある（Rogers, 1959; Truax & Carkhuff, 1967）。

　あなたがクライエントに特定の質問をしたとき，特定の内容を聞き返し

たり是認したりしたとき，あるいは特定の内容をまとめたとき，なぜそうしたかという理由を意識しているかもしれないし，していないかもしれない。セラピストがそのプロセスを意識できているかどうかにかかわらず，実質的にはあらゆるカウンセリングや心理療法において何らかの形での「引き出す」が行われている。そしてその違いは，セラピストが何を引き出そうとしているか，またどのようにそれを行うかという点で生じる。例えば私たちが指導したあるカウンセラーは，当初，クライエントが自分の最もネガティブな感情や，過去や現在の生活における逆境的な経験を詳細に説明することが治療的であるかのように実践していた。しかし，代わりにクライエントの価値観や目標，強みに焦点を当てることで，セッション中のクライエントの体験やカウンセリングを続ける意欲が劇的に改善されたのだった。

「引き出す」の最もシンプルな理解は「カウンセリングでは，治療者が焦点を当てて注意を向ける内容ほど詳しく語られる」という考えにある。カウンセリングの「マイクロスキル」には，クライエントの話のある側面を引き出したり強調したりするために使われるものもある。動機づけ面接に利用され研究されてきた4つのマイクロスキル，開かれた質問（Open question），是認（Affirmation），聞き返し（Reflection），まとめ（Summary）は，その頭文字を取って OARS と略称される（Miller & Rollnick, 2013）[訳注4]。

質問は答えを期待し要求するものであり，その意味で指示的と言える。数字や日付，住所といった特定の情報を尋ねる質問を閉じられた質問という。それに比べて開かれた質問は回答の自由度が高い：

- 「今日はどのようなご相談に来られましたか？　ここではどんなお

訳注4）　邦訳書『動機づけ面接〈第3版〉上・下』（ウイリアム・R・ミラー，ステファン・ロルニック著，原井宏明監訳，星和書店，2019）では OARS の最後の Summary を「サマライズ」と訳している。本書では「まとめ」と訳出した。

手伝いができるでしょうか？」
- 「おふたりの恋愛で一番楽しいのはどんなことでしょうか？」
- 「もし，今こうしてやっていることが100％うまくいったら，どんなことが変わると思いますか？」
- 「○○さんのお母さんの話を聞かせてください」

　質問するということは，クライエントの（そして治療者自身の）注意をある方向へ向けるということである。質問する内容は，あなたが何を重要と思っているかを反映する。何を尋ねるかは重要である。

　是認（第5章）とは，クライエントの発言や行動，属性のある側面について肯定的にコメントすることである。良くも悪くも，あなたが是認した内容ほどそれについて多く語られるだろう（Karpiak & Benjamin, 2004）。クライエントが治療中に語る内容は重要であり，あなたが何を是認するかも重要である。

　聞き返し（第3章）では，クライエントが言ったことの特定の側面に注意を向ける。これは正の強化の一形態として機能しうる（Truax, 1966）。あなたが聞き返した内容ほど多く語られる可能性が高く，それによりクライエント自身の意識もその内容をより深く検討するように誘導される。何を聞き返すかは重要である。

　まとめとは，クライエントが話したことや起こったことをまとめたものである。それまでの発言や行動の全てが含まれることはまずなく，言及する意義のある特定の内容に注意を向ける。何を盛り込んでまとめるかが重要である。

　この4つのマイクロスキルはどれも，カウンセリング中にクライエントが何を言うか，言わないかに影響を与え，それが治療結果を予測することになる。カウンセリングセッションの逐次分析は，セラピストのどんな反応がどの程度クライエントの反応を引き出すか，あるいは強化するかを明らかにしている（Bischoff & Tracey, 1995; Drage, Masterson, Tober, Farragher,

& Bewick, 2019; Klonek, Lehmann-Willenbrock, & Kauffeld, 2014; Moyers et al., 2007; Walthers et al., 2019; Wiser & Goldfried, 1998)。

「引き出す」の尺度は1つではないが，一般的なのは臨床のやりとりにおいてクライエントが使用する言葉である。治療後のポジティブな結果は，クライエントがセッション中に特定の事柄（動機，自己探索，自己効力

> マイクロスキルはクライエントが何を言うかに影響を与え，ひいては治療結果を予測する。

感，コミットメントなど）をどれだけ多く言語化したか，そして他の事柄（理屈っぽさ，絶望感など）をどれだけ少なく言語化したかというその度合いから予測することができる。最適とされるクライエントの発言の種類は心理療法のシステムによって異なるが，治療中にクライエントが言うことには可鍛性（*malleable*）^{訳注5)}があり，起こる可能性の高い結果に関する重要な情報を含んでいるというのが一般的な主張である。理想的には，引き出すべきクライエントの発言は以下の特徴を持つ：

1. 観察でき，確実に測定できる
2. 十分な変動性（variable）がある——つまり，常に変わらない発言でもなく，滅多にない発言でもない
3. 治療的なコミュニケーションに反応する
4. 治療結果と関連することが実証されている

こうしたセッション内言語の特徴は，セラピストとクライエントの会話とその後の治療結果を結びつける心理言語学的研究で調査することが可能である。ここでは上記の基準を満たすクライエントの発言の2つの例——「体験過程」と「チェンジトーク」——を紹介する。どちらも観察可能で，変化しやすく，セラピストのスキルに反応し，より良い治療結果を予測する。

訳注5)　可鍛性とは，金属のように周りの力で形などを変えやすいこと。

治療的に引き出すことの2つの例

体験過程

　クライエント中心アプローチが伝統的に重視してきたのは，表面的な一般論や非個人的観察，知的な抽象化ではなく，クライエントの感情や「今この瞬間」の体験の表現である。体験過程（*experiencing*）という概念はクライエント中心療法の中で生まれたもので，クライエントが示すセラピーへの感情的な関わりの深さ（Gendlin, 1961; Rogers et al., 1967）とセラピストとのやりとりの中にクライエントが自己探索と懸念を取り上げる能力（Bugental, 1999）にフォーカスがある。クライエントの体験過程（client experiencing; EXP）は，通常7段階の順序尺度で評価され，それぞれの段階についての具体的な説明は現象学的な自己探索の7段階に基づいている（M. H. Klein, Mathieu-Coughlan, & Kiesler, 1986）。EXP の評価はクライエント自身の言語表現のみに基づき，特に口頭での自己開示を反映する（Stiles, McDaniel, & Gaughey, 1979）。EXP の評価が低い場合，クライエントが話す体験は表面的かつ一般的で，個人的な感情表現を欠き，一人称で話すことはまれである。中間的な場合は，クライエントはより内省的で，出来事を淡々と述べるのではなく，感情や個人的な視点を語る。言い換えるなら，その出来事を自分がどう体験したかを伝えようとする。高い場合は，直近の体験や今しつつある体験を継続的に認識し，探求していることが示唆される。これらのセッション内の体験に対するクライエントの潜在的な内省の深さを評価できるようにしている。コーディング訓練を受けた評価者による EXP の評価者間信頼性は高いことが報告されている（M. H. Klein et al., 1986; Watson & Bedard, 2006）。

　セッション内のクライエントの EXP の深さと良い治療結果の関連性が繰り返し報告されている（Hill, 1990; Luborsky, Auerbach, Chandler, Cohen, &

Bachrach, 1971; Orlinsky & Howard, 1986; Pascuel-Leone & Yervomenko, 2017;
Watson & Bedard, 2006; Wiser & Goldfried, 1998)。この関係は，夫婦間療法
(Johnson & Greenberg, 1988) および短期心理療法 (Hill et al., 1988)，認知療
法 (Castonguay, Goldfried, Wiser, Raue, & Hayes, 1996)，体験療法 (Goldman,
Greenberg, & Pos, 2005; Watson & Bedard, 2006) および感情焦点化療法
(Robichaud, 2004)，統合失調症の有無を問わないクライエント群に対して
(Kiesler, 1971; Rogers et al., 1967) などのさまざまな治療の文脈で見出され
ている。

　では，セラピストはどのようにクライエントの体験過程を深化できるの
だろうか。ウィスコンシン州で行われた試験 (Rogers et al., 1967) では，3
つの治療条件のうち2つ（共感性と誠実さ）がセッション中のクライエン
トのEXPの深さを予測し，さらにより良好な治療結果を予測した。しか
し，その後の研究において，セラピスト条件を総合的に検討したところ，
結果は複雑になった (M. H. Klein et al., 1986)。聞き返しがクライエントの
経験や感情，真意に焦点を当てることが多いので，正確な共感（第3章）
は有力な候補だと思うだろう (Elliott et al., 2011a)。しかし，セッション中
のセラピストの共感度とクライエントのEXPとの関係は比較的弱く，一
貫性に欠ける。

　カウンセラーとクライエントの行動は相互に依存するため (Hill, 2005)，
セッション中の反応を逐次分析することで両者の関係をより詳細に把握す
ることが可能である。そのためには，研究者は会話全体の相関ではなく会
話の順序に注意を払わなくてはならない。逐次分析では，セラピストが話
した直後のクライエントの発言（およびその逆）を分析し，条件付き確率
を生成する。それにより，例えばセラピストが感情の聞き返しを行ったと
き，次に特定の発言（例えばEXP）が起こる確率を算出することが可能
となる。ここから，セッション中にクライエントがEXPの深さが「一段
上がる」や「一段下がる」原因について仮説を立てることができる。

　一例として，Susan Wiser と Marvin Goldfried (1998) は，力動的精神

療法と認知行動療法においてクライエントの体験過程を予測するセラピストの反応を，発話ごとのコーディングを通して検証した。興味深いことに，セラピストの行動や治療法の種類は，クライエントが低EXP（7点満点での1〜3点）から高EXP（4点以上）へ移行することには関係がなかった。しかし，クライエントが高EXPを維持したり，低EXPへ下がったりすることはセラピストの反応に影響を受けていた。セラピストの反応が肯定的かつ受容的，共感的である場合，クライエントは高EXPを維持した。一方，セラピストの口数が多く，（特に認知行動療法の場合にそうだった）対人関係上，相手をコントロールするような治療スタイルをとっていた場合，クライエントは低EXPへ移行した。

　また，クライエントの平均EXP評価は，使用する治療法が情動の体験過程をどのくらい重視するかによっても変わる可能性がある。比較研究によれば，クライエントのEXPレベルが高くなるのは，認知行動療法（Watson & Bedard, 2006）やクライエント中心療法（Watson & Greenberg, 1996）よりも体験的療法であるとされ，認知行動療法と精神力動的心理療法の間ではEXPの差はなかった（Wiser & Goldfried, 1998）。また，どのような反応が高いEXPになるかをクライエントに対して教示すると，平均EXPは大幅に上がる（M. H. Klein et al., 1986）。例えば，自分の感情に意識的に注意を向けるよう促したり，感情面で意味のある出来事を避けようとしているときはそのまま留まるように促したりすることなどである。

　まとめると情動の体験過程はさまざまな治療アプローチにおいて確実に測定でき，かつ治療結果を予測するクライエント因子である。EXPはクライエント中心療法や他の体験的な治療法において理論的に重要であり，治療実践が変わればそれぞれに異なった反応を示す。EXPに関する研究はまだ初期段階にあり，理論的志向性にかかわらずどのようなセラピストの反応がEXPの深化を促進したり，妨げたりするのかを明らかにする必要がある。これまでの研究によると，第3章から第6章で紹介したセラピストのスキル（共感，受容，肯定的配慮，誠実さ）は治療中のクライエン

トの EXP レベルを高く維持する助けとなる。

チェンジトーク

　一見すると，セッション中のクライエントの言語が変化を予測するという考えは奇妙に思えるかもしれない。結局のところ，人はしばしば本心でないことを言ったり，するつもりのないことをすると約束したりするものだ。しかし，セッションでのクライエントの発言が実際に彼らの信念やその後の行動を形成すると考える十分な理由がある。気分誘導の研究（M. Martin, 1990; Westermann, Spies, Stahl, & Hesse, 1996）を見れば，話し言葉がどのように情動状態を引き出すかが分かる。例えば，あることをするという意図を口にすると，それを実行する可能性が高まる（Gollwitzer, 1999; Gollwitzer, Wieber, Myers, & McCrea, 2010）。自分自身で言葉にした価値観は，その後の行動に影響する可能性がある（Rokeach, 1973; Sherman, 2013）。本心とは反対の態度を取るロールプレイは——本心とは反対の意見を公然と擁護すること——無理強いされたのでなければ，擁護対象の意見に対する態度に変化をもたらす（Bem, 1967; Festinger, 1957）。何を口に出すかは重要なのである。

　このこと自体は驚くべきことではないだろう。過小評価されることが多いのは，セラピストがクライエントの発言をどのくらい作り上げているかという点だ。意識的であろうがなかろうが，セラピストは質問や是認する内容，聞き返しによって強調した内容，まとめに盛り込んだ内容を通じて，セッションでのクライエントの発言に影響を与える（DeVargas & Stormshak, 2020; Glynn & Moyers, 2010; Miller & Rollnick, 2013）。クライエントに何を言うように促すかは重要なのである。

　そうした臨床家とクライエントの言葉の複雑な相互作用は，共感のような一般的な治療要因の影響を超えて，セラピストごとに治療結果が大きく異なる一因となっている可能性がある。例えば，ネガティブな感情につい

てしつこく尋ねたり聞き返したりすればクライエントの憂鬱な気分が悪化することは想像に難くない。悩めるカップルにお互いの不満を言わせ続けたり自分の怒りの正当性を主張させ続けたりしても助けにはならないだろう。

　質問や聞き返しの選択的な使用は意識的かつ戦略的に行うことが可能である。例えば解決志向療法では過去にこだわるのではなく未来志向で問題解決に焦点を当てる（Berg & Reuss, 1997; deShazer et al., 2007）。あるいは機能分析的心理療法では，肯定的な変化に結びつく臨床的に適切な行動をセラピストが意識的に強化する（B. S. Kohlenberg, Yeater, & Kohlenberg, 1998; R. J. Kohlenberg & Tsai, 1994）。こうしたアプローチでは，セラピストは意識的にクライエントの発話に耳を傾け，特定の結果に向けた行動を引き出す。

　クライエント中心アプローチの一つであることが明らかな動機づけ面接では，クライエントの変化に対する個人的な動機づけや変化へのコミットメントを表現する発言に特に注意を向ける。そのような自己動機づけ的発言という考え方は，もともと Daryl Bem（1967, 1972）の自己認識理論——人は自らが話す言葉を聞いて自らが信じるものを知る（Miller, 1983）——と結びついていた。つまり，人は変化を支持する動機と変化に反対する動機とを言語化することによって，自分自身を変化するよう，あるいはしないよう文字通り説得するのである（Miller & Rollnick, 2004）。このうち変化を支持する発話（「チェンジトーク」）（Amrhein, Miller, Yahne, Knupsky, & Hochstein, 2004; Miller & Rollnick, 2013）は，以下のような形態を取る：

　願望（～したい，～できたらいいのに，～できればと思う）
　能力（～できる，～できると思う，～する力がある）
　理由（もし～なら……）
　ニーズ（～しなければならない，～すべきだ，する必要がある）
　コミットメント（～する，必ず～する，～すると決めた）

両価性のもう一方の極にあるのが，変化に抵抗する発話（「維持トーク」）である。維持トークもチェンジトークと同じ形態を取ることがある（〜したくない，できない，する必要はないなど）。

この分類自体はあまり面白くないかもしれないが，こうした発話が治療結果と関連するという事実が存在する。すなわち，クライエントのチェンジトークはその後のポジティブな行動変容を予測し，特に変化に反対する維持トークとの比率を測定した場合，その効果は顕著である（Amrhein, Miller, Yahne, Palmer, & Fulcher, 2003; Bertholet, Faouzi, Gmel, Gaume, & Daeppen, 2010; S. D. Campbell et al, 2010; Daeppen, Bertholet, Gmel, & Gaume, 2007; M. Magill, Apodaca, Barnett, & Monti, 2010; Moyers, Martin, et al., 2007; Moyers, Houck, et al., 2017; Vader et al., 2010)。動機づけ面接の臨床技法を使うセラピストはチェンジトークに特に気を配り，引き出そうと試み，意識的に聞き返すことで，その強化を目指す（Apodaca et al., 2016; Drage et al., 2019; Gaume, Bertholet, Faouzi, Gmel, & Daeppen, 2010; Glynn & Moyers, 2010; Miller & Rollnick, 2013; Miller & Rose, 2009; Moyers, Houck, et al., 2017)。児童相談所におけるソーシャルワークの研究では，ソーシャルワーカーの「引き出す」のスキルが家族の転帰を直接予測した（Forrester et al, 2019)。

では，臨床家がクライエントから変化に関する発言を積極的に引き出そうとすると，どのような会話になるのだろうか。以下がその一例である：

セラピスト：では，担当医師からもっと運動するよう言われたということですね。それに対する○○さんの考えや気持ちが気になっています。体を動かす時間を増やすと，どんなメリットがあると思われますか？

開かれた質問（通常この質問に対する回答はチェンジトークである）

クライエント：たぶん気分が良くなると思います。

チェンジトーク

142 第Ⅱ部 治療スキル

セラピスト：どんなふうに気分が良くなるで
　　　　　しょうか？

クライエントが提供した
チェンジトークの内容の
詳述を求めている

クライエント：体が元気になるような？　もし，
　　　　　このままでいたら，どんどん悪い方に転
　　　　　がり落ちていくことは分かってるんです。

チェンジトーク

セラピスト：使わなければだめになる，という
　　　　　感じでしょうか。

聞き返し

クライエント：そうです。年を取ったときに体
　　　　　が動かなくなるのは避けたいです。

チェンジトーク

セラピスト：運動を増やすと体が健康でいられ
　　　　　て，好きなことをもっと楽しめるんです
　　　　　ね。他にはどんなふうに気分が良くなる
　　　　　でしょうか？

聞き返し

開かれた質問

クライエント：もっと何かするエネルギーが出
　　　　　てくるんじゃないかと。仕事から帰って
　　　　　夕食をとると，疲れ切ってテレビを見る
　　　　　だけになります。

チェンジトーク

セラピスト：ある種の悪循環があるわけですね。
　　　　　疲れているから，夜はテレビを見る以外
　　　　　ほとんど何もできない。

聞き返し

クライエント：週末だって同じですね。

セラピスト：つまり，体を動かす量を増やすと
　　　　　健康になり，将来，体の問題が生じにく
　　　　　くなるわけですね。それに，自分が楽し
　　　　　めることをするエネルギーが湧くと。運

ここまでのチェンジトー
クのまとめ

動することで，他にどんな良いことがあ
るでしょうか？

開かれた質問

クライエント：よく眠れるかもしれないですね。
でも運動することは考えたくないです。
つまらないので。

チェンジトーク，その後
維持トーク

セラピスト：運動量を増やすために何をするに
せよ，つまらないことはしたくないし，
「運動」とかとは思いたくないんですね。
どんなことだったら楽しめましたか？

維持トークの聞き返し

開かれた質問によって対
話の焦点を変化に戻して
いる

クライエント：前はテニスが好きでした。あま
りにも疲れがひどくなって，なんとなく
やらなくなってしまいました。

セラピスト：なるほど。では，テニスだったら
楽しめるかもしれないんですね。

聞き返し

クライエント：そうですね，楽しめるかなと思
います。

チェンジトーク

セラピスト：では，「運動」という言葉は置い
ときましょう。普段の生活で体を動かす
量が増えると，他にどんな良いことがあ
ると思いますか？

開かれた質問

クライエント：先生には，体重を減らせるだろ
うと言われています。

チェンジトーク

セラピスト：そうするとどんなメリットがある
でしょうか？

開かれた質問

クライエント：ずっと血圧が高いんですが，薬
は飲みたくないんです。

チェンジトーク

144 第Ⅱ部　治療スキル

セラピスト：自立していたいんですね。自分の
　　　　力でどうにかしたいし，努力すれば変わ
　　　　ると分かっている。

是認
聞き返し

クライエント：そうですね。薬なしでも自分で
　　　　血圧を下げることはできると思います。

チェンジトーク

セラピスト：そしてテニスや体を動かす活動が
　　　　その助けになると。

聞き返し（発言を引き継
いでいる）

クライエント：はい，そう思います。あとは塩
　　　　分を減らすことですね。

チェンジトーク

セラピスト：つまり，〇〇さんは健康でいたい
　　　　と思っておられて，そうするために何が
　　　　できるかも知っていらっしゃるんですね。
　　　　日常生活で体を動かす量を増やすために，
　　　　どんなことなら試してみたいと思います
　　　　か？

是認

開かれた質問

クライエント：また週末にテニスをしてみるこ
　　　　とはできるかもしれません。楽しそうで
　　　　す。

チェンジトーク

セラピスト：いいですね！　週末にできること
　　　　が一つ見つかりましたね。平日，テレビ
　　　　の代わりに試せることはあるでしょう
　　　　か？

是認
開かれた質問

クライエント：実は，昔は近くの丘まで散歩に
　　　　行っていたんです。家からそんなに遠く
　　　　ありません。朝仕事に行く前にできるか
　　　　もしれません。夜のテレビの代わりには

チェンジトーク

なりませんが，楽しめるかなと思います。

セラピスト：いろいろ準備をしなくても試せる　　チェンジトークのまとめ
　　　ことですね。丘の上は気持ちがいいです
　　　よね。そうなると，テニスと，朝の出勤
　　　前の散歩，この2つが健康を維持してエ
　　　ネルギーを増やす助けになりそうですね。
　　　もしかしたら体重も減るかもしれないで
　　　すね。それにやりたいことを楽しめるよ
　　　うになれるかも。

クライエント：そうですね，それに夜は夕食の　　チェンジトーク
　　　後にも散歩できるかもしれません……

　もしセラピストが運動するよう指示をしていたら，この会話はまったく
違ったものになったかもしれない。代わりにこのセラピストは，好奇心を
持って開かれた質問をした。クライエントの言ったことを聞き返し，いく
つか是認し，クライエント自身のチェンジトークを簡単にまとめた。

　このような「引き出す」では，クライエント自身が変化の動機やアイデ
アを挙げるよう促し，その話を聞き返し，是認し，全体をまとめる。そう
することでクライエントは，自分自身が変化について語るのを聞き，聞き
返されたときに再びそれを聞き，まとめられたときに3度目を聞く。セラ
ピストはまさに文字通り，人が自らを変化に向けて説得するのを助けてい
るのだ (Miller & Rollnick, 2004)。

セラピストの自制

　本書の大部分は，効果的なセラピストは「何をするか」について書いて
いるが，何をすることは控えるべきか，あるいは少なくとも適度にとどめ
るべきかという点も検討する価値がある。例えば，テーマが逸れたカジュ

アルな「おしゃべり」は，治療の進展や変化へのモチベーションを損なう可能性がある（Bamatter et al., 2010）。批判（何が悪いかを伝えること），助言，指示（何をすべきかを伝えること）は防衛性を引き出す傾向があり，結果として治療の非遵守やその後の変化の欠如を予測する（Apodaca et al., 2016; de Almeida Neto, 2017; M. Magill, Bernstein, et al., 2019; Patterson & Forgatch, 1985）。これは特に，クライエントの言語が防衛的または敵対的，反抗的である場合に顕著である（Karno & Longabaugh, 2005）。

　クライエントの抵抗や現状維持を引き出すようなカウンセリングはポジティブな変化を妨げる可能性がある。クライエントを正しい方向に導こうと良かれと思ってやった結果，起こることもある。ある人が変化について両価的であるとき，他から変化促進論を聞かされると，通常出てくる反応はその逆，つまり変化反対論の擁護である。先ほどの会話で，セラピストがクライエント自身の変化への主張を引き出す代わりに運動を推奨していたらどうなる可能性があったか見てみよう。

　　セラピスト：○○さんは確かに，もっと運動をする必要がありますね。
　　　［指示］
　　クライエント：でも運動は嫌いなんです。
　　セラピスト：ですが，長期的には健康維持にとても重要です。体を動かしていないと，どんどん筋肉は衰えていきますよ。［警告］
　　クライエント：運動は退屈だし，仕事の後は疲れています。
　　セラピスト：では，朝仕事に行く前に何かすることはできないでしょうか？［助言］
　　クライエント：でも，仕事で精いっぱいです。今だって6時半に起きていて，これ以上睡眠時間は削りたくないです。

　ここで何が起こっているか分かるだろうか。変化を支持する主張を行うことで，セラピストはクライエントの防衛的な維持トークを引き出してい

るのである。どちらの主張もクライエントの中に元から存在していた。そのどちらを口にするかはセラピストがどう会話を進めるかによるが，人は自分の言葉によって最も説得されやすいものである。

　同様に（第3章で触れた）良い傾聴を妨げるコミュニケーション上の「障害物」は，自分の経験の探求からクライエントを脱線させやすい。しっかり耳を傾けようとしているときでさえ善意から生じてしまうことの多いこの「障害物」は，結果的にはクライエントを体験から遠ざけてしまう。

> 見方によっては，カウンセリングはクライエントの現状維持擁護を引き出し，ポジティブな変化を妨げるとも言える。

　　クライエント：この会議が近づいているので，とにかく緊張しています。
　　セラピスト：○○さんなら絶対にうまくできると思います。［保障］
　　クライエント：自分ではそうは思えません。
　　セラピスト：これから起こることについてあれこれ考えているときの方が，それが実際に起こっているときよりもつらいものですよね。［分析］
　　クライエント：これは私にとって本当に大変なんです！　全然分かってもらえないようですね！
　　セラピスト：いいえ，分かりますよ。［説得］
　　クライエント：どうやって分かるっていうんですか？
　　セラピスト：私も以前，人前で話すのが本当に苦手ですごく緊張していました。とにかく○○さん自身が理解できていることに集中すれば，必ずうまくいくと思います。［助言］

　セラピストが有効なアドバイスをしているように聞こえるかもしれないが，会話はもはやクライエントの体験とは関係なくなってしまっている。有効なセラピストとは，こうした障害物に対して自制できるセラピストである。

セラピストが障害物を避け，クライエントから引き出すことを優先したら，この会話はどう変わるだろうか。

クライエント：この会議が近づいているので，とにかく緊張しています。

セラピスト：これは以前話してくださった怖さですね。うまく話せなくて人から馬鹿だと思われるのではないかという。［共感的な聞き返し］

クライエント：教えてもらったリラクセーションやイメージ・エクスポージャーはやってきましたが，まだストレスを感じています。

セラピスト：そうやって努力してきて，○○さんは今回，以前よりも心の準備ができていますね。［チェンジトークを拾い上げ，聞き返している］

クライエント：リラクセーションには何時間も費やしてきたので，助けにならないと困ります。もうすぐに成果は分かるわけですが……効果がなかったらどうしよう？

セラピスト：今の状態は，陸上選手がスタート位置にいて，レース結果がどうなるかと考えているときのようですね。［不安のリフレーミング］

クライエント：なるほど，良いたとえですね。大きな大会の前はきっと誰でも緊張しますよね。私もその一人なのかもしれません。

「引き出す」の他の形

「引き出す」はクライエントのポジティブな変化を促進すると考えられる，セッション中のあらゆる種類の発言に焦点を当てることができる。例えば，自己効力感は広く研究されてきた行動変容の関連要因（Bandura, 1982, 1997）であり，さまざまな実験的かつ訓練的，臨床的な介入によって高めることが可能である（French et al., 2014; Gist & Mitchell, 1992; Williams &

French, 2011)。自己効力感を高める介入は行動意図や変化にも影響を与える（Prestwich et al., 2014; Sheeran et al., 2016)。しかし，今日まで，セッション内でクライエントの自己効力感に関する発話を戦略的に引き出すことに焦点を当てた研究はほとんどない。前述した動機づけ面接の言語心理学的研究では，自己の能力の言語化をチェンジトークの一形態として取り上げており，Miller と Rollnick（2013）は変化に対するクライエントの自信を引き出すための具体的な手順を提案している。セラピストの特定の対応とクライエントの自己効力感に関する発話の間の因果関係はまだ実証されていない。

「引き出す」に関する研究

「引き出す」の治療的価値の証明には2つのステップがある。まず，その後に起こるポジティブな変化や治療結果を予測することで，研究対象の発話との関連性を実証する必要がある。その点では，クライエントの言語に関するエビデンスが力を持つ（Houck, Manuel, & Moyers, 2018; M. Magill et al., 2018)。それによると，クライエントの維持トークが優勢であれば悪い転帰が予測され，チェンジトークの割合が高ければ良い転帰が予測される。だがこれ自体はそれほど興味深い事実でもないかもしれない。なぜなら，これは単に「変化に抵抗するクライエントはやる気がなく結局変化せず，やる気のあるクライエントは変化について積極的に話し実行する」というだけの話であるかもしれないからだ。言い換えれば，ここで私たちが測っているのは煙（クライエントの言葉）であって，それを生み出した火（動機）ではない可能性があると言える。

より重要なのは2つ目のステップ，セラピストの反応がクライエントの言語と密接に関連していることを示すことだ。研究によると，セラピストが肯定的で，聞き返しを行い，指示や強制を避けると，クライエントの口からはより多くのチェンジトーク（と体験過程）が語られ，維持トークが

減る（DeVargas & Stormshak, 2020）。もし言語が，クライエントがカウンセリングルームに持ち込むものの受動的な目印（調整変数）に過ぎないなら，セラピストの行動と言語の変化との間にこのような相関関係はないはずだ。もちろん，この相関関係だけでは因果関係を証明することはできない。クライエントの反応がセラピストの反応を引き出すこともあるだろうし，何か第三の要因が2つの要素の相互関係を説明するかもしれない。先に述べたように，より有益なのは逐次コーディングであり，これを用いることでカウンセラーの特定の反応に続くクライエントの特定の言語化の条件付き確率を得ることができる（Hannover, Blaut, Kniehase, Martin, & Hannich, 2013; Moyers & Martin, 2006; Walthers et al., 2019）。チェンジトークに関する他のエビデンスは，ランダムに割り当てられたカウンセラーのスタイル変化に伴って関連するクライエントの反応が系統的に変化することを示した実証的研究（Miller et al., 1993）や，クライエント内 A-B-A-B デザインの研究（Glynn & Moyers, 2010; Patterson & Forgatch, 1985）から得られている。

　以上の研究をまとめると，セラピストはクライエントの変化に関する発話を引き出す（または抑制する）直接的な役割を担っており，この発話がクライエントの治療結果に影響する可能性が高いことが分かる。一般化すれば，変化を促すためにクライエント自身の資源（言語を含む）を引き出す臨床能力は治療的専門性の強力な一面でありながら軽視されていることが多い。

第9章 引き出す　151

━━ キーポイント ━━

- クライエントが治療中に話す内容は結果として生じるもので，最終的な治療結果を予測する。

- セラピストは，質問する内容，聞き返す内容，是認する内容，まとめに盛り込む内容を通じて，クライエントが言語化する内容に影響を与える。

- 変化への動機，関わり，希望，自己効力感といったクライエント要因も治療結果を予測し，同じくセラピストの反応から影響を受ける。

- 「引き出す」はクライエント自身の知恵，強み，資源を呼び起こす。

- 体験過程とチェンジトークは，セラピストの反応によって引き出されうるクライエントの発話の2タイプであり，より良い治療結果と関連する。

- ポジティブな治療結果は，セラピストがクライエントから「抵抗」や治療目標と無関係の「おしゃべり」のような要素を引き出すのを控えることによっても促進される。

第 10 章

情報と助言の提供

　プロ援助者の役割とは何だろうか。セラピストとクライエントの関係を，「指示する」から「追従する」までのスペクトラムで考えてみよう。一方の極には，情報，解決策，指示，アドバイスなどを提供して，相手に何をすべきかを伝える指示スタイルがある。場合によっては適切かつクライエントから期待される役割であることもある。反対の極に位置するのは，共感を持って話を聴き，受容と是認を伝え，答えや助言の提供を慎重に避ける，思いやり溢れる同伴者である。クライエントがこちらを選ぶときもある。ステレオタイプ的だが，保護観察官や糖尿病療養指導士，弁護士，スポーツコーチ，資産管理アドバイザーなどが前者に近い職業である。後者は，やはりステレオタイプ的だが，クライエント中心のカウンセラーやホスピスワーカー，支援してくれる友人などが当てはまる。

　実際にはほとんどの専門家の役割は指示と追従，技術的スキルと関係的スキルの組み合わせである。情報提供や助言はやりすぎるのは簡単で，クライエント自身の動機づけを損なうことさえある（Brehm & Brehm, 1981; de Almeida Neto, 2017）。とはいえ，助言をせずにただ聞くだけの医師や弁護士，資産管理アドバイザーは，その義務を放棄していることになる。この両極端の中間にあるのが，よく話に耳を傾けかつ専門知識を提供するガイドの役割である。例えば，外国旅行中のガイドに対して，そこで何をすべきかの指示や何が好みや楽しみになるかについて決定してもらうことは期待しないだろう。だが良いガイドであるなら，単に旅行客の後をついて

第 10 章　情報と助言の提供　153

回るだけでもないはずだ。伝統的に指示が中心の職業であっても，ガイ
ドスタイルを取る方が指示だけするよりもはるかに効果的なこともある
（Rollnick, Fader, Breckon, & Moyers, 2019; Rollnick, Kaplan, & Rutschman, 2016;
Rollnick et al., in 2020; Steinberg & Miller, 2015; Stinson & Clark, 2017）。

　援助者が直観的に最初にしようとするのは，クライエントへの助言や有
益な情報の提供だ。なんといっても，努力して専門的な教育を受け，山ほ
どの知識を蓄えてきたのである。だから例えば，クライエントが以下のよ
うな状態であるとき，なぜそうなったかについて知識に裏づけされた勘が
働くかもしれない：

- 疲れ切っているのに興奮して落ち着かず，体重も減ってきている
- 時々朝目が覚めて，部屋に怪しい人間が何人もいるのが目に入るが，体を動かすことも声を出すこともできない
- 夜中に5回もトイレへ行くために起きる
- 繰り返し似たようなタイプの恋人ができるが，悲惨な結果に終わる
- 月曜日に仕事や学校を休んだり遅刻したりすることが多い

　そして，クライエントの悩みについて暫定的な仮説を立てた後，解決策
を考えようと急ぐかもしれない。確かに，人は「自分が何を経験している
のか，それに対してどうすればよいのか」を理解したいと思って援助者の
もとを訪れるものだ。

　古典的な非指示的アプローチではカウンセラーは答えや助言の提供を控
える。これは Carl Rogers をからかうかのように単純化したものであるが，
Rogers 自身は非指示的という概念を捨て，クライエントを中心に据える
という，よりポジティブな焦点の当て方をしている（Kirschenbaum, 2009）。
情報や提案を提供すべきという職業倫理上の義務を読者が感じたとして
それはもっともであるし，実際，変化のきっかけは助言だけで十分だっ
たということもある（Aveyard, Begh, Parsons, & West, 2012; Chick, Ritson,

Connaughton, & Stewart, 1988; G. Edwards et al., 1977; Schmidt & Miller, 1983)。

　では，バランスはどこにあるのだろうか。助言は仕事の一部であるが，それをいつ，どのように行うべきかが問題になる。専門家のサービスでは，情報や助言は援助関係の文脈で提供されるものであり，その意味では第9章までの全ての内容が当てはまる。しかし，教育や助言を直接行う前に特に注意しなければならない落とし穴が存在する。

心理的リアクタンス

　誰かを説得して変化させようとする努力はよく失敗し，意図したものとは逆の効果を生むことさえある（Dillard & Shen, 2005）。第4章で述べたように，「心理的リアクタンス」とは説得や助言に対して一般的に見られる抵抗であり（J. W. Brehm, 1966; S. S. Brehm & Brehm, 1981），「同意できる場合でさえ……他者からの勧めに反して行動するという，確立された生得的傾向」（de Almeida Neto, 2017）である。個人の自由が制限されると，禁止されている行動がより魅力的になり，より起こりやすくなる（10代の若者に対して薬物使用は「ダメ絶対」と伝えるのを想像してほしい）。Jack Brehms と Sharon Brehms によれば自律性と選択の自由が脅かされたとき，それを回復しようとする動機づけが人には内在している。このリアクタンスは，助言や指示に従うことは「一つ下」の立場を受け入れることであるという，社会的なヒエラルキーの数千年に及ぶ進化に根ざしているのかもしれない（de Almeida Neto, 2017）。自己決定論も同様に，人間の動機づけにおける自律性の重要性を（能力や関連性の重要性と同じく）強調している（Deci & Ryan, 2008; Ryan & Deci, 2017）。

　リアクタンスという自然な反応を引き起こすことは，情報や助言を提供する際に避けなければならない落とし穴である。その起源が何であれ，助言に対する抵抗という社会現象

> リアクタンスとは，「勧めに反して行動するという生得的傾向」である。

はよく実証されており（Steindl et al., 2015），認知的要素と感情的要素の両方を備えている（Rains, 2013）。さらに一般的なだけではなく，リアクタンスの傾向には個人差があり，セラピストの指示な言動に対するクライエントの感度と反応に影響を与える可能性がある（Beutler et al., 2011; Dillard & Shen, 2005; Karno & Longabaugh, 2005）。

情報提供と助言の態度

　選択の自由というのは治療者がクライエントに与えるものではない。クライエントはすでにそれを持っている。人の話を聞くか無視するか，提供された情報を信じるか信じないか，治療者の助言に従うか避けるかは，最終的にはクライエント次第である。治療者に人を変えさせることはできない。クライエントは自分で決断に至るのだ。これはどんな援助関係においても既定の事実である。自律性を知り，受け入れ，尊重することが，情報提供や助言を行う際の重要な文脈となる。

　情報提供や助言の背後にある関連する治療的態度は，適切な謙虚さである。壁にかかった学位証書である程度の信用は得られるかもしれないが，行動とライフスタイルに関する

> クライエントの自律性を知り，受け入れ，尊重することが鍵である。

援助関係においては謙虚さが必要だ。治療者を「一つ上」の立場に置くようなコミュニケーションは，防衛的な態度を助長しやすく，援助の努力を損なうことになりかねない。「～することは許されない」，「しなければならない」，「すべき」という主張は，単純に事実として間違っている。通常この種の発言は，不利益となる結果や悲惨な結果に対する警告の意味で使われるが，クライエントの自主性を認め，どんな結果が考えられるかという観点から可能な選択を検討する方がよい。私たちはもう随分前に，クライエントに「断酒だ」と伝えると，クライエントの行動によってすぐにそれが間違いだと証明されることを学んでいる。

156　第Ⅱ部　治療スキル

　謙虚さと関連するのは，クライエント自身も独自の知識，強み，知恵，アイデアを持っていることを忘れない姿勢だ（第9章）。援助関係は，治療者の専門知識とクライエントの人生経験やノウハウを結集させるものである。講義を行う前にクライエントがどんなことを知っているのかを探ろう。解決策を提示する前に，クライエント自身が検討していることやすでに試したことを知ろう。治療者が専門知識を提供する機会がなくなったわけではない。ただ，まずはクライエント自身の知識や能力を尊重する方が礼儀正しく賢い。では，実際にはどのように実践すればよいのだろうか。

情報提供と助言の仕方

許可を求める

　有効な手段の一つは情報提供や助言の前に許可を求めることである。クライエントが自ら助言を求めてきたら，すでに許可が得られたと言えるが，なお慎重に進める方が賢明だ。

　　クライエント：あの，私はどうすべきだと思いますか？
　　セラピスト：別の方と試してうまくいった方法はいくつかあるのですが，○○さんご自身にどんなアイデアがあるのかもぜひ知りたいと思っています。何か考えがありますか？
　　クライエント：本当によく分からないんです。この状況を抜け出すまで，友人にサポートをお願いするとか，でしょうか。
　　セラピスト：それはいい考えに思えますね。他にはいかがですか？
　　クライエント：何か参考になる本があるでしょうか？
　　セラピスト：そうですね，候補はいくつか思いつきます。どれが○○さんにとってベストかは分からないのですが，他の方がやってみてうまくいったことも，よろしければご紹介することはできます。

第 10 章　情報と助言の提供　157

　　クライエント：はい，お願いします！

　クライエントがまだ情報や助言を求めてきていない場合，セラピスト自身が許可を求めることもできる：

- 「他の方でうまくいった方法をいくつか紹介させていただいても大丈夫ですか？」
- 「この種の変化を起こすための一般的な道のりについては，いくらかお話しできることがあると思います。興味がありますか？」
- 「もし問題がなければ〜について少し説明したいのですが，よろしいですか？」

　ほとんどの場合クライエントは「はい」と言い，許可を求めたことでクライエントの自律性は尊重され，防衛性の盾も下ろされるかもしれない。

自律性を尊重する

　許可を求めることは自己主導性の尊重である。同様に，情報提供や助言を行う前に相手の自主性をさらに強調する言葉を添えることもできる。もちろんそうしたところで，相手が持っていなかったものを与えることにはならない。単に，クライエントには治療者の発言に同意する権利も反対する権利もあり，耳を傾ける権利も無視する権利もあるという事実を確認しているに過ぎない。ある意味では，この事実を認め，譲歩することから始めると言えるだろう。そしてそうすることで，クライエントが治療者の提供するものを聞き，検討する可能性が高まる (de Almeida Neto, 2017)。このような前置きには，以下のようなものが考えられる：

- 「もしかしたら，○○さんには筋が通っているように思えないかも

158　第Ⅱ部　治療スキル

しれませんが……」
- 「これはもしかしたら，○○さんのご経験には当てはまらないかもしれないのですが……」
- 「この選択肢の中で，○○さんはどれが一番有望であるように思われるでしょうか……」
- 「○○さんが気にされているかは分からないのですが，この計画についてちょっと心配な部分があります。私が引っかかっていることについてお話ししてもよろしいですか？」（許可を求めてもいる）

　ある見方をすれば，自分が今から言うことを無視してもよいし反対してもよいという許可を与え，クライエントがすでに持っている自由を認めているのである。対人関係で言えば，自分を「一つ上」の立場から外すことでクライエントに話を聞いてもらいやすくしている。

選択肢から選ぶ

　変化を起こす方法について助言を行う際は，1つではなくいくつかの選択肢を提示するのが賢明である（Miller & Rollnick, 2013）。一度に1つずつ提案していくと，クライエントはそのアイデアのどこが悪いかを教えてくれることが多い：

クライエント：では，他の人はどうやって禁酒しているんですか？
セラピスト：アルコホーリクス・アノニマスの集会に参加する人もいます。同じ問題を抱えた人たちがお互いをサポートします。
クライエント：いえ，前に試しましたが，好きになれませんでした。あそこの人たちは私とは違います。
セラピスト：今は新しい薬もあって，禁酒を助けて，お酒を飲みたい気持ちも抑えてくれます。

第10章　情報と助言の提供　159

クライエント：薬に頼りたくないんです。松葉づえみたいです。

セラピスト：なるほど。では，ここではグループカウンセリングも行っていて，回復に役立つスキルが身につくようお手伝いしています。

クライエント：いえ，私はグループで話すのが好きじゃないんです。落ち着きません。

案を1つだけ挙げるのではなく，さまざまな可能性を提示して，クライエント自身にどれが本人にとってベストであるかを考えてもらおう。複数の選択肢から選ぶのと，1つの可能性の粗を探すのとでは，マインドセットが異なるのである。

セラピスト：幸いなことにほとんどの方は実際に回復していますが，その道のりはさまざまです。誰にでも当てはまる1つの正しいやり方はありません。例えば，他の方でうまくいった方法を私が4つ5つ挙げて，どれが○○さんの生活にうまく取り込めそうかを考えていただくのはいかがでしょうか？　よろしいですか？

質問─提供─質問

長時間の情報ダウンロードは避けよう。代わりに，情報を一口サイズで提供し，定期的にチェックするようにしよう。これを実現するのが，例えば質問─提供─質問のリズムである。つまり，質問を提供する情報のブックエンドにするやり方だ。情報提供に先立つ質問には，以下のようなものが考えられる：

- 「～について少しお話ししてもよろしいですか？」（許可を求めている）
- 「～についてすでにどんなことをご存じか，教えていただけます

160 第Ⅱ部 治療スキル

か？」（この質問によってクライエントがすでに知っていることを
重複して語るのを避けることができ，クライエントの話に誤った情
報があれば対処することもできる）

- 「〜について，どんなことを一番知りたいですか？　関心があるの
はどんなことですか？」（クライエントの関心に合わせて情報を調
整しようとしている）

- 「どこから始めるのがよいでしょうか？　○○さんにとって一番重
要なのは何でしょうか？」（優先順位をつけようとしている）

そしていくらか情報を提供したあと，以下のような質問をして確認を行
う：

- 「今言ったことは筋が通っているでしょうか？」
- 「これについてどう思われますか？」
- 「以前考えたことがある話だったでしょうか？」
- 「今の話について，もう少し聞きたいということがありますか？」

確認のあとは，クライエントの返答を注意深く聴こう。質問―提供―質
問のリズムは単一のサイクルだが，すぐにクライエントの反応と質問の間
にちりばめられた小さな情報片を提供する会話パターンになっていく。

傾聴

共感的傾聴（第3章）はクライエントに対する敬意を伝え，それがクラ
イエントの個性や自律性を尊重することにもつながる。治療者がクライエ
ントの話に耳を傾けると，クライエントも治療者の話に耳を傾ける可能性
が高い。話をよく聴いて聞き返しを行い，情報や相手の反応について議論
になることは避けよう。共感的傾聴は，治療者がクライエントの反応を理

解しているかどうかを確認し，治療者が理解しているとクライエントに伝えるのに役立つ。

> **セラピスト**：アルコール耐性が高い人の方が実はより危険な状態にあるという話には驚きましたか？
>
> **クライエント**：お酒に強い方が影響を受けにくいんだと思っていました。
>
> **セラピスト**：はい，論理的にはそう思えるので，そう信じている方も多いようです。納得がいかない感じですか？
>
> **クライエント**：いえ，そこまで考えたことがありませんでした。自分は大抵の人よりも飲めて酔いが回らないのは知っていますが。
>
> **セラピスト**：○○さんはご自分の経験については分かっていたけれど，それが何を意味するかまではそこまで考えてこなかったんですね。実際には，そういうアルコール耐性にはリスクが伴います。探知機がついていて，危なくなると知らせてくれるというわけではないので。話してみて，今はどう考えておられますか？
>
> **クライエント**：飲む量を減らすか禁酒すべきということですか？
>
> **セラピスト**：そこを私も考えているところです。もちろん，どうするかは○○さん次第です。○○さんはどう思われますか？

　この会話の言語を見ると，クライエント自身の専門知識とセラピストの専門知識の両方が重視された，尊敬のこもったパートナーシップになっていることが分かる。結局のところ，行動やライフスタイルに関して何をすべきかを決めるのはクライエント自身である。説教や警告，命令，議論ではおそらく行動を変えることはできないし，意図したのとは逆の効果を生むこともある。よく耳を傾けることを忘れないでほしい！

> 治療者がクライエントの話に耳を傾けると，クライエントも治療者の話に耳を傾ける可能性が高まる。

情報提供と助言に関する研究

　クライエントに脅迫的とも受け取れるような情報を提供すると，あるいはクライエントがどのように変化すべきかという点について助言を行うと，ある程度の消極性や防衛性，無気力が生じると予想される。Gerald Patterson と Marion Forgatch（1985）は，セラピストに12分ごとにカウンセリングスタイルを変えて，情報や助言を与える時間（指導／指示）と聞き返しを用いた傾聴の時間を切り替えさせる実験を行った。その結果，クライエントの抵抗レベルは指導／指示の時間に顕著に増加し，セラピストがよく耳を傾けている間は減少した。同様の研究（Glynn & Moyers, 2010）では，カウンセラーが12分の間隔で行動分析とクライエント中心の動機づけ面接を切り替えると，クライエントは体系的に，前者の間ではアルコール使用を変えることに反対の主張を，後者の時間では賛成の主張を行った。

　にもかかわらず，平均すると専門家の助言は行動変容にわずかな正の効果を及ぼしている。この点が最も広く研究されてきたのは，禁煙の助言（Aveyard et al., 2012; Stead et al., 2013）と過剰飲酒を減らす助言においてである（DiClemente, Corno, Graydon, Wiprovnick, & Knoblach, 2017; Lenz, Rosenbaum, & Sheperis, 2016; McQueen, Howe, Allan, Mains, & Hardy, 2011; Moyer, Finney, Swearingen, & Vergun, 2002; Samson & Tanner-Smith, 2015; Smedslund et al., 2011; Vasilaki, Hosier, & Cox, 2006）。専門家による助言はさらに，うつ病（McNaughton, 2009; Schmidt & Miller, 1983）や身体活動／運動（Vijay et al., 2016）におけるポジティブな変化とも関連している。専門家の助言の平均効果量は控えめ（0.2から0.3）だが有意である。

　本書を通して強調しているように，どのように助言を行うかが重要である。そもそも情報や助言は，これまでの章で触れた対人関係スキルと切り離されて存在するものではなく，その文脈の中で提供されるべきものであ

る。つまり，助言や情報は，クライエントがそれを安心して受け取って検討できるような関係性の中で提供することが目標である。重要なのは提供する内容だけではない。いつ，どのようにそれを伝えるかも同じくらい意味を持つ。

　問題飲酒に対する介入の効果をまとめたレビューでは，援助者がよく使う6つの要素を特定し，頭文字をとって「FRAMES」と呼ぶ（Bien, Miller, & Tonigan, 1993; Miller & Sanchez, 1994）。まず，クライエントは自分の飲酒とその結果について，個別のフィードバック（Feedback；テスト結果など）を受けることが多かった。変化に対する個人の責任（Responsibility）が非常に強調され，それはつまり，クライエント自身の自由な選択であることを意味していた。「このような助言は，自律性と自己決定の感覚を強化するやり方で提供されなければならない」（Edwards & Orford, 1977, p. 346）のである。いずれにしても援助者は変化を起こすための助言（Advice）を提供するのだが，その際に解決策を1つだけ示すのではなく，いくつかのアプローチメニュー（Menu）を提示することで，クライエントが自律的に選択できることを強調した。また，カウンセリングのスタイルについて言えば，それは常に共感的な（Empathic），聞き返しを用いるクライエント中心の傾聴スタイルだった（第3章）。最後に，短期介入で効果があるものは，自己効力感（Self-efficacy），つまりクライエントには変化を起こす能力があるという楽観的な見方に味方していた（第8章）。つまり，助言は共感的傾聴とエンパワーメント，自律性の尊重の文脈で行うのである。

164 第Ⅱ部 治療スキル

── キーポイント ──

- 情報提供と助言は援助的役割の正常な一部である。

- 専門家としての助言提供は，平均するとポジティブな効果は小さく，どのように助言を行うかによって差が出る。

- プロのガイドとしてのスタイルは，クライエントの話を聴くことと情報や助言を提供することのバランスを取る。

- 心理的リアクタンスとは十分に証明された人間の傾向であり，内容に同意できる場合でさえ，他者から言われるとそれに反して行動するというものである。

- 効果的な短期介入には FRAMES の要素が含まれていることが多い。すなわち，フィードバック（**F**eedback），責任（**R**esponsibility），助言（**A**dvice），選択肢のメニュー（**M**enu），共感的（**E**mpathic）スタイル，自己効力感（**S**elf-efficacy）のサポートである。

- 許可を求めること，自律性の尊重，傾聴，選択肢の提示は，クライエントがセラピストの助言に耳を傾け検討するのを助ける。

第 11 章

複雑さの向こう側

これまでの章は援助者を効果的にするものは何かという問題がどれだけ複雑であるかを知る旅であった。本書では，共感や受容，肯定的配慮，誠実さ，フォーカス，希望，引き出し，そして情報と助言の提供といったエビデンスに基づく要因を扱ってきた。こうした治療スキルの一つひとつが効果的な援助関係の構築に貢献していることは，十分論証可能だろう。

ここまで読んで，一体どうすればセラピストがこうした価値あるスキルの全てに，あるいはそのいくつかにでも精通することができるのかと首をひねっているかもしれない。一度しかないキャリアの中で，どうやって共感性と受容性と誠実さと上品な助言を身につけろというのだろうか。

しかし，こうした関係性に関する要因にも，必ず重なり合う部分があるはずだ。それは，エビデンスに基づく治療技術の数々が，より少ない数の高次の変化プロセスに還元されうる（Prochaska, 1994; Prochaska & DiClemente, 1984）のと同じようなものである。同様に，不安や抑うつのような別々の障害と思われる症状も，例えば神経症という上位形態を反映している可能性があり（Barlow et al., 2014），その構成要素に合わせた介入で治療可能である（Barlow, Sauer-Zavala, Carl, Bullis, & Ellard, 2017）。対人関係スキルの数々も一見それぞれ異なるように見えるが，高次の構造が隠れているかもしれない。例えば，正確な共感能力に長けたカウンセラーは温かさと受容を伝える能力を持つ可能性が高いだろう。日頃から生徒の長所を是認している教師は，生徒がうまくやれるように願い，その願いを伝えて

もいるだろう。Carl Rogers とその教え子たちは，効果的なカウンセリングのための相互に関連した中核的条件として，上述の治療要因のうち，正確な共感，肯定的配慮，誠実さの3つを強調した（Rogers, 1959; Rogers et al., 1967; Truax & Carkhuff, 1967）。この3つに長けた援助者であれば，比較的短時間の接触であっても長年の問題にポジティブな変化をもたらせることがある（Babor, 2004; Bernstein et al., 2005; Gaume, Gmel, Faouzi, & Daeppen, 2009; Miller, 2000）。

では実際，援助者の有用性には高次のレベルがあるのだろうか。Rogers は晩年，意識の基礎的状態，つまり受容，共感，誠実さが自然に湧き出てくるような存在の仕方として，プレゼン

> 正確な共感，肯定的配慮，誠実さの3つに長けた援助者であれば，短時間の接触でもポジティブな変化を促進することが可能である。

ス（presence）について書いた（Rogers, 1980c, 1980d; Weinraub, 2018）。彼は宗教家ではなかったが，その経験を「自分の内なる精神が手を伸ばして相手の内なる精神に触れ……より大きなものの一部になる」と表現した。そしてユニティー（unity）の神秘体験と関連させ，「私も他の多くの人と同様に，この神秘的で精神的な次元の重要性を過小評価していたと思わざるをえない」と告白し，「ここで多くの読者が私と袂を分かつことになると確信する」と断言した（Rogers, 1980d, pp. 129-130）。

同種の経験は，心理学がその歴史的なルーツである哲学から遠く離れていなかった時代に，William James（1994/1902）を魅了した。しかし，心理学という学問は20世紀半ばになると宗教的な言説から距離を置き，さらには嫌悪感さえ抱くようになった（Miller, 2005）——宗教心理学という比較的孤立した専門分野を除いては（Hood, Hill, & Spilka, 2018）。論理実証主義の台頭により，学術的な心理学はまずその魂（「心理学〔psychology〕」の語源であるギリシャ語の *psyche*）を失い，次に心（mind）を失った（Delaney & DiClemente, 2005）が，認知や意識の研究を通じて心を取り戻し，目覚ましい進歩を遂げた。そして20世紀末には，

魂（*psyche*）も戻ってきた。スピリチュアリティーに対して再び扉が開かれたことは、この話題に関する本が初めてアメリカ心理学会から出版されたことにも反映されている（Miller, 1999; Richards & Bergin, 1997; Shafranske, 1996）。職業として見るならば、アメリカの心理学者はクライエントに比べ宗教色が薄いが、自分の人生においてスピリチュアリティーは重要であるとはっきり認めている（Delaney, Miller, & Bisonó, 2007）。また、品性や美徳の理解（Peterson & Seligman, 2004）、そして古代の瞑想法であるマインドフルネス（K. W. Brown, Ryan, & Creswell, 2007; S. C. Hayes et al., 2011）への関心も高まっており、Shari Geller と Leslie Greenberg（2018）はこれを Rogers の治療的プレゼンスの概念と関連づけている。

　意識や行動の高次の状態を概念化するために、トランスパーソナルなルーツに訴えることも（その必要はないが）できるだろう。古代の文献には、仏教のメッタ（*metta*：「慈悲；benevolence」）やイスラム教のラフマ（*rahmah*：「慈愛；compassion」）のような、慈悲深い最上の美徳が記載されている。また、1世紀のキリスト教では、アガペー（*agape*）を「忍耐強く、優しく、自分のやり方にこだわらない無私の愛」と表現している。16世紀の翻訳家 Myles Coverdale は、ヘセド（*hesed*）というヘブライ語の概念があまりにも多面的であったため、英語で適切に表現できる単語が見つからず、2つの単語、「loving」と「kindness」を組み合わせて新しい言葉を作り出した。その造語、「ラビング・カインドネス（lovingkindness）」は、思いやりある意図（loving）とその慈悲深い実行（kindness）の両方を包含する表現である。William Miller（2017）は、上記のような最上の美徳に関する古代の記述を参考にして、ラビング・カインドネスには12の行動上の美徳が含まれると述べた。すなわち、「慈愛（compassion）」、「共感（empathy）」、「充足（contentment）」、「寛容（generosity）」、「希望（hope）」、「是認（affirmation）」、「許し（forgiveness）」、「忍耐（patience）」、「謙虚（humility）」、「感謝（gratitude）」、「助力（helpfulness）」、「譲歩（yielding）」である。このリストは、本書の紹介する有効な援助者の特性

と明らかに重なっており，他にも治療要因となりうる要素が含まれている かもしれないことを示唆している。もちろん，このようなラビング・カイ ンドネスは，援助や治療の専門家にとどまらず，あらゆる人間関係の中に 現れるものである。

ラビング・カインドネスやメッタのような 高次の美徳と，効果的な援助者を特徴づける 治療要因との間には，共鳴する部分があるの だろうか。Oliver Wendell Holmes Jr. 判事は， 「複雑さのこちら側にある単純さのためには

> ラビング・カインドネス という言葉は，思いやり ある意図とその慈悲深い 実行の両方を包含する。

いちじくを与えるつもりもないが，複雑さの向こう側にある単純さのため なら命も捧げよう」という言葉を残している。確かに，単純さから入ると うまくいかないものである。セラピストに「とにかくクライエントを愛し なさい」と言っても，「愛」には非常に多くの意味が含まれていることも あって，役に立ちそうにはない。例えば C. S. Lewis（1960）は，古代ギリ シャで区別されていた4種類の愛について説明しているが，そのうちの3 種類は，性愛，家族愛，感情的魅力という，クライエントとの関係では避 けた方がよいものである。4つ目のタイプの愛であるアガペーは，相手の 幸せや福利，苦しみからの解放に対する無私かつ積極的なコミットメント を表している（Fromm, 1956; Lewis, 1960; Miller, 2000）。

Miller と Rollnick は動機づけ面接開発の初期に，高次の理解の重要性 を発見している。初版（Miller & Rollnick, 1991）が出版されて間もない頃， 自分たちが技術指導した研修生の実践を見る機会があり，そこで落胆した のだ。その様子はまるで，研修生がクライエントにテクニックを「押し つけて」，変化する方向へ出し抜いたり操ろうとしたりしているかのよう だった。だが，研修生が悪いのではない。ふたりが行ったトレーニングに は何か重要なものが抜け落ちていたことが明らかだった。しかし，それは 何なのか？　欠けていたピースは，練習の際に持つべき根本的なマインド セット，言い換えるなら「心構え」であった。ふたりはこれをパートナー

シップ，受容，思いやり，引き出すなどを含む動機づけ面接のスピリット
と呼び始めた（Miller & Rollnick, 2013; Rollnick & Miller, 1995）。これはまさに
Rogers が実践の基礎であり，インスピレーションでもある臨床家の姿勢
として述べたものであり，また私たちが抱いた懸念は，クライエント中心
アプローチは一連の技術に成り下がるべきではないという彼の信念と共通
する。

　では，治療関係における「複雑さの向こう側にある単純さ」とはどんな
ものだろうか？　それは，存在の在り方（Rogers, 1980d），プレゼンスとも
呼ばれる高次の意識と実践（Geller & Greenberg, 2018; Weinraub, 2018），応答
性（Norcross, 2011），真の関係性（Gelso et al., 2018），思いやり（Armstrong,
2010; Rakel, 2018; The Dalai Lama & Vreeland, 2001），あるいはラビング・カ
インドネス（Fromm, 1956; Salzberg, 1995; R. Shapiro, 2006）といった言葉で表
現されてきた。もしそのような完成された単純さを獲得することが援助関
係に携わる前提条件だとしたら，誰も始めることはできないだろう。名人
による音楽の妙技のように準備や才能といった要素も関わるが，熟達は限
界的練習によって時間をかけて実現されるものでもある（Chow et al., 2015;
Ericsson, Krampe, & Tesch-Römer, 1993; Ericsson & Pool, 2016; Gladwell, 2008）。
シェイクスピアのハムレットが忠告したように：

　　美徳がないなら，あるつもりにおなりなさい。
　　習慣という怪物は……天使にもなるものです。
　　清い善行を重ねれば，制服やお仕着せのように，それを着るのが当た
　　り前になります。
　　そして次はさらに楽になる。習慣は，持って生まれた性格をも変えら
　　れる。

（『ハムレット』第3幕，場面4）
（シェイクスピア：『新訳ハムレット』河合祥一郎訳，角川文庫，p. 232）

170 第Ⅱ部 治療スキル

　良いニュースは，本書で紹介する対人関係スキルは，意識的な実践を通じて後天的習慣となるかもしれない点だ。中には最初から対人関係の才能に恵まれる人もいる。息をするように自然に是認や聞き返しを行える人もいれば，（幸運にも）友人やクライエントとなった相手に受容と希望を難なく伝えられる人もいる。あるいは教師の中には，本物のプレゼンスをもって生徒の最良の部分を見つけ出し，それを引き出せる人がいる。だがこうしたスキルは生まれつき備わっているわけではなく，才能と練習の組み合わせによって生まれるものである。

　単純さが複雑さの向こう側にあるのは，それが本書で見てきた個々の流れの合流点を表しているからなのかもしれない。個々の流れは同じ水源を持つ場合もあればそうでない場合もあるが，時間を経てやがて収束する。ある対人スキルを意識的に実践すると，扱いが容易になり一定の自由度が生まれるだけでなく，自分の性質も変わり始める。こうしたスキルをいくつか着実に実行すると，美徳や品性とも評されるレベルの相乗効果を得ることが可能である（Brooks, 2015; Franklin, 2012/1785; Peterson & Seligman, 2004）。Rogers は，正確な共感と無条件の肯定的配慮，自己一致が合流した状態を「生き方（way of being）」や治療的プレゼンスと表現した（Rogers, 1980d; Weinraub, 2018）。

　多くの真理がそうであるように，この治療的プレゼンス，複雑さを超えた単純さというものは，いくらか逆説的である。それは行動の実践であると同時に根底にある態度や精神でもあり，2つが互いに影響しあっている。誠実な実践は指針となる価値観を強化し，その価値観は実践の中で表現されていく。Benjamin Franklin（1785）はこのような価値観の累積的な表れ方について，次のように述べている：

　　私たちは毎分，毎時間，毎日，岐路に立って選択をしている。私たちは，自分がどの考えを考えることを許すか，どの情熱を感じることを許すか，そしてどの行動を行うことを許すかを選択する。それぞれの

選択は，自分の人生において支配的なものにすると選んだ何らかの価値体系の中で行われる。その価値体系を選択するとき，私たちはきわめて現実的な方法で一生のうちで最も重要な選択をしていることになる。

臨床研修の狙いは，それを受ける人の利益となるやり方で実践行動を伝え，習得させることであるのは明らかだ。一方，臨床研修と実践が臨床家自身の価値観や性格をどう形成するかと

> 臨床研修と実践は臨床家自身の価値観や性格をどう形成するのか？

いう点は，科学的にほとんど注目されてこなかった。私たちはこれまでに何度か，研修参加者はまず，「ここで説く内容を実践することで，治療者自身が変わる可能性がある」というインフォームド・コンセントの文書に署名すべきではないかと考えたことがある。例えば受容と共感的理解であれば，時間をかけて実践することで，その人をより受容的で，忍耐強く，思いやりのある人間にすることができると私たちは信じている。おそらくこれこそが，これまでの章で私たちが取り組んできた実践の複雑さの先にある単純さなのだろう。

── キーポイント ──

- 本書にまとめた治療スキルはそれぞれ独立したものではなく，互いに重なり合い，絡み合っている。

- こうしたスキルは，古くから称賛されてきた人間の美徳のいくつかと共通点を持ち，またそれを成立させるものである。

- こうした複雑な治療スキルが合流すると，より単純な生き方（way of being）となっていく。

第Ⅲ部

学習，研修，臨床科学

　セラピストは実践を重ねても自動的に上達するのではないとしたら，自分の治療スキルを伸ばすために，あるいは他の人がそうするのを助けるために，何ができるのだろうか。本書を締めくくるこの第Ⅲ部では，まず治療者自身の臨床的な専門性を高め，クライエントの治療結果を向上する方法について考える（第12章）。次に，これまでの章で紹介した知識が臨床研修，スーパービジョン，コーチングにどんな意味を持つのかを検討する（第13章）。最後に第14章では，一歩下がってより広い視野に立ち，この数十年の仕事から得た教訓が臨床科学という企てにどんな示唆を与えるのかを考える。

第 12 章

専門性を高める

　あなたはなぜ，自分のキャリアに援助職を選んだのだろうか。大抵のセラピストは，サービスを提供する相手の苦しみを減らし，ポジティブな成長を促したいと願っている。しかし，自分の仕事が何か変化をもたらしているのか，実際には判断できないとしたらどうだろうか。

　カウンセリングや心理療法という仕事は，専門技能を向上させる上でいくつかのユニークな，そして克服し難い障害を抱えている。最も分かりやすいのは，セラピストの経験年数は，実際の専門性や対人スキル，治療同盟を形成する能力，クライエントの治療結果とは無関係であるという，幅広く繰り返し再現されてきた知見だ（e.g., Goldberg et al., 2016; Hersoug, Hoglend, Monsen, & Havik, 2001; Lafferty et al., 1989; Truax & Carkhuff, 1976; Tracey, Wampold, Lichtenberg, & Goodyear, 2014; Witteman, Weiss, & Metzmacher, 2012）。平均すると，カウンセラーや心理療法家は実践を重ねても自動的にうまくなることはないのだ！　たとえ経験とスキルの間に関係性が観察されたとしても，期待された方向とは限らない（Erekson et al., 2017）。経験豊富なセラピストを新米と比べたとき，良い成果を得られる可能性が低いこともあるのだ（Goldberg, Hoyt, Nissen-Lie, Nielsen, & Wampold, 2018; Hersoug et al., 2001）。

　多くの職業では経験を積むことでスキルが向上し，より良い成果を挙げることが期待されるから，経験は望ましい属性と言える。例えば外科医であれば通常は練習すればするほど上達する。千件の手術を経験した外科医

は初めて手術を行う研修医よりも腕がいいだろう。患者の死亡率，合併症，有害な転帰の割合は外科医の経験が増すほど減少し，この現象は「外科医体積効果（surgeon volume effect）」として知られる（Morche, Mathes, & Pieper, 2016; Mowat, Maher, & Ballard, 2016）。

外科医とセラピストの違いは，どう説明できるのだろうか。外科医の場合，術中や術後すぐに成功したかどうかの明確なフィードバックが得られる。合併症も明らかで，比較的早く結果が分かる。さらに，外科医は一人で手術に臨むことはほとんどない。手術の様子を観察するために同僚が同席し，後で見直すためにビデオで録画されることもあるだろう。

> カウンセラーや心理療法家は，実践を重ねても自動的に上達するわけではない。

一方，カウンセリングや心理療法では，信頼性の高いフィードバックが得られないことが職業上の問題となっている。治療セッションは通常，密室で誰にも観察されることなく行われ，セラピスト自身のメモ以外に記録もない。行動保健上の成果は治療後のクライエントの状態から判断するのが一般的だが，臨床家がクライエントの治療結果について何らかの情報を得たとしても，そのフィードバックはだいぶ遅い。フィードバックのない状態で20年間実践を続けても，複雑なスキルが大きく飛躍することはないだろう。

では，経験そのものが専門技能の向上につながらないのであれば，対人関係のスキルをはじめ，クライエントにより良い結果をもたらす実践上の要素をどのように向上させればよいのだろうか。学習を妨げる障害は，システムや政策レベルにあるのかもしれない。だが自分の専門性を高めるために自分の権限でできることもあれば，そうすることでしか達成できないこともあるだろう。それがこの章の焦点である。つまり，たとえ職場環境に課題があったとしても，一人の臨床家として腕を上げるためにあなた自身は何ができるかを考えていく。システムを変えられるかという点は第13章で触れる。

限界的練習

　あなたはゴルフの腕を磨きたいと思っているとしよう。ドライバーの練習をしようと思い，クラブを持ってゴルフ場に向かい，大きなバケツに入ったボールを購入したが，練習場に着くと濃い霧が立ち込めてしまった。あなたがボールを打つたび，数メートルも飛ぶと霧の中に消え，見えなくなってしまう。気持ちよく打てたかもしれないが，ボールがどこに行ったのかは分からない。果たして，あなたのドライバーは上達するだろうか。

　同様に，心理学入門コースの学生は，試験に備えてオンラインの練習問題に挑戦し，解答後すぐに正答に関するフィードバックを受けることができる。これによって将来の試験成績は劇的に向上するだろう。しかし，練習問題を500題こなしたところで，もし，解答が正しかったかどうかのフィードバックがなかったとしたら（あるいは不正確なフィードバックしかもらえないとしたら）点数が上がる可能性は低いだろう。

　これは，治療的介入における専門性を高めたいと考えている多くの臨床家に見られる苦境である。最初のトレーニングを受け，仕事を引き受け，臨床サービスに没頭する。仕事は要求水準が高く，絶え間なく続き，思いやる力を必要とする。他のセラピストを観察したり，自分のスキルについてコーチングを受けたりする時間はほとんどない。スーパービジョンを受けるとしても，経営管理上の問題やハイリスク状況のマネージメントに重点が置かれやすい。多くの症例を診ることはできても，治療後のクライエントの様子を知ることはまずない。逸話的なフィードバックを通じて，時折良い結果（より頻繁には悪い結果）について耳にするかもしれない。だが，自分の仕事にどれだけの効果があったのか，信頼できるフィードバックはほとんどないまま数十年が経ってしまうこともありうる。

　私（William R. Miller）はキャリアの初期，退役軍人のための大規模な行動保健施設で働いた。命じられたのは，そのドアを通って入ってきた人

全員にインテーク面接を行うという仕事だった。それはとても興味深い経験だった。非常にさまざまな問題を抱えた，多種多様な人たちと出会い，暫定的な診断を下し，報告書を書き，病院内に何十とあるサービスユニットの一つに紹介した。しかし数カ月もすると，この仕事をこのまま一生続けることはできるが，それではまったく自分の腕が上がらないことに気づいた。自分の下した暫定的診断がそのまま確定したかどうかはもちろん，紹介した人が指定されたサービスを実際に利用したかさえ，知らされることはなかったのである。

　暗闇の中で仕事をしていると，プロとしての成長が阻まれ，燃え尽き症候群になってしまう。対処法の一つは「限界的練習（deliberate practice）」に時間を投資することである。限界的練習という言葉は医学，スポーツ，音楽，チェス，ビジネスなど，さまざまな分野における専門性の研究から借りている（Ericsson et al., 1993; Ericsson & Pool, 2016）。ある研究では，限界的練習に費やした時間によって，クライエントの治療結果が最高の臨床家と最低の臨床家とが判別された（Chow et al., 2015）。

　カウンセリングや心理療法における限界的練習には，2つの重要な要素が関わる。1つ目は，反復と継続的な改善を通して仕事の特定の側面を向上するよう設計された活動を，意図的に実践することである。2つ目は，自分の実践について信頼できるフィードバックを受けることである（e.g., Westra et al., 2020）。この計算式（図12.1参照）では，2つの要素のどちらかがゼロであれば合計（すなわち専門性の向上具合）もゼロになる。簡単な例を挙げるなら，バスケットボール選手の定期的なスキル練習である。例えばフリースローの練習では，フィードバックがすぐに得られる。ボールが入るか入らないかである。このような即座の二択的フィードバックは学習には最適だが，カウンセリングや心理療法の練習で利用できることはほとんどない。もちろんセラピーの結果はフリースローのそれよりも複雑だが，それでも例えは有効だ。フィード

> 暗闇の中で仕事をしていると，プロとしての成長が阻まれ，燃え尽きてしまう。

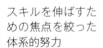

図 12.1. 限界的練習の計算式

バックがなければ，習熟度が向上する見込みは低いのだ。

　限界的練習は臨床用マイクロスキルから実践におけるマクロ的応用まで，あらゆる力を伸ばすことに使える。再びバスケットボールを例に挙げると，限界的練習ができるマイクロスキルには，フリースローやドリブル，パス，レイアップシュートなどがあるだろう。こうしたスキルを練習や練習試合，実際の試合においてマクロレベルで組み合わせるときには複雑さが増してくる。臨床スキルを身につけるための最も基本的な前提条件は，限界的練習を行う時間の確保である（S. D. Miller, Hubble, & Chow, 2020）。この時間をどこから持ってくるかを考えると，音楽家やスポーツ選手，芸術家，その他の専門家がしているように仕事や生活のどこからか捻出する必要があるだろう。限界的練習に時間を割くだけでなく，その練習を何らかの方法で記録し，後で自分や他人が振り返るようにすることも重要である。

　治療に関わる専門性には少なくとも3つの広い領域がある。概念化，具体的な治療法の技術的スキル，対人関係スキルである。概念を定式化する例としては臨床評価や鑑別診断，エビデンスに基づく介入方法の選択，クライエントの社会的ネットワークの他のメンバーを治療に入れるタイミングの決定などが挙げられる。

　技術的スキルは具体的な治療法の専門知識や専門技能を必要とする側面に焦点を当てる。ほとんどの治療法には，例えば条件づけや拮抗条件づけ，

バイオフィードバック，転移，認知的スキーマ，行動対処スキルなど，有効と推定されるメカニズムに関連する要素が含まれている。そうした治療法を忠実に実施するためには，有効性に関わる構成要素を十分な水準で提供することが求められる（Bellg et al., 2004; Fixsen, Blase, & Van Dyke, 2019; Henggeler, Schoenwald, Letourneau, & Edwards, 2002; Miller & Rollnick, 2014）。一般的には，技術的なスキルを学び練習する際に役立つのは，段階ごとの指示が書かれた詳細な治療者用マニュアルやプロトコルである。これには臨床家または観察者が忠実性の記録に使うチェックリストが付属することがある。

　これまでの章で述べてきたように，セラピストの対人治療スキルのレパートリーは，カウンセリングや心理療法の能力と成果に影響する，エビデンスによって実証された重要な要素である（e.g., Barnicot et al., 2014; Zuroff et al., 2010）。本章では，カウンセリングの力量の3つ目の要素である，この「対人関係治療スキル」の専門性を高めることに焦点を当てる。まず何を練習すべきかについて，その後，学習をサポートするために考えられる6つのフィードバック源について説明していこう。

対人マイクロスキル

　セラピストとして熟達するのに有効なアプローチは，具体的な対人マイクロスキルを練習し，その後練習したスキルをより複雑な練習へと組み込む方法である（Carkhuff, 2019; Egan, 2014）。ピアニストは音階を，救急隊員は心肺蘇生の手順を，テニスプレイヤーはフォアハンドとバックハンドのストロークを，それぞれ慣れて馴染んでくるまで，さらに自動化するまで練習する。

　マイクロスキルの一例としてここでは聞き返しを用いた傾聴（第3章）について考えてみよう。もちろん技術はスキルの全てではない。ジャズが音階の演奏以上のものであるように，正確な共感は単なる聞き返し以上の

180　第Ⅲ部　学習，研修，臨床科学

ものである（Bozarth, 1984; Rogers, 1980b）。だが良い足がかりにはなるだろう。

　最初のステップは共感的傾聴発言とはどんなものかを理解し認識することである。あなたはカウンセリングセッションの書き起こしや録音から，共感的傾聴にあたる発言を選び出すことができるだろうか。セラピストの聞き返し（Lane et al., 2005; Miller, Hedrick, & Orlofsky, 1991; Moyers, Rowell, et al., 2016）や共感の他の行動的側面（Campinez Navarro et al., 2016）の定義には，さまざまな観察システムが利用可能である。観察コードを使えば共感的傾聴発言を特定し，他の種類のセラピストの応答と区別することができ，自分がコードした結果を専門家や同僚のコーディングと比較することもおそらくできるだろう。

　簡単な例として，以下に主治医から紹介された女性との最初の面接の一部を載せる（Miller, Rollnick, & Moyers, 2013）。ここでコードされているセラピストの応答は，質問と聞き返しのみである。

セラピスト：電話では，医師からの提案で私と話　　　開かれた質問
　　　　　してみることにされたとおっしゃっていま
　　　　　したよね。医師からも確かに，○○さんが
　　　　　お見えになるだろうという連絡をいただき
　　　　　ました。では，さらにもう少しお話を伺わ
　　　　　せてください。○○さんは最近どのような
　　　　　状態で，今何が起こっているのでしょうか。

クライエント：単に，最近すごく疲れているだ
　　　　　　けなんです。日中，やるべきことをこな
　　　　　　すだけのエネルギーがありません。

セラピスト：バッテリーが切れかけているような。　聞き返し―比喩

クライエント：そうです。

第 12 章　専門性を高める　181

セラピスト：眠気もあって。　　　　　　　　　　聞き返し―推量

クライエント：はい。あまりよく眠れてもいな
いんです。

セラピスト：そこのところをもう少し教えてい　　開かれた質問
ただけますか？　寝るときはどんな感じ
ですか？

クライエント：ええと，毎晩同じような時間に
寝るのですが，朝まで寝ていられず，ほ
ぼ毎日3時半頃に目が覚めてしまうんで
す。そしてそこからはもう一度寝ること
ができません。

セラピスト：では，それが今は普通なんですね。　聞き返し
以前は朝までよく眠れていたのが，今は
夜中に目が覚めてしまい，そこから寝ら
れなくなってしまう。

クライエント：そうです。

セラピスト：分かりました。他に何か起こって　　開かれた質問
いることはあるでしょうか？

クライエント：分かりません。病院に行ったの
は単にすごく疲れていたからで，あとは
自分でもよく分からないんです。

セラピスト：何か体に問題がないかを調べるた　　聞き返し
めに，診察を受けられたんですね。

クライエント：はい。

セラピスト：それで先生は何と？　　　　　　　　開かれた質問

182　第Ⅲ部　学習，研修，臨床科学

クライエント：うつではないか？　と聞かれました。

セラピスト：どう思われますか？　　　　　　開かれた質問

クライエント：分かりません。そういう経験がないので。

セラピスト：うつについてどんなことをご存じですか？　　　　　情報提供する前に既存の知識を確認するための開かれた質問

クライエント：分かりません。最近はうつで薬を飲んでいる人も多いみたいでしょうか。

　これは，記録されたセッションを振り返り，セラピストの特定の応答（この場合は質問と聞き返し）があったかを確認する方法の一例である。

　聞き返しを認識できるようになったら，2番目のステップは自分でも聞き返しをしてみることである。これは，クライエントの発言例の書き起こしや録音に応答する形で練習ができる（Truax & Carkhuff, 1967, 1976）。一人で，あるいは他の人と一緒に，セッションの録音を聞き，クライエントの発言のあとで定期的に再生を止め，どんな共感的反応ができるかを考えてみよう。聞き返しを声に出すと，言葉だけでなくその「響き方」——例えば，最後の部分でトーンを下げて，質問ではなく発言にする——を練習できる。

　単一の聞き返しを行うことが楽になってきたら，臨床以外の会話で実際に試してみよう。同僚をクライエントにしてロールプレイをすることもできるが，話し手が自分の経験を語る「リアルプレイ」で練習する方がよいと私たちは考えている。聞き手の役割は，聞き返しだけを使って，あるいは主に聞き返しを使って応答することである（Miller, 2018; Rosengren, 2018）。あなたも日常の会話に聞き返しを用いた傾聴を取り入れてみてはどうだろうか。

最後に臨床で実践してみよう。このステップでは，あとで振り返ること
ができるよう（クライエントの許可を得た上で）セッションを録音できる
と特に便利だ。これまでだったら質問や助言を行っていただろう場面で，
代わりに聞き返しをしてみよう。新しいスキルに挑戦するときは，難易度
の低いケースで何度か実践することから始めて，より難易度の高いケース
での応用を目指そう（Love, Kilmer, & Callahan, 2016）。聞き返しを十分に行
い質問とのバランスを取ることはクライエントのより良い結果の予測因子
であるため（DeVargas & Stormshak, 2020），手始めに取り組むスキルとし
て特に重要かもしれない。

　以上が，対象となる応答の認識から始まり，その個別練習，臨床ではな
い会話での実践，臨床の会話での実践と続く「限界的練習」の全体像であ
る。この段階的な練習方法は，これまでの章で紹介した他の治療的対人ス
キルの練習にも使うことができる。

フィードバックになりうるもの

　信頼できるフィードバックは学習の前提条件である。それなくしては霧
の中でゴルフをしているようなものである。他の職業では経験と共に専門
性が高まっていくのが特徴であるのに対し，カウンセラーや心理療法家で
は見られない理由の一つとして，クライエントの治療結果に関して信頼
できかつタイムリーな情報を得られないことが考えられる（Tracey et al.,
2014）。

　もちろん，フィードバックだけでは十分とは言えない。広範囲にわたる
正確なフィードバックがあっても，それに応じて行動を調整しなければ意
味はない。ワークショップでのトレーニング後によ
く見られるのは，体験的なリハーサルを行ったとし
ても，終わればもともと習慣になっていた以前のや
り方にセラピストは戻ってしまう。その一方で，本

> 信頼できるフィー
> ドバックは学習の
> 前提条件である。

184　第Ⅲ部　学習，研修，臨床科学

人としては新しいスキルを使えていると思い込むケースである（Fixsen, Naoom, Blase, Friedman, & Wallace, 2005; Miller & Mount, 2001; Miller, Sorensen, Selzer, & Brigham, 2006）。

　次に，練習に役立つフィードバックになりそうなもの6つを取り上げる。この6つは，単純さや実践後にフィードバックが来るまでにかかる時間などが異なっている。信頼性や妥当性にも違いがある。フィードバックの種類によってはクライエントの良い治療結果とは無関係であったり，逆効果になったりするかもしれないが，この点については本章の次の項で取り上げる。ここではまず，実践に最も近いフィードバックから始め，より離れてあるいは遅れてやってくるフィードバックへと進んでいく。最初の2つは振り返り練習として一人だけでも行うことができるが，残る4つは他者からのフィードバックである。

■ セッション中のクライエント反応

　理想的なフィードバックとはゴルフで打ったボールがカップに入るように，練習対象のスキルを実践した直後に起こるものである。セッション中，自身の行動の直後にクライエントがどのように反応したかを観察しよう。例えば共感的傾聴（第3章）を行うと，その正確さについて普通はクライエントからすぐにフィードバックがある。力動的心理療法の臨床家が解釈を提示し，クライエントがどう反応するかを注意深く観察して解釈が適切か尚早かの情報を得るのと同じである。

　第9章「引き出す」では，結果が改善することを知らせるセッション中のクライエントの反応について取り上げた。例えばクライエント中心療法では，ポジティブな成長と関連するセッション中のクライエントの経験の深さに臨床家は注意を払う（Hill, 1990; Luborsky et al., 1971; Orlinsky & Howard, 1986; Pascuel-Leone & Yervomenko, 2017; Watson & Bedard, 2006; Wiser & Goldfried, 1998）。動機づけ面接では維持トークの量と比べながら，チェンジトークに気づき，引き出そうとする（Apodaca et al., 2016; Drage et al.,

2019; Gaume et al., 2010; Moyers et al., 2009)。こうしたクライエント側のプロセスの促進を目指して，さまざまな技術的スキルや関係性のスキルを試すことができる。セッション中にすぐにフィードバックがあれば，実践でのどの行動が結果に関連するクライエントの反応を増加（または減少）させたかが分かるだろう。言い換えれば，セッション中にさまざまなやり方を試すことができ，関連するクライエントの反応が起こるかどうかのフィードバックもすぐに得ることができる。

　一方，セッション中のクライエントの反応の中には，対応を怠ると結果が悪化するものもある。例えばクライエントが反論すればするほど変化は起こりにくくなるし（M. Magill et al., 2018; Miller & Rose, 2009; Vader et al., 2010），作業同盟における他の形の「抵抗」や不和は，セラピストの特定の行動によって引き起こされ，より悪い結果の前兆になる（Bischoff & Tracey, 1995; Drage et al., 2019; Klonek et al., 2014; Patterson & Chamberlain, 1994）。そのため，セッションでクライエントに抵抗行動が見られた場合，それを引き出した自分の行動を繰り返さず，抵抗を緩和するために他の応答を試すべきというシグナルが出ていると考えよう（Engle & Arkowitz, 2006; Miller & Rollnick, 2013）。クライエントに抵抗が生じた場合の対応の限界的練習をすることで，臨床家のスキルが向上し（Westra et al., in press），その後のクライエントの抵抗反応を減らすことができる（Di Bartolomeo, Shukla, Westra, Ghashghaei, & Olson, in press）。

　もし，セッション中に見られるクライエントの特定の反応が確実に結果につながるならば，観察眼のあるセラピストなら，どのような自分の実践がそうした反応を増加あるいは減少させるかについてフィードバックを常に受けることができる。そしてそのフィードバックがセラピストの行動の直後に起きるならば，将来の実践での行動に影響を与える可能性が高くなる。

■ 自分での振り返り

実践を見直す方法の2つ目は，後で振り返って反省できるよう，（クライエントの許可を得た上で）セッションを音声またはビデオに記録することである（Raingruber, 2003）。サービスのやりとりの記録は今や一般的であるため，私たちの経験では，サービスの質を向上させる目的で日常的に行われていると説明すれば，クライエントが異議を唱えることはまれである。そのとき，守秘義務をどのように守るのか，録音はどのくらいの期間保存されるのか，自分以外に誰がアクセスするのか，いつどのように破棄するのか等について，クライエントに明確に伝えよう。このような録音については，同意書に署名をもらうのが適切である。私たちは，記録されたくない内容がある場合はセッション中いつでも録音を止めることができるとも伝えている。ほとんどのクライエントはこれを重要だと考えるが，実際には実行されることはほとんどないような予防措置である。

セッションを振り返ると，その最中には聞き取れなかったことにどれほど多く気づくことか，いまだに感動する。例えば特定の発話に絞ってクライエントの話を聞く場合，2回目に聞くときの方が探すべき発話に気づきやすい。クライエントが特定の反応をした前後で，自分はどう反応していたかを振り返ってみるのもよいだろう。クライエントのチェンジトークや体験過程を引き出したのは，あなたが何をしたからだろうか。クライエントが防御的になったり，言い争いのようになったり，しばし黙り込んでしまったような場合，あなたはその直前に何をしていただろうか。ある研究では，臨床家が報告した限界的練習のうち，より優れた治療結果と最も関連が深かったのは，一人で難しい／挑戦的なケースを見直すこと，過去のセッションを頭の中で振り返り検討すること，将来のセッションで何をすべきかを頭の中でリハーサルし検討することなどであった（Chow et al., 2015）。

自分の応答だけに注目することもできる。質問に対する聞き返しの割合（第3章）を改善したいときは，文字通りそれぞれの数を数え，そのうち

のいくつが複雑な聞き返しでいくつか単純な聞き返しか，開かれた質問と閉じられた質問の割合はどのくらいかを考えよう。また，会話の「音楽」のうち，セッション中には聞き逃してしまうような部分を聞くこともできる。聞き返しの語尾はトーンを上げたか下げたか，それぞれクライエントの反応はどうだったか。スポーツ選手が試合の映像をじっくり振り返るように，セッションの非常に細かい部分にも目を向けてみるとたくさんの学びがある。

　セッションの振り返りを構造化するために観察コードを使うことができる。コードの複雑さは，単純な応答数を数える方法からセラピストとクライエントの全ての応答にコードを割り当てるシステムまでさまざまであるが，自分のセッションの見直すためには前者を勧める。なぜなら，自分の仕事を包括的に評価しようとしても，信頼性と客観性を保つのが難しいからである。例を挙げると，セラピストは自分が聞き返しをしたか質問をしたかという識別の方が，全体的な共感レベルの評価よりもずっと正確にできる。誠実さ，共感，肯定的配慮のような包括的構成概念は自己評価のバイアスがかかりやすい（つまり，包括的構成概念に関しては，自己評価を行うと客観的なオブザーバーによる評価よりも好ましい結果になりやすい）。包括的評価においては，専門家のコーダー／オブザーバーと比べると，セラピストが自分の「レベル」を正しく評価できることはまれである。

　セッションを自分で振り返ることは，他者に録音を聞かせてフィードバックをもらうよりも安全に感じられるかもしれないが，重大な限界もある。テニスやピアノ，チェス，体操，手術を完全に独学で学ぼうとすることを想像してみてほしい。確かに，特定のテクニックについて本で学んでから練習を繰り返せば失敗しなくなり，楽にこなせるようになるだろう。だが，経験豊富なコーチがいれば，あなたの盲点を見つけ出し，具体的かつ重要で，時にはちょっとしたコツを教えてくれて専門性の向上を助けてくれるはずだ。

> 実践を自分で見直す方法には，重大な限界がある。

■ 専門家のフィードバックとコーチング

複雑なスキルを学ぶときに一般的なのは，自分よりも専門的な経験があるコーチにつくことだ。あなたの場合は誰が具体的な技術的スキルや関係性スキルの習得を助けてくれて，それがクライエントの治療結果の向上に結びつくだろうか？

コーチに現場の様子を見てもらえれば，フィードバックをタイムリーに受けられる。自分が教える側に立って間もなく学んだのは，セッションを終えた駆け出しのセラピストがセッション中に何が起こったかを教えてくれても，助ける方法が限られてしまうことだ。重要なことはたいてい，セラピスト自身が気づかなかったことだ。だから私たちは，最初はマジックミラーを使って（e.g., Miller et al., 1980），その後はビデオ録画や音声録音を使って，直接セッションを観察しながらスーパーバイズを行ってきた。初期トレーニングでは，直接観察されるのは怖いことかもしれない。だが，テニスのコーチに「見ないでください」と言ったり，ピアノの先生に「聴かないでください，恥ずかしいです！」と言ったりはしないだろう。実際，その場の観察によるコーチングは豊かな学びの機会であるが，大学院を修了してしまえば二度と現れないことの多い機会でもある。

コーチは訓練を受けた俳優が演じる標準化患者との面接のような模擬練習に付き添って，その場でフィードバックを行うことも可能である。残念ながらプロの俳優の反応は実際のクライエントの反応とまったく同じわけにはいかず，特にセラピストが高度なスキルを見せた場合に違いが顕著である（Decker, Carroll, Nich, Canning-Ball, & Martino, 2013）。とはいえ，シミュレーションは基本的な専門技能のサンプルとして信頼でき，技能向上の機会になる（Miller & Mount, 2001; Miller, Yahne, Moyers, Martinez, & Pirritano, 2004; Sacco et al., 2017）。前述したように，正確な共感（第3章）のようなスキルの練習の場として，誰かになりすました人の面接ではなく，自分の人生で経験していることを語る人との「リアルプレイ」会話も考えられる（Miller, Moyers, et al., 2005）。

第12章　専門性を高める　189

　専門家からのフィードバックが有用かどうかは，もちろんそのアドバイスの妥当性にかかっており，長年の経験だけでは臨床実践が上達しないことを忘れてはならない。臨床家自身がそうであるように，スーパーバイザーやコーチもクライエントの治療結果とは無関係な側面や有害な側面に焦点を当ててしまうかもしれない。専門家のアドバイスは，構造化された観察コードと客観的な形式の成果モニタリングによって補うべきである。

■ 作業同盟

　クライエントによる作業同盟の評価（自分とセラピストがどれだけうまく協働しているか）と最終的な治療結果との間には，信頼できる関係がある（van Bentham et al., in press）。したがって作業同盟の評価は，治療効果の妥当な代理と言える。そう考えると，ここにも専門性を向上させるフィードバックの機会が存在する（Ackerman & Hilsenroth, 2003; Owen, Miller, Seidel, & Chow, 2016）。作業同盟が最も良い状態であるのは，セラピストとクライエントが自分たちが達成しようとしていることに合意し，強い感情的な結びつきを持ち，一緒に設定した目標を達成するために協力しているときである。優れた作業同盟は多くの点で，カヌーに乗った2人が息を合わせて漕ぎ，湖の片側から反対側へと移動するのに似ている。作業同盟には対人関係のスキルを高めることだけでなく，スキルをクライエントのニーズに応じて柔軟に調整することも必要である。作業同盟の測定によく使われる Working Alliance Inventory（作業同盟尺度）は，クライエント用，セラピスト用，オブザーバー用に分かれたツールであり，以下のリンクから利用可能である：

　https://wai.profhorvath.com/Downloads

　どんな人間関係でもそうだが，作業同盟の乱れは起こりうることであり，実際に起こる（Safran et al., 1990）。例えば，治療の目標について意見の相違がある場合や，セラピストとクライエントの間に不和が生じた場合，あるいは同じ方向にオールを漕ぐよう協力していない場合である（Safran

& Muran, 2000)。作業同盟の断絶はクライエントの治療結果の低下と関連するため（Eubanks, Muran, & Safran, 2018），クライエントとの関係には細心の注意を払う必要がある。Alliance-focused therapy（AFT; 同盟焦点化療法）（Eubanks-Carter, Muran, & Safran, 2015）は，使用している治療法にかかわらず，セラピストが作業同盟の断絶を認識し解決する助けとなるよう開発された。AFT の目的は，臨床家の自己認識，感情調整，対人感受性を向上させ，クライエントからの敵意や不安といった困難な感情を認識する力，そしてそれに耐える力を強化することである。このアプローチでは，「今，この瞬間」に焦点を当て，共同作業としての治療関係の改善にクライエントを巻き込むことが多い。AFT は治療マニュアルに従って運用され（Eubanks-Carter et al., 2015），ランダム化比較試験（randomized controlled trial; RCT）を通じて評価され，治療結果の向上のために他の治療法（例えば認知行動療法）に追加されている（Muran et al., 2018）。AFT は精神力動の伝統に端を発するが，それ以外の形態のカウンセリングや心理療法に加えるのにも適している（Muran et al., 2018; Safran et al., 2014）。

■ 実践のための協同的なコミュニティー

　専門家によるコーチングを定期的に受けられない場合はどうすればよいだろうか。代替案として，学習のための協働コミュニティー，つまり助け合って仕事の腕を上げることを唯一の目的とした学習グループを作ることが考えられる。競争や評価を目的とせず，あくまでグループでの限界的練習を通してスキルを磨くための集まりである。さまざまなスキルレベルの参加者がいてもよいだろう。これはスキルについて話すためではなく，実際に練習するための集まりである。

　学習コミュニティーをつくる際には，優れた実践をポジティブに是認する点に確固たる基盤を置くことを勧める。批判するのは簡単である。ある学習者について，14個の改善点を挙げることができるかもしれないが，

そうしたところで学習者の士気以外は何も変わらないだろう。録音でもライブでも，誰かのスキルを観察するときはその人が何をうまくやっているかに着目しよう。そしてすでに上手くできていることを是認した流れで，次にどんなことに取り組めそうか，おそらく1つだけ提案するのがよいだろう。そのためには，数ある提案の中から，この人の学習における次のステップとしては何が良いのかを見極めなくてはならない。

　ここでは，最大12人の参加者がいる学習コミュニティー用に私たちが作成した具体的なグループフォーマットを紹介しよう。このやり方にはサイコロが2つ必要だ。出席者は1から順に番号を言い，それを自分の番号として覚える。そして1人ずつ，観察対象となる練習の様子を提供する。セッションの録音の一部でも，他のメンバーが「クライエント」あるいは話者となって，ライブでロールプレイやリアルプレイの練習をしてもよい。練習観察の時間には10分という制限を設けているが，これは良い作業サンプルを得るのに十分な時間と，より長くなると退屈になったり疲れたりする時間のバランスを取るためである。その間，観察対象者を除くメンバーには，(1) 観察対象者がうまくやっていることに気づき，良い実践の例を具体的にメモする，(2) 専門性を高める次のステップとしてやってみるべき提案を1つ決める，という2つの課題がある。10分間のサンプル観察が終わったら，次は是認の時間である。観察していたメンバーは順番に，良い実践として気づいたことを，可能であれば具体的な例を挙げながらコメントする。その時，各自が1つだけ良い点を挙げる。そして全員が発言した後もメモにまだ気づいた点が残っていれば，それが全て挙がるまで実践の良かった部分についてのコメントを1人1つずつ続ける。その後重要になるのが，最初に決めた各自の数字である。フィードバックを受ける人は，サイコロを1つ（グループの人数が6人以下の場合）または2つ（人数が7～12人の場合）振る。自分の番号が出た人は，1つだけ提案を行う。以上で終わりだ。他のメンバーが素晴らしい意見を持っているかもしれないが，提案を行うのは1人きりである。そして次のラウンドに移っていく。

フィードバックする人の選択におけるランダム性が重要であり，それが
サイコロを振る（あるいは他にランダムに1人選べるものを使う）目的で
ある。これまでの経験から言うと，最もフィードバックしたい人が最も
フィードバックに適しているとは限らない。さらに，観察者全員が自分は
どんな提案をするかを積極的に考える必要があるのもランダム割り付けの
利点である。

自分での振り返りと同じく，完全に自己完結した学習コミュニティーに
は欠点がある。同僚と共に学ぶことは，専門家からのフィードバックに
代わるものではないからだ。また，学習コミュニティーだけが治療技術
を学ぶ唯一の方法になった場合，セラピストのスキル自己評価でよく見
られるように，根拠のない自信を助長する可能性がある（Herschell, Kolko,
Baumann, & Davis, 2010）。とはいえ，仲間と学習することには強力かつ他
にない効果もある。単位を簡単には出さない厳しい教授の授業対策として
熱心な大学生が勉強会を開くことを考えてほしい。勉強会は教授からの
フィードバックや教科書の代わりになるわけではないが，積極的な学習を
促し，正規の授業を盛り上げることにもつながる。

▨ 治療結果のモニタリング

フィードバックの6つ目は，担当するクライエント全員またはその代表
的なサンプルの治療結果をモニターすることである。これは治療結果の
研究では日常的に行われていることで，治療を受けた全ての参加者を長
期にわたって追跡調査する。ほとんどの臨床現場では，治療結果に関す
る情報は散発的で逸話的なものになりがちだが，臨床試験ではITT解析
（Intention-to-treat analysis, 治療の意図による分析）に基づいて，参加者
全員の結果を記録しようとする。ただし，医薬品の臨床試験は治療中の
変化に主な関心を寄せる（Miller, LoCastro, Longabaugh, O'Malley, & Zweben,
2005）のに対し，心理療法は治療終了後の効果や生活の質がどのくらい維
持されるかで判断することが多い（Longabaugh, Mattson, Connors, & Cooney,

1994; Miller, Walters, et al., 2001)。そのため，行動療法の臨床試験結果は治療が終わった後に明らかになることが多く，実践とフィードバックの間には大きな時間的隔たりが生じる。

　では，治療後のクライエントの結果はどのようにすれば分かるだろうか。「私たち自身がプロのプラセボでも精神的毒薬でもないことを確かめる確実な方法は，関わりを持った全てのクライエントの結果についての情報を集めることである」(Truax & Carkhuff, 1967, p.369)。定期的にフォローアップの電話をするのも一つの選択肢だ。診察後に医師から電話がかかってきて調子はどうですかと聞かれたら，どんなに嬉しいかを考えてみてほしい。場面によっては診療報酬請求の対象になるだろうし，なにより良い継続的ケアともなるだろう。私たちの専門分野である嗜癖行動の治療では，3〜6カ月後の定期的なチェックが，再発した問題を早期に発見し，必要に応じて追加治療を行う良い機会である。これは，より広く慢性疾患一般の管理においても良い習慣と言える。クライエントにとって潜在的な利益となるだけでなく，セラピストが治療の長期的効果を広い視野で捉えられるようになるだろう。あなただったら，自分が担当するクライエントの定期的なフォローアップをどのように計画するだろうか？

　さらに，比較的安価で有用な試験をすでに進めている実践の中で実施することも可能だろう。例えば，治療結果の向上を期待して，現在の手順に新たな要素を追加することを検討しているとしよう。新たな要素が実際に有効かどうかは，どのように知ることができるだろうか。非常に単純なプログラム評価デザイン（Miller, 1980）として，試験期間を設けてその期間内で新しい要素を実験的に実施することが考えられる。そのときは，追加要素を実施するクライエントと実施しないクライエントをランダムに割り当ててもよい（e.g., Bien, Miller, & Boroughs, 1993; J. Brown & Miller, 1993）。あるいは，新要素の実施前と試用期間中，そして新要素を抜いた従来の手順に戻してさらに一定期間，関心のある治療結果をモニタリングする方法もある（A-B-A デザイン）。成果が簡単に測定できるものであれば（例え

ば，インテーク後に治療のために戻ってきたクライエントの割合），数週間から数カ月のうちに有益な結果が得られるかもしれない。

　第8章で述べたように，臨床試験を行うことに伴う特権は，治療を受けた全員の結果を知ることができる点だ。通常の臨床ではなかなか実現が難しい。私たちはそうして，ほとんどのクライエントが治療後にどれほど良好な状態にあるかをはっきり理解することができた（e.g., Anton et al., 2006; Miller, Walters, et al., 2001; Project MATCH Research Group, 1997）。これは，世間や専門家が逸話的な情報に基づいて，嗜癖行動の治療の結果について時に悲観的な意見を持つのとはまったく対照的な発見であった。また，大半のクライエントは自分の状態を知るために連絡が来たことを喜んでいたことも分かった。さらに，ある長期追跡調査で後からの思いつきとして，クライエントに担当セラピストの評価を依頼したところ，全員のフォローアップ面接を行った優秀な研究アシスタントの名前を挙げるクライエントが多かった。彼らにとってはフォローアップ面接が継続的なケアだったのである。

限界的練習に関する研究

　限界的練習がセラピストのスキルアップに寄与することを裏づける，良いエビデンスがある。Daryl Chow ら（2015）はある医療保険ネットワーク内でサービスを提供している開業カウンセリングセンターのデータを用い，マルチレベルモデリングを使ってセラピストの機能を調査した。同ネットワークに参加するセラピストは毎回のセッションの後に標準化された指標を用いたクライエントの治療結果のフィードバックをネットワーク管理者から得ていた。Chow のデータには45の異なるセンターに所属するセラピスト69名とそのクライエント4,580名が含まれている。この結果からも，クライエントの重症度やセラピストのトレーニング歴，経験を統制した後でも，一部のセラピストが良い結果を確実に出していることが分

かった。さらに，他の研究（G. S. Brown, Lambert, Jones, & Minami, 2005）が
報告しているように，担当するクライエントの重症度が高い成果をあげて
いるセラピストのクライエントの重症度と変わらない場合でも，一貫して
治療結果が悪いセラピストがいた。一部のセラピストは他のセラピストよ
りもクライエントにとって良い（あるいは悪い）という事実からは逃れら
れない。最も効果が高いセラピストと最も低いセラピストを取り出して
（$n = 17$）比較すると，限界的練習を行っているセラピストは前者に属す
る可能性が高かった。さらに言えば，高い効果をあげているセラピスト
は低いセラピストに比べ，およそ3倍の労力を限界的練習に費やしていた。
Chow ら（2015）はまた，セラピストがクライエントの治療結果について
フィードバックを定期的に受けている状況では，24種類の限界的練習の
どれもが治療結果の向上に関連することを発見した。つまり，限界的練習
＋フィードバック＝専門性と治療結果の向上，という公式である。

　限界的練習が臨床における専門性の向上に役立つことを支持する別の研
究では，大規模なカウンセリングセンターのセラピストとそのクライエン
ト全員を7年間，追跡調査した。その期間中，セラピストに対して治療結
果を日常的にフィードバックし，また，クライエントの状況に改善が見ら
れない場合やセラピストが苦労している場合にはコンサルテーションを増
やした。このセンターではまた，セラピストの限界的練習として，難しい
会話のリハーサル，模擬事例のエピソードの使用，セッションの見直しと
反省など，さまざまな方略を用いた。こうした質向上の取り組みを実施し
た7年間で，クライエントの治療結果はクリニック全体でも各セラピスト
の担当ケース内でも年々着実に向上していった。この研究では，気になる
ケースに焦点を当てて限界的練習を行い，そうしたケースに遭遇したとき
何か違うことをするための積極的かつ体系的な戦略を立てたことに注目し
てほしい。このように特に困難を感じる臨床場面に焦点を当てた限界的練
習は役立つ。

　専門家としての成長に責任を持つことはこの職業が陥りがちな孤立感に

196 第Ⅲ部 学習, 研修, 臨床科学

対する強力な対抗手段である。限界的練習に積極的に取り組むことで，治療スキルが向上し，その結果がクライエントの治療結果に反映される。

── キーポイント ──

- 一般的に，臨床家の治療に関する専門性とクライエントの治療結果は，経験を重ねるだけでは向上しない。

- 限界的練習とは，繰り返しと継続的な改善を通じて熟達度を上げるようデザインされた活動に意図的に取り組むことである。

- 限界的練習とフィードバックにより，治療に関する専門性と治療結果の双方が向上する。

- 限界的練習は，技術面を伸ばすだけではなく，クライエントの治療結果に影響する対人スキルを伸ばすためにも使うことができる。

第 13 章

治療スキル

あなたのキャリアのどこかで誰かを教えたり，スーパーバイズしたり，コーチしたりする責任を負うことがあるかもしれない。もしかしたら，それがすでにあなたの仕事の重要な一部になっているかもしれない。その際，特に重要かつ教えるべき内容を選ぶ必要に迫られるが，その選択はカウンセリングや心理療法が抱えるより大きな問題とそっくりである。あなたは自分の指導の中で，対人関係スキルにどの程度焦点を当てるだろうか。

臨床研修では，特定の理論的視点に基づく具体的な技法の実施に焦点が当てられることが多い（Crits-Christoph, Frank, Chambless, Brody, & Karp, 1995）。研修生は，例えば以下のようなことを学ぶかもしれない：

- 特定の自己調整スキル，不快な情動に対する耐性，認知再構成をどのように教えるか
- 不安階層表をどう作るか，個人の価値観をどう明らかにするか，機能分析をどう達成するか
- 転移をどう分析するか，トラウマへの体系的なエクスポージャーをクライエントにどう段階的に示すか，作業同盟の途絶をどう修復するか

セラピストのための治療マニュアルは，特定の治療法を提供する際の一貫性と忠実性を向上させるために使用されることがあり（e.g., Barlow, 2014;

Carroll, 1998; Linehan, 2014; Martell, Dimidjian, & Herman-Dunn, 2013; Miller, 2004)，遵守度は，所定の手順を実行する様子を観察して記録することによって測定される（Carroll et al., 1998; Miller, Moyers et al., 2005）。しかし，マニュアルを使用してもクライエントの治療結果に一貫した改善は見られない（Beidas & Kendall, 2010; Truijens, Zühlke-Van Hulzen, & Vanheule, 2019）。治療マニュアルの遵守は，専門家としての専門性や治療結果を向上させるには不十分であるようだ。

　治療関係の重要性は広く認識されているが，臨床研修では，それが何を意味しどのように達成されるのかについて，常に触れられるわけではない。本書で紹介した治療スキルは，治療技術や心理療法のシステムの違い以上にクライエントの治療結果に影響すると考えられるにもかかわらず，臨床研修やセラピストマニュアルでは比較的注意を向けられないことが多い。本章では，対人関係スキルをどのように臨床教育に取り入れることができるか，また取り入れるべきかについて述べるが，まずはカウンセラーや心理療法家の教育における3つのメタプロフェッショナルな役割，すなわちトレーナー，コーチ，スーパーバイザーについて考える。

メタプロフェッショナルな役割：
私はここで何をしているのか

　個人へ治療サービスを提供するキャリアの中で，あなたは何百人ものクライエントの人生に個人的な善意の影響を与えることができるかもしれない。さらに，他の治療者を訓練し，スーパーバイズし，コーチする機会があれば，あなたの影響は何千人もの人々の治療にまで及ぶかもしれない。しかし，専門知識や技能の指導は治療の提供とはまったく異なる作業であり，あなた自身の対人関係スキルがここでも不可欠となる。

　この3つのメタプロフェッショナルな役割（トレーニング，スーパーバイジング，コーチング）は治療提供システムの中で混じり合っていること

もあるため混同されやすい。また、3つのうち2つ以上の役割を同時に担うよう頼まれることもあるだろう。それぞれの役割において自分が何を求められているのかは考えてみる価値がある。

トレーニング

私たちは「トレーニング」を、治療を何らかの方向へ向上させるのに必要なスキルを伝えること、と定義する。ここには以下のようなことが含まれる：

- 初期の臨床研修（例：院生教育）
- なじみのない治療スキルの（再）トレーニング（例：専門家の継続的教育）
- 質の保証、ある治療法の遵守度の向上、資格認定
- 専門家として機能する上で重要な、具体的な内容に関する研修（例：倫理ガイドラインや診断基準）
- さまざまな治療法の質と成果を向上させうる対人関係スキルの継続的強化

後で触れるが、こうした複雑な治療技術に関する専門技能を伝えるためには講義形式の指導以上のものが必要であることを示す強力なエビデンスがある。これは驚くことではない。ファゴットの演奏法や飛行機の操縦法、あるいは炎症を起こした盲腸切除の術式に関する研修を想像してみてほしい。講義はスタートとしては良いかもしれないが、その後、スーパーバイザーやコーチが横について実践の観察とフィードバックをするはずだ。臨床研修の研究は、ワークショップや教室での指導だけで実践に持続的な影響を与えることはないとはっきりと示している（Herschell et al., 2010; Miller et al., 2006）。にもかかわらず、カウンセリングや心理療法の継続的な教育

では，依然として講義形式が主流である。言い換えれば，臨床技能を向上させるためには最も効果的ではないタイプの学習に最も多くの時間を私たちは費やしているのだ。

> 講義形式の指導では，治療スキルに関する専門技能を伝えるには不十分である。

スーパーバイジング

「スーパービジョン」とは，2人の治療提供者間の公式な関係であり，一方の提供者が他方の提供者に対して権限を持つものである。スーパービジョンは長期にわたって行われ，スーパーバイズを受ける側（スーパーバイジー）がクライエントに害をなすのを防ぐこと，またそのスキルを向上させることを目的とする。スーパーバイザーは通常，免許または資格を持ち，スーパーバイジーの専門的なサービスの質を監視し，専門家の門番となることが職務である（M. V. Ellis et al., 2014; Hill & Knox, 2013）。そのため，スーパーバイジーが犯したミスに対して明確に，そして多くの場合法的に責任を負う。クライエントケアが損なわれていると判断した場合には，スーパーバイジーの臨床サービスを中断または方向修正する権限を持つ。さらに是正学習計画を提案することができ，極端な場合にはスーパーバイジーによる臨床ケアの提供を完全に禁止するよう介入することも可能である。クライエントの安全こそスーパーバイザーの第一の関心事であり，責任でもある。スーパーバイジーのトレーニングニーズに応えることは，それに次ぐ重要な仕事である。

この種の関係では，学ぶ側は教える側が自分を評価していることを知っているので，自分の言動を慎重に選ぶようにするかもしれない。これは，スーパーバイザーの役割に内在する説明責任の避けられない結果である（Wilson, Davies, & Weatherhead, 2016）。スーパービジョンも他の臨床活動と同じく，懸念事項が発生した際のスーパーバイザーの権限と責任を明確に認めるなど，インフォームド・コンセントを取り入れるべきである。

コーチング

一方，「コーチング」は協力関係である。リスク管理は別のスーパーバイザーが行うか，学ぶ本人が行う。後者の場合，単独で臨床実践を行うための免許や資格を有しているかもしれない。コーチはコーチされる側よりも高い専門性を備えるが，上下関係にあるわけではなく，学習者に対して制裁措置を講じる，改善を強制する，実践から外すといった権限はない。コーチは学習者と同じ組織で働く場合もあればそうでない場合もあり，その役割には通常，クライエントの安全に関する明確な組織的説明責任は含まれていない。コーチは，クライエントの安全が別の場所で管理されていると知ることで，自由に学習者のスキル向上に集中することができる。

コーチングは情報提供以上のものである。通常は学習者の実践の様子を直接観察し，スキル向上のためのフィードバックや提案を行う必要がある。コーチングの関係は長期にわたるものも，客員コンサルタントや上級者向けクラスのように期間限定のものもある。

二重の役割を担わなくてはならないときは，トレーニング，スーパーバイジング，コーチングのそれぞれの役目が曖昧になり，混乱を招きやすい。自身と学習者に後々起こりうる問題を回避するために，自分がどの指導的役割を担っているのかよく考えよう。あなたの責任には，次のうちのどれが含まれるだろうか：

- 情報の伝達
- 観察可能なスキル数を，おそらく一定のレベルまで，増やすこと
- 知識および／あるいはスキル獲得の評価
- トレーニング候補者のスクリーニング／選定
- 有害事象の予防
- トレーニング対象者の学ぶ意欲の向上

治療スキルの指導

　筆者2人は，それぞれがまったく異なる臨床心理学プログラムを持つ大学で研修を受け，またその間に20年という時間差がある。一方では，教員全員が行動療法家という確固たるアイデンティティーを持っており，認知療法に対しても慎重かつ懐疑的な態度を取っていた。もう一方の臨床研修プログラムは幅広く折衷主義的で，数人の臨床家がてんでばらばらで互いに対立することもある心理療法の各流派を主張していた。しかし，クライエントと接し始める前の最初の一年間は，どちらのプログラムでも治療関係に焦点を当てていた。そこで筆者2人は，他の治療スキルを構築するための基盤となるクライエントとの円滑な関わり方や，少なくとも害を及ぼさないと常に信頼できるセーフティーネットについて学んだ。まず治療関係という基盤に焦点を当てるのは，新人カウンセラーや心理療法家を育成するモデルとして良い方法だと思う。一年にわたってこうしたスキルに特化して学ぶことは，後にどのような心理療法的アプローチにおいても能力を発揮するための賢い投資となるだろう。このようなプログラムを通じて，害となる可能性が低く，他の治療法とうまく調和し，その成果を高めることができる治療スキルの確かな基盤を初心者に提供することができるのだ。

　本書で紹介した治療的スキルはセラピスト自身だけでなく，電話応対や情報収集，セッション予約などを担当する，クライエントと接する他の立場の人にも役立つものである（Miller, 2018; Nichols, 2009; Rakel, 2018）。TruaxとCarkhuff（1967, pp. 107-109）は，研修を終えた時点では，一般のカウンセラーと心理学専攻の大学院生，経験豊富な専門家の間で治療スキルのレベルには大きな違いがないことを明らかにした。だがここでの一番の焦点は治療提供者の準備である。

誰に教えるか

　自分が提供するトレーニング，スーパービジョン，コーチングの焦点を
どこに置くかは，どのように決めたらよいのだろうか。治療スキルを身に
つける潜在的な能力が人によって異なることは明らかだ。生まれつき向い
ていてすぐに習得できる人もいるようだが，集中的なトレーニングを受
けてもほとんど上達しない人もいる（Miller et al., 2004; Moyers et al., 2008）。
臨床の才能を持つ可能性の高い候補者を事前に特定するためのガイドライ
ンはほとんどない。治療スキルの発達を確実に予測しない要因として，性
格（内向性／外向性など）や経験，教育，性別，年齢などがあることを研
究が明らかにしている（Miller et al., 2004）。履歴書や大学院の願書に書か
れている特徴や資格は，セラピストの潜在的な有効性とほとんど関係がな
い。

　では，治療に関する洞察力を身につける可能性の高い学習者はどう見分
けることができるのだろうか。候補者の中には，適切な対人関係スキルを
すでに身につけており，最初から有利な位置にいる者もいるかもしれない。
複雑な治療法を学び提供する候補者の選抜では，例えば事前に共感的傾聴
のスキルを審査することで動機づけ面接の学習が促進され（Miller, Moyers,
et al., 2005），その後より良い治療結果が予測されることが分かっている
（Moyers, Houck, et al., 2016）。初心者レベルのトレーニングでは，試用期間
を設けて，候補者が実践で治療スキルをどの程度発揮できるようになって
いるか，進捗の程度を評価することができるだろう。科学者―実践者モデ
ルに従った臨床プログラムでは，研修の1年目にこうした評価を行う方が，
研究に必要なスキルを形成してから数年後に対人関係能力に気になる問題
があることを発見するよりも賢明と言えるだろう。第2章で強調したよう
に，「高いレベルの有効成分を提供できず，それゆえ人を悪い方へ変える
ような出会いを提供する可能性の高いセラピストや教育者，カウンセラー
などを排除あるいは再訓練するために，関連するさまざまな専門家は積極

的に手を打つべきである」（Truax & Carkhuff, 1967, p. 142; イタリック体〔傍点〕は原文のまま）[訳注5]。

　すでに身についた対人関係スキルに加え，学習意欲もさらなる要素である。継続教育のワークショップでは，学習者が自ら選択して自己投資して学ぶのか，「好き嫌いにかか

> 書類上の資格は，セラピストの有効性とはほとんど関係がない。

わらず，これを学びなさい」と言われて学ぶのかで，かなり違ったものとなる。私たちは，すでに進行中のシステムに新しいスキルを導入する場合，最も学ぶ意欲があり潜在能力の高い人から始めた方が全員を再トレーニングしようとするよりもはるかに良いことを学んだ。それは，一本のマッチでたくさんのロウソクに火をつけるのに似ている。少数の学習者が成功するよう備えることで，今度はその学習者が他の学習者に働きかけていくのである。私たちは，やる気と才能のある少数の学習者を選ぶことが，長期的にはシステム改革を実施するための最良の方法であると信じている。

関連性

　臨床の指導者からの重要な基本メッセージは，対人関係スキルは重要である，ということだ。これは非科学的なたわごとではない。それどころか，対人関係スキルの影響は，心理学における臨床科学の起源そのものに根ざしている（Miller & Moyers, 2017）。どんなエビデンスに基づく治療法も，それを提供する人の資質と絡み合っている。さらに，正確な共感のような治療スキルは治療におけるエビデンスに基づく構成要素であり，これは半世紀前からそうであった（Eliott et al., 2011b; 第3章参照）。

訳注5）　引用元が英語のイタリック体になっている箇所の訳をここでは傍点で表示した。

態度

対人関係スキルを教える際のもう一つの基本的な視点は，そうしたスキルは単なる技術ではないということだ。Rogers（1980d）は，セラピストの根底にある「態度」，つまり実践を導く考え方や前提の重要性を強調している。トレーニングを受けているセラピストは技術やマニュアルに固執しがちだが，それは「音楽のない言葉」であり，クライエントと一緒にではなく，クライエントに対して何かをしているという感覚を与えてしまう（Miller & Rollnick, 2013; Rollnick & Miller, 1995）。自分の仕事をどう考えるか，自分の役割をどう理解するかは重要なのである。

通常，態度や価値観は人とのやりとりを通じて時間をかけて徐々に形成されていくが，印象深い経験によっても変化しうる（Ajzen & Fishbein, 1980; Miller & C'de Baca, 1994, 2001; Rokeach, 1973）。治療的態度の指導は，その重要性を伝えることから始まり，技術よりも深いレベルでのセラピストの内省を促していく。認知と感情の研究に用いられてきた「思考発話法（think-aloud approach）」という手法（Davison, Vogel, & Coffman, 1997）は，臨床研修において実践の指針となる考えを明確にするためにも使うことができる。模擬練習中に，あるいは音声や映像で記録されたセッションを見直す際には，やりとりを止めて，次のような内省を促す質問をするとよい。

- 「ここではどんなことを考えている（いた）のですか？」
- 「ここからどこに行こうとしているのですか？」
- 「なぜ他の質問ではなくこの質問をしたのですか？」
- 「ここでクライエントがどう反応してくれることを期待しているのでしょうか？」
- 「なぜクライエントの発言のこの部分を聞き返したのですか？」

「一体何を考えていたんですか!?」のような評価判断的（judgmental）な

聞き方をしてはいけない。相手の研修生を理解したいという好奇心と，その人がどう情報を処理しているかの内省を援助したいという意欲が必要である。

実演

　序文で述べたように，ある治療法の創始者の実践を観察すると，多くの情報を得ることができる。もちろん，模倣する必要のないセラピストごとの独自性はあるはずだが，同時に重要でありながら著書や講演には反映されていないことを数多く行っているかもしれない。「何を」行っているかだけでなく，「どのように」行っているかが大切である。彼らの対人コミュニケーションは，彼らが口で説明する特定の技術と少なくとも同程度には重要である。それと同じように研修生にとっては重要なことは，指導者が実際の臨床でどのようにやりとりしているかを対人関係スキルに焦点を当てて観察することだろう。もし，クライエントとの関係は少なくとも治療内容そのものと同程度に重要だと考えたとしたら，どのような具体的な違いが実践に現れるのだろうか。自分がクライエントと接している様子を研修生に見学させる気があなたにはあるだろうか。私たちは，カウンセリングや心理療法を教える教師にとって重要な資質の一つは，自身の実践を人に観察されるのを厭わないことだと考えている。

学習者の実践の観察，フィードバック，コーチング

　実践の観察について，言わず語らずのうちに好都合な神話ができあがっている。心理療法とは閉ざされたドアの中でしか起こりえない特別な魔法だとするものだ。もちろん，セラピーに独特なプライバシー要素はあるが，セラピーは魔法ではないし，現場を見られたからといって効果が下がるわけでもない。トレーニング研究から，実際の仕事ぶりについて実践の観察

に基づくフィードバックを得ることが治療者にとって有益であることが分かっている。そうした個別のフィードバックは部分的には定量的であり，定性的でもある（Beidas & Kendall, 2010; Miller et al., 2004）。実践とフィードバックを含む能動的な学習は治療スキルの獲得と維持を予測するが，読書や講義中心のワークショップだけでは予測できない（Herschell et al., 2010; Rakovshik, McManus, Vazquez-Montes, Muse, & Ougrin, 2016）。オンライン上の訓練プログラムも，実践とフィードバックが含まれていれば，治療スキルの強化に役立ちうる（Kobak, Craske, Rose, & Wolitsky-Taylor, 2013）。指導者が実践の観察を行うもう一つの重要な理由は，自分で自分の仕事の質を判断することをセラピストは苦手にしていることが知れ渡っているからだ。最も効果的でないセラピストは，自分の能力は最も効果的なセラピストとまったく引けを取らないと評価し，ほとんどの場合，自分の成果を劇的に過大評価する（S. D. Miller, Hubble, & Chow, 2017）。治療者トレーニングの経済性と拡張性を高める努力がなされてきたにもかかわらず，専門家からの学習者へのフィードバックに代わる実行可能な方法はまだない（Herschell et al., 2010）。

> セラピストには，自分の仕事に関する実践の観察に基づくフィードバックが有益である。

体験的学習

研修生に体験的な練習をさせることは対人関係スキルを磨くために特に重要である。上述したようなクライエントとの実践の観察だけでなく，対人スキルを体験し磨くための練習課題も有効である。ロールプレイはその一般的な方法であり，研修生は同僚やクライエント役の俳優とやりとりを行う（Ottman, Kohrt, Pedersen, & Schafer, 2020）。しかし，プロの俳優であっても，実際のクライエントが反応するように反応するとは限らず，自分で作り上げた役割を演じるかもしれない。また，研修生同士や同僚が相手の場合，一方では簡単すぎるクライエントを，他方では現実的でないほ

ど難しい，対人的な合図に反応しないクライエントを演じるかもしれない。ロールプレイを始める前に時間をかけて役作りをすることは，練習の途中で役を（例えば深刻さや難易度の点で）調整することと同様に役立つだろう。ロールプレイのもう一つの利点は，新しいアプローチを試したいとき，ある時点まで「巻き戻し」てやり直しができる点だ。私たちがトレーニングでこの方法を使う場合，クライエント役には，事前に決められたシナリオに従うのではなく，その役の中で自然に感じたまま自発的に応えるようにお願いしている。標準化されたクライエントとのロールプレイは，研修生にとってはプレッシャーであるかもしれないが，ほとんどの研修生は治療アプローチを新しく学ぶ際に貴重な経験だったと評価している（Napel-Schutz, Abma, Bamelis, & Arntz, 2017）。

　ロールプレイの代わりとして有用なのが，私たちが「リアルプレイ」と呼ぶ，面接を通じて相手に自分のことを話してもらう方法だ。このようなやりとりは通常，演じられた役割よりも本物らしく，参加者双方の学習を促進する。面接者は自然な反応をする生身の人間とやりとりすることができるし，被面接者は治療的な対人関係のスタイルに対応することで，受け手の立場を体験することができる。リアルプレイでは，面接者は治療スキルを練習し，被面接者は実際の経験を話すが，内容が深く治療的なものである必要はない（Miller, 2018; Nichols, 2009）。面接者は話し手を直したり変えたりしようとするのではない。リアルプレイの本質は支持的な聞き手との会話である。

　もちろんリアルプレイを行う両者は，誰が観察しているか，どのくらい安全な環境と思えるか，自分の出来や評価に対する不安など，文脈にも反応する。例えば，被面接者が最初に安全そうに見える話題を選んでも，共感的なやりとりが予想以上に先へ進み深まっていくこともある。被面接者には，いつでもリアルプレイを終了してよいことをはっきりと伝えておこう。私たちが使ってきたトレーニングフォーマットでは，面接者の利益となるよう，観察者全員が上手な実践の例を探し，それを後で説明できるよ

う記録も行う。面接者がいくつか意図的なミスを入れるよう提案してもよいだろう！

何を教えるか：実践的な要素

対人治療スキルを特定することもできないし，教えることもできないという意味に受け取るなら，「非特異的」という表現にはある種の皮肉が込められている。セラピストの対人スキルを操作的に定義し測定することは初期の臨床科学の主流である。臨床科学は治療プロセスを特定し，それをクライエントの治療成果に結びつけようとしていた（Carkhuff & Truax, 1965; Kirschenbaum, 2009; Miller & Moyers, 2017; Truax & Carkhuff, 1967）。そうしたスキルのトレーニングは，1960年代にはすでに開発，評価されていた。習得すべきスキルを明確に扱える形で定義できれば，観察が可能になり，おそらく練習で強化できるだろう。

例えば正確な共感（第3章）は，対人治療スキルの中で最も研究されており，クライエントの治療成果と最も強い関係があることがメタアナリシスで明らかになっている（Elliott, Bohart, Watson, & Greenberg, 2011a; Elliott, Bohart, Watson, & Murphy, 2018）。元来セラピストの評価にはリッカート尺度が用いられ，そこにスキルの各レベルのナラティブ的な説明が添えられていた（Truax & Carkhuff, 1967）。聞き返しを用いた傾聴の実践行動の場合，信頼性の高いコード化が可能であり，観察者による正確な共感の全般的評価と高い相関もある（Villarosa-Hurlocker, O'Sickey, Houck, & Moyers, 2019）。聞き返しを用いた傾聴の熟練度は，非言語的な注意向け，考えられる意味について推測を立てそれをテストすること，聞き返し的な発言を行うこと，質問に対する聞き返しの割合を増加させることなど，連続的な近接的な行動の連続を通して磨くことができる（Egan, 2014; Miller, 2018; Moyers, Martin, Manuel, Hendrickson, & Miller, 2005; Nichols, 2009; Rosengren, 2018）。

強力な対人スキルは，治療結果の改善に加えて，セラピストにもう一つ

の重要な利点を与えてくれる。それは，クライエントとの一瞬一瞬のやりとりに応じてアプローチを調整する能力である。治療法をクライエントに適応させるこの治療的メタスキルは，広く「応答性（responsiveness）」として知られている（Norcross & Wampold, 2019; Stiles, Honos-Webb, & Surko, 1998）。応答的なセラピストは，1つのアプローチに固執せず，クライエントと共に直面した状況によって提供するものを変える可能性が高い。例えば共感は治療の基礎となるスキルだが，クライエントの一瞬一瞬の反応を観察し，共感を含む具体的なスキルをいつどのように使うべきかを選択することも重要である（Hatcher, 2015）。いくつかの研究は，研究者が治療をできるだけ均一に保つことを目標としているにもかかわらず，熟練したセラピストは最適な結果を得るためにクライエントに合わせて治療プロトコルを調整していることを示唆している（Boswell et al., 2013; Imel, Baer, Martino, Ball, & Carroll, 2011; Zickgraf et al., 2016）。この発見は，クライエントの抵抗のレベルという点で特に説得力がある（Hatcher, 2015; Karno & Longabaugh, 2005）。つまり，有能なセラピストはクライエントが抵抗しているときに，指示や指導，特定のプロトコルの課題を推し進めることはしない。こうした研究では，セラピストが代わりに何をするかには言及していないが，おそらく治療条件が重要な役割を果たしている。治療マニュアルを厳密に遵守しようとするとかえって治療結果を損なうことを示す研究報告が増え続けている（A. N. C. Campbell et al., 2015; Miller, Yahne, & Tonigan, 2003; Webb, DeRubeis, & Barber, 2010; Zickgraf et al., 2016）。その一方で，マニュアル化された治療を身につけた上でクライエントに柔軟に対応する力があれば，治療結果がより良くなる（Boswell et al., 2013; Elkin et al., 2014; Safran et al., 1990）。

影響力のある立場では

　優秀な臨床家はプログラム管理や方針の策定を通じて組織構造の方向

性に影響を与えるようなポジションに就くことがある。そうした立場では，クライエントサービスの質や専門的なスキルの質を継続的に向上させるために臨床科学を応用することが可能である。例えば，新しい治療者の採用を担当する管理者にはプログラムの雰囲気を大きく，時には急速に変化させるチャンスがある（Marshall & Nielsen, 2020）。エビデンスに基づく治療を提供するセラピストを雇用する際，対人治療スキルに配慮し，優先させることでプログラムの全体的成果を向上させうる（Moyers, Houck, et al., 2016; Moyers & Miller, 2013）。あるいは，機関内のサービスの質を強化するためにトレーニングやスーパービジョン，コンサルテーションを実施することもできる（Rousmaniere, Goodyear, Miller, & Wampold, 2017）。提供するプログラムに対する監督方法を標準化する方針と手順を採用し，アメリカ心理学会が求める研修生に対して常に目を離さない（eyes-on）観察（American Psychological Association, 2015）を実現できるかもしれない。また，クライエント満足度と治療結果の定期的な測定は，サービスをさらに向上させるために実施することができるだけでなく，仕事が平均を大きく下回るか，あるいはクライエントにとって有害でさえある，外れ値的なサービス提供者を検出して対応する唯一の方法でもあるかもしれない（Goldberg, Babins-Wagner, & Miller, 2017）。同じような質の方策が，リーダーシップを取る立場に就いた臨床家や，継続教育，資格や免許，専門会議，倫理基準，新しいサービス提供者の研修に責任を負う組織の役員になった臨床家によって，より広く振興される可能性もあるだろう。

　専門家のサービスにおいて，科学的に明らかなことと現場実践の間に憂慮すべきギャップが昔からある（E. M. Rogers, 2003）。行動保健の治療法の有効性については，す

> クライエント満足度と治療結果の定期的な測定は，サービスを向上させうる。

でに多くのことが分かっている。エビデンスに基づく治療における，クライエントの治療結果を改善または阻害する治療者の資質についても同様である。こうした知識は，あなたの個人的な実践やあなたが影響力を持つ機

212　第Ⅲ部　学習，研修，臨床科学

関の方針に，そしてもし策定に関与しているならば一般に対して行われる
専門的トレーニングや資格基準にも適用することができる。心理療法の向
上に最大限貢献する方法として，特にあなたの影響力が面接室を超えて広
がっているならば，セラピストの対人関係スキルに焦点を当てるようにし
てほしい。

━━ キーポイント ━━

- エビデンスに基づく対人関係上の治療スキルの指導は，カウンセ
  ラーやセラピストの研修の初期に始められるべきである。

- トレーニング，スーパーバイジング，コーチングなどのメタ専門家的
  役割は，新人の指導においても継続教育を受ける治療提供者の指導
  においても，異なる機能を持つ。

- 臨床の才能を持つ候補者を事前に特定できる，信頼性の高いガイド
  ラインは，ほとんど存在しない。

- 対人関係上の治療スキルは重要でありエビデンスに基づくものであ
  るということを，指導者自身が明言し，手本としてそれを示すことが
  重要である。

- 対人関係上の治療スキルは単なる技術ではなく，根本的な態度や考
  え方を反映し，表現している。

- カウンセリングや心理療法の指導者にとって重要な資質の一つは，
  自分の実践を観察されることを厭わないことである。

第 14 章

より広い臨床科学に向かって

　Carl Rogers が会長に就任した1947年当時のアメリカ心理学会は，実験心理学を主とした専門家が集まった連合体であり，臨床家はほとんど含まれておらず，カウンセリングや心理療法は非科学的なものとして敬遠されるか，無視されていた (Kirschenbaum, 2009)。Rogers の「臨床」科学への献身は，彼の心理学への貢献の中で，おそらく最も重要なものだったと言えるだろう。Rogers は，自分がクライエントに提供した考察と同様に，自分の広範な考えを確定した事実ではなく，検証されるべき推量や仮説とみなしていた (Miller & Moyers, 2017)。

　Rogers の金字塔的著作以来，臨床科学という概念は鋭くかつ狭くなった。私たちは今，以前よりはるかに優れた治療効果の評価尺度を自由に使うことができる。1960年代までの臨床試験では，臨床介入の効果はミネソタ多面人格目録 (Minnesota Multiphasic Personality Inventory; MMPI) のような，比較的粗い尺度で評価されることが多かった (e.g., Rogers et al., 1967)。さらに現在では，少なくとも学術誌においては，単にブランド名のついた治療法を提供したというだけでは，もはや十分とは言えない。少なくとも臨床科学の世界では，日常臨床の現場で行われたものではない場合，治療者が実際に何を行ったかについて，自己報告だけではなく他の方法で治療の忠実性を評価することが当然になっている。さらに忠実性のモニタリングによく用いられる観察者評価は隠された治療メカニズムを探り当てることに役立っている。もっとも，これは最初に思っていたようなメ

214 第Ⅲ部 学習, 研修, 臨床科学

カニズムで心理療法が働いているわけではないという素直には喜べない知見にもつながっている（e.g., Longabaugh & Wirtz, 2001）。メカニズムを説明できるような明確な因果関係を考え, それを検証することは臨床研究にとっては厳しい要求だが, それこそがRogersと彼の教え子たちが開拓したものであり, また臨床研修において焦点を当てるべき内容を示唆してくれる（Kirschenbaum, 2009; Truax & Carkhuff, 1967, 1976）。つまり, 治療メカニズムが特定され, 測定や評価が可能な形で定義されると, 実験的な検証も可能となる（e.g., Glynn & Moyers, 2010; Longabaugh & Wirtz, 2001; Nock, 2007; Magill et al., 2015: Truax & Carkhuff, 1965）。そして, 因果関係の連鎖が完全につながれば, 臨床研修によって実践が変化し, それが今度は治療プロセスに影響を与え, 最後にクライエントの治療結果が改善されたという実証が得られるだろう（M. Magill & Hallgren, 2019; Moyers et al., 2009）。

　同時に, 現在の臨床科学はRogersの研究に比べ, 特定の治療技術の有効性に焦点を当てるという狭い視野を持っていると言える。焦点を絞った成果の一つが「エビデンスに基づく」治療法のリストである。健康保険で使われる診療報酬点数のように, リストに掲載されている治療法のみをトレーニングし, 請求の対象とすることが奨励されている。もちろん, 何がそのようなリストに掲載されるかは, エビデンスと立証責任のルールによる。すなわち, ブランド名のある治療法を「有効」とするには, どんな種類の科学的知見がどれだけあれば十分と言えるのだろうか。National Registry of Evidence-Based Programs and Practices（NREPP; エビデンスに基づくプログラムと実践の国営レジストリ）ではハードルの設定が低く, 結果としてそのリストには実に479件もの有効な介入が掲載されている（Gorman, 2017）。より短い, 診断に特化したリストでは, エビデンスをどのように重みづけするかによって内容が異なっている（e.g., Chambless et al., 1998；Miller & Wilbourne, 2002）。

具体的な治療法か，治療関係か

これまで，統合の兆しはいくらか見られるものの，エビデンスに基づいた特定の治療手順を支持する者と治療関係の重要性を主張する者との間で，二極化した議論が展開されてきた（Hofmann & Barlow, 2014）。セラピーで重要なのは具体的にどの手法を使うかだろうか，あるいはそれが提供される関係性の文脈だろうか。この質問の問題点は「あるいは」という言葉にある。どう考えてもその両方が重要であり，一方を選ぼうとする二分法では誤解につながる（Miller & Moyers, 2015）。カウンセラーが何をしても結果は変わらない，と主張する人はほとんどいないだろう。しかし，ランダム化比較試験（RCT）によって複数の定式化された行動療法同士を比較した場合，平均的な治療結果には差がないことが多いのも事実である。それどころか，具体的に特定できない「通常治療」であっても，高度に構造化され，ガイドとなるマニュアルがあり，厳重に監督された心理療法と同等の結果をもたらすことがある（Wells, Saxon, Calsyn, Jackson, & Donovan, 2010; Westerberg, Miller, & Tonigan, 2000）。さらに，特定の治療手順も，その提供者と切り離すことはできない（Okamoto, Dattilio, Dobson, & Kazantzis, 2019）。治療の実施を標準化することに多大な労力を割いた研究であっても，担当したセラピストによる治療結果の差があった（Crits-Christoph, Baranackie, Kurcias, & Beck, 1991; Kim et al., 2006; Miller & Moyers, 2015; Mulder, Murray, & Rucklidge, 2017; Project MATCH Research Group, 1998）。

> 具体的な治療手法は，それを提供する人間から切り離すことはできない。

実装

治療法の普及，実施，質管理にはさらに複雑な問題が伴う。心理療法の

216　第Ⅲ部　学習，研修，臨床科学

臨床試験は通常，高度にコントロールされた条件下で行われるため，その後地域社会の現場において施行されると，効果量が縮小する傾向があるのだ（Miller et al., 2006）。皮肉なことに，治療法自体はエビデンスに基づいているかもしれないが，多くの場合，治療法の訓練を行い，普及させ，施行するために用いられる方法には科学的根拠がほとんどない（Fixsen et al., 2005, 2019; McHugh & Barlow, 2010）。したがって，地域社会の現場で実際に提供されるのは，当初検証された特定の治療手法とはかなり異なるものである可能性がある。実社会での実践を綿密に監査しなければ，「エビデンスに基づく治療を提供する」という要件は，「そう主張する」程度のものに成り下がってしまう（Miller & Meyers, 1995）。

治療マニュアル

　治療の忠実性を向上させる方略の一つとして，治療者が従うべき詳細な手順マニュアルが出版されている。そもそも，行動介入の臨床試験の資金を得るためには，研究者は試験する治療手順を特定しなければならない。これは合理的な要求であり，治療マニュアルが生まれたのは治療の実施を厳重に監視，監督する臨床試験の副産物である。臨床試験中は質の保証のため，指定された手順から外れてしまったセラピストは許容できない逸脱をしたとして，治療から外され，遵守度が改善されるまで次のケースに取り組ませないこともある（e.g., Miller, Moyers, et al., 2005）。治療マニュアルはその後，現場での実践にも応用されるが，多くの場合，特別なトレーニングやモニタリング，質の管理はほとんどあるいはまったく行われない。臨床試験内においてさえ，詳細なマニュアルに従うことで治療結果が有意に改善するというエビデンスはほとんどない（Truijens et al., 2019）。例えば，動機づけ面接の臨床試験のメタアナリシス（Hettema et al., 2005）では，標準化のためのマニュアルを使用しなかった試験の平均効果量（$d = 0.65 \pm 0.62$）は，マニュアルを使用した試験の平均効果量（$d = 0.37 \pm 0.62$）

よりも大幅に大きかった。他のメタアナリシスでは，マニュアルを用いた試験を支持する小さな効果が認められているが（Crits-Christoph et al., 1991），研究内の RCT の結果を用いて直接比較すると，マニュアルを用いたセラピストと用いなかったセラピストの間（Ghaderi, 2006），またクライエントの自助努力との間でも治療結果に違いはなかった（Miller & Baca, 1983；Miller et al., 1980；van Oppen et al., 2010）。ある大規模研究では，セラピストのマニュアル遵守度が高いほどクライエントの継続率が低いことが明らかになった（B. K. Campbell, Guydish, Le, Wells, & McCarty, 2015）。地域社会における実践では，マニュアルに沿った治療の結果を平均すると，標準化されていない通常の治療の結果とまったく変わらないことが分かっている（e.g., Wells et al., 2010; Westerberg et al., 2000）。

> 詳細なマニュアルに従うことで治療結果が有意に向上することを示すエビデンスはほとんどない。

臨床科学における統合に向かって

　この数十年，臨床研究では具体的な治療手順の検証に対して多大な注意が払われ，治療が実際にどのように行われるか，そして誰が治療を行うかがどう治療結果に影響するかについてはほとんど目が向けられてこなかった（Laska, Gurman, & Wampold, 2014）。セラピスト効果は遍在しているが，多くの場合，最小化すべき厄介な分散とみなされる。しかし，個々の心理療法は提供者によって実施され，実施者は治療結果に影響を与えている（Kim et al., 2006; Luborsky et al., 1997; Okiishi et al., 2003; Wampold & Bolt, 2006）。同じことは薬物療法にも言えるかもしれないが，こちらは提供者と患者の関係にはなおもって注意が向けられていない。多施設共同試験では，治療効果はデータ収集場所の間で平均化され，薬物療法や心理療法がある施設では「効く」が他の施設では「効かない」という事実は無意味とみなされることが多い（Anton et al., 2006; Ball et al., 2007）。

218 第Ⅲ部 学習，研修，臨床科学

William Miller と Gary Rose（2009, 2010）は，行動介入の「技術的」要素（具体的な手順）と「関係的」要素を区別することを提案した。しかし，技術的／関係的という二分法でさえやや恣意的である。なぜなら，正確な共感，受容，肯定といった関係性に関わる要素は，いまだにセラピストの行動として扱われ，研究されているからである。これは関係的要素がセラピストの反応に過ぎないということではない。関係的要素は，カウンセラーの観察可能な行動を通してクライエントに伝わり，臨床科学によるアクセスが可能になるということである。関係的要素を「非特異的」と呼んでもなんの役にも立たない。もしそれが学習でき，測定でき，治療結果に重要であるならば，関係性に関わる要素は特定され，研究され，臨床研究やトレーニングに含まれるべきである。これはまさに臨床科学の創成期に起こっていたことだ。このとき，治療において重要な関係的要素を定義・研究し，教えようとしていたのである（Truax & Carkhuff, 1967, 1976）。Rogers（1957）は，核となる関係性の条件を「必要かつ十分」と表現した。私たちも，関係的要素が効果的な臨床実践とトレーニングに欠かせない要素であるという点で Rogers に同意するが，それだけでは十分であるとは言えない（Hofmann & Barlow, 2014）。良好な治療関係さえあれば十分と主張することは，他のことは治療には重要ではないと暗に言うことになり，これは医療全般において愚かな主張である。これを言い換えれば，治療関係以外には有効な心理学的治療はないと主張するのと同じだ。

　ある治療法が関係性の要因による健康効果を超えて具体的な利益をもたらすかどうかを問うのは理屈にかなっている（e.g., Singla et al., 2020）。心理療法の研究においては，これが薬物療法の治験におけるプラセボ対照条件に最も近いものである。セラピストが，自分がどんな治療を行っているかを知っており，さらにその治療に期待している状態では，プラセボと完全に同等になることはない——セラピストと治療条件が「交絡する」（つまり，2つ以上の治療が同一の提供者によって行われる）場合の問題である。このような試験デザインでは，治療条件の間で混入が起こる可能性がある

（N. Magill, Knight, McCrone, Ismail, & Landau, 2019）。一方「ネスト型」デザイン（2つ以上の治療が，使用するアプローチに対して自信を持つ異なる提供者によって行われる場合）では，治療の1つをプラセボに指定することは単に研究者がプラセボに指定された治療法の有効性を信じていないことを意味する。そうしたケースでは，研究者の忠誠効果（研究者のお気に入りの治療法が「勝つ」こと）は発生するが，いつもというわけではない。例えばプロジェクトMATCH（Project MATCH, 1997）は，試験実施施設によっては，どちらかといえば研究責任者が大切にしているはずの治療法の方が競合相手よりも効果が乏しい場合があった。

　提供者と治療を完全に切り離すことはできないが，カウンセリングや心理療法で起こっていることをよりよく理解するために，技術的要素と関係的要素の両方を潜在的な有効成分として測定・研究することは可能である。治療の技術的側面と関係的側面の両方がポジティブな結果に寄与することがあり（Hofmann & Barlow, 2014; Schwartz, Chambless, McCarthy, Milrod, & Barber, 2019），一方が他方に完全に依存していると考える特別な理由は存在しない。例えば，アルコール乱用に対する複雑かつマニュアル誘導型の認知行動療法では，特定の内容（例：渇望を管理する方略）と関係性に関する要因（セラピストの共感）の両方がそれぞれ独立してクライエントの治療結果に寄与していた（Moyers, Houck, et al., 2016）。

　以下の項では，カウンセリングと心理療法の技術的および関係的要因に等しく適用される，相互に関連する4つの行動科学の要素について考える。その4つとは，（1）鍵となる変数の定義と測定，（2）実践とプロセスのつながり，（3）プロセスと結果のつながり，（4）トレーニングと実践のつながりである。動機づけ面接に関する最近の研究を踏まえながらそれぞれを説明していこう。

> 技術的要素と関係的要素の両方を潜在的な有効成分として測定・研究することは可能である。

220　第Ⅲ部　学習，研修，臨床科学

鍵となる変数の定義と測定

　慎重な観察は科学の始まりである。クライエントのどのような結果が重要なのか，そしてそれをどのように定義し測定することができるのか。臨床試験では習慣的に，ある終点における主要な従属指標として，標的となる結果を指定する。地域社会での治療におけるプログラム評価も同様に，提供されたサービスの意図された結果を指定し，測定する。

　こうした結果に影響を与える上で重要と仮定されるのは，どのような測定可能なプロセスだろうか。これは治療「メカニズム」研究の領域であり，セラピストとクライエント双方のセッション中の応答を含めることが可能である。セラピストの能力の測定は，多くの場合治療の忠実性，つまり規定された（時にはマニュアルに記載された）応答を遵守することに焦点を当てている。治療手順の忠実性チェックリストは，セラピストの自己報告あるいはセッション観察者によって回答される。そうしたチェックリストが問うのは，特定の手順（例えばリスクの高い状況の評価）が実施されたか否か，そして実施された場合にはいかにうまく実施されたかである（e.g., Carroll et al., 1998）。観察者はまた，セラピストの共感性といった全般的な指標をリッカート尺度で評価することも可能である。そうした全般評価は，セラピストとクライエントの具体的な行動の回数（例えばセラピストが是認を行った回数）と組み合わせて，治療プロセスの研究に利用される（e.g., Chamberlain, Patterson, Reid, Kavanagh, & Forgatch, 1984; Miller & Mount, 2001; Moyers, Rowell, et al., 2016; Patterson & Forgatch, 1985）。治療の技術的要素と関係的要素の両方が評価可能であり，また評価されるべきである。

■ 鍵となる変数：動機づけ面接研究からの例

　動機づけ面接（motivational interviewing; MI）の初期の研究では，私たちがアルコール使用障害の治療に携わっていた点が有利に働いた。なぜ

なら，この分野では当時すでに，アルコール消費量の低下と関連問題の軽減に主眼を置いた結果尺度が十分に開発されていたからである（Litten & Allen, 1992; Miller, Tonigan, & Longabaugh, 1995）。そのため，あとはどのMI関連プロセスを測定することが重要であるかについて仮説を立てるだけでよかった。セラピストの自己報告は，観察者による治療セッション中に実際に起きたことの報告やクライエントからの評価とは良くても多少相関する程度という傾向があるため，私たちは詳細な観察システムを開発し，動機づけ面接スキルコード（Motivational Interviewing Skill Code; MISC）と名づけた（DeJonge, Schippers, & Schaap, 2005; Miller & Mount, 2001; Moyers, Martin, Catley, Harris, & Ahluwalia, 2003）。オリジナルのMISCは網羅する範囲が広いため，20分の治療場面の抜粋を十分な信頼性をもってコーディングするためには，何時間もの作業が必要だった。また，セラピストとクライエントの応答コード（治療プロセスのコーディングを可能にする），全般的評価のコード，クライエントとセラピストの相対的な会話時間の記録コードなど，相互に排他的な複数のコードが含まれていた。その後，MISCを簡略化し，セラピストの応答のみに焦点を当てた動機づけ面接治療整合性コード（Motivational Interviewing Treatment Integrity code; MITI code）を作成した。信頼性の向上や冗長なコードと無関係なコードの削除のために何度かの改訂を繰り返して，洗練されてきている（Moyers, Rowell, et al., 2016; Pierson et al., 2007）。MITIをはじめとする治療の質を測定する尺度は，セラピストが自分の実践を改善するための情報を提供できるという点で，二重の目的を果たしている。

実践とプロセスの関連性

　ここでの観察がフォーカスすることは，治療中のセラピストとクライエントの応答の関係にある。あらかじめ行うように指示された（また控えるように指示された）セラピストの振る舞いは，セッション中の治療プロセ

スにどのような影響を与えるのだろうか。クライエントの行動のどのような変化がセラピストの影響をどのように受けるのか。どの提供者によるどんな質の実践行動が，どのクライエントのセッション中の特定の出来事を生み出すのか。プロセス─結果間の関連性と比べると，クライエントとカウンセラーの間の応答は時間的に接近して（数秒以内に）発生し，観察者のコーディングによって測定することができるため，実践─プロセス間の関連性は検出しやすいかもしれない（M. Magill & Hallgren, 2019）。

　実践─プロセス間の関連性や介入手順の予測は，既存あるいは新興の理論から導かれるだろう（S. C. Hayes, 2004; Miller, Toscova, Miller, & Sanchez, 2000; Moos, 2007）。しかし，ある理論に基づいてある治療法が生まれたとしても，その治療法の効果を発揮するメカニズムが理論通りであるとは限らない（e.g., Morgenstern & Longabaugh, 2000）。認知行動療法の場合，クライエントのスキルの向上が，治療法の有効性を論理的に説明する理由になる。しかし，少なくともアルコール使用障害の治療においては，認知行動療法の効果はクライエントのスキルの向上とは関係しないことを複数の研究で示している（Longabaugh & Magill, 2011; Morgenstern & Longabaugh, 2000）。また，スキルの向上は確かに状態の改善と関連するが，認知行動療法以外の他の治療法でも同様に生じることも報告されている（Kadden, Litt, & Cooney, 1992）。実践とプロセスの関連性については，たとえ一般に知られた治療法の基本的な考え方であっても，それを裏づける慎重な研究が明らかに必要である（M. Magill, Kiluk, McCrady, Tonigan, & Longabaugh, 2015）。

　実践とプロセスの関連性に関する仮説は，前もって選んだセラピストとクライエントの応答を用いて検証することが可能である。例えば行動分析学では，セッション中にクライエントが見せる特定の応答は，臨床的

> ある理論に基づいてある治療法が生まれたとしても，その理論によって効果を説明できるとは限らない。

にそれと関連する行動の正負の強化によって影響を受けることがある（R. J. Kohlenberg & Tsai, 2007; C. K. Shaw & Shrum, 1972）。あるいはクライエン

ト中心カウンセリングでは，「体験過程（experiencing）」が臨床的に重要なクライエントの応答であり（Gendlin, 1961; Kiesler, 1971; M. H. Klein et al., 1986），カウンセラーの実践行動から正負どちらの影響も受ける可能性がある（Hill et al., 1988; Wiser & Goldfried, 1998）。

　また，セッション中の実際の実践─プロセス関係を調べることで関連性を見つける方法もある（Varble, 1968）。この場合も観察対象とするクライエントとカウンセラーの応答を選ぶことになるが，観察中に新しいカテゴリーに分類される応答や予想外の関連性が見えてくることもある。その意味では，臨床実践の研究には初心者の心をもって臨むことが有益かもしれない。クライエント中心のカウンセリングも MI も，理論から始まったものではない（Kirschenbaum, 2009; Miller & Moyers, 2017）。どちらも，クライエントの治療結果を実際に向上させる要素について検証可能な仮説を立てるために，実践の観察から生まれたもので，理論は後からやってきた（Miller & Rose, 2009; Rogers, 1959）。もちろん，立てる仮説も観察する応答の選択も，創始者自身のトレーニングと経験が参考となっている。

■ 実践とプロセスの関連性：動機づけ面接研究からの例

　最初期の MI が定式化されたとき，「自己動機づけ発言（self-motivational statements）」が臨床的に重要な行動であると説明していた（Miller, 1983; Miller & Rollnick, 1991）。後に「チェンジトーク（change talk）」に改名されたそれは，具体的な変化目標に向けた動きを示すクライエントの言語表現である。例えば禁煙が相談の目的であれば，「禁煙しなければならないと思います」はチェンジトークであり，「お酒をやめなければなりません」はそうではない（アルコール使用の中止が目標の一つであるならチェンジトークである）。心理言語学者 Paul Amrhein の助力によって，筆者はチェンジトークが願望（〜したい），能力（〜できる），理由（もし〜なら…），ニーズ（〜しなければならない），コミットメント（〜する）といったさまざまな発話行為を含むカテゴリーに分けられることを理解できた

（Amrhein et al, 2003; Miller & Rollnick, 2013）。他方では，第9章で述べたように，現状を維持するために同様の言語表現が用いられることがあり，こちらは「維持トーク（sustain talk）」と名づけられた。初期のMI研究では，残念ながら維持トークを「抵抗」というより広いカテゴリーにまとめていたが，現在の認識では，それは誰もが持つ正常な両価性をクライエントが示したに過ぎないとしている。両価性の観察尺度は，その人が示すチェンジトークと維持トークの「意思決定バランス（decisional balance）」である。

　チェンジトークと維持トークが治療結果とどのように関連するかについては次項で述べる。実践とプロセスの関連性について考えると，カウンセラーの行動がクライエントの言語化された意思決定バランスに影響を与えることを実証することが重要であった（Miller & Rose, 2009, 2015; Moyers et al, 2017）。そしてその2つのつながりは，数種類の研究によって裏づけられている。例えばセッション中の応答の逐次分析から得られた条件付き確率では，MIと一致する行動はクライエントの次の発話がチェンジトークになる可能性を高め，MIと一致しない応答には維持トークが続く可能性が高いことが示された（Moyers & Martin, 2006）。別の研究（Villarosa-Hurlocker et al., 2019）では，セラピストの関係的スキル（共感，受容，協働，自律支援）はクライエントのチェンジトークに直接影響を与えてはいなかった（cf., M. Magill et al., 2019）。高い関係的スキルを持つセラピストはむしろ，同時に技術的スキル（例えばチェンジトークの具体的な聞き返し）も用いてクライエントの変化へ向かう発話を強化していることが多かった。それは関係的スキルという文脈における技術スキルであった。

　実践行動とクライエントのプロセスとの単純な相関関係は，それ自体では決定的とは言えない。例えば，クライエントのチェンジトークが豊富だとカウンセラーから共感や聞き返しを引き出しやすいだけという可能性もある。そのため，単純な関連性を検証する際には，セラピストとクライエントのやりとりの順序を崩さないことが重要である。一例として，セラピ

ストが共感的な聞き返しをした直後のクライエントの発言を記録すること
で，チェンジトークの増減を測定することが可能である。そしてセッショ
ンを通してこの作業を行えば，「もし～ならば…」という文章の形で条件
付き確率を生成することができる（「もしセラピストが共感的な聞き返し
をすれば，チェンジトークの可能性が高まる」）。ここでより強力な因果推
論を可能にするのは，セラピストとクライエントの発言間の時間的つなが
りである（Moyers et al., 2009; Nock, 2007）。

　さらに強力なエビデンスは，実践行動の実験的操作によって手に入れる
ことが可能だ。ある初期の研究では，クライエントの抵抗に直面した時よ
り指示的で対立的な態度を取るセラピストとより MI に一致するやり方で
対応するセラピストのどちらかに，クライエントをクロス・オーバーデ
ザインを用いてランダムに割り付けた（Miller et al., 1993）。MI に一致する
条件下のクライエントは，抵抗の3.4倍のチェンジトークを発したのに対
し，対立的な条件下のクライエントはどちらも同じ量を発した（つまり両
価的であった）。被験者内比較実験でも同様の結果となった。ある実験で
は，家族療法家が指示的な指導スタイルと共感的傾聴スタイルを12分ご
とに切り替えると，クライエントの抵抗は前者では段階的に増加し，後
者では段階的に減少した（Patterson & Forgatch, 1985）。同様な実験デザイ
ンの研究（Glynn & Moyers, 2010）で，セラピストが MI セッションと機能
分析セッションを12分ごとに切り替えたとき，クライエントのチェンジ
トークと維持トークの比率は，MI では平均1.8，機能分析では1.0（両価的）
であった。

プロセスと結果の関連性

　ここまで書いてきたことは重要なのだろうか。実践から影響を受けるプ
ロセスが治療結果と無関係であれば，知的には興味深いかもしれないが，
臨床的には無意味である。プロセス―結果研究の焦点は，臨床的に意義の

ある行動とは何か，言い換えるなら，治療中に観察されより良い結果に結びつくプロセスとは何かという点である（R. J. Kohlenberg & Tsai, 2007）。セッション中のどのような出来事が，どの時点でのどのような問題に対するどのような治療のどのような結果を予測するのだろうか。

特定のプロセスを変化の成功と結びつけようとするのは，新しい発想ではない。これはトランスセオレティカルモデルにおける主たる焦点であり（Prochaska, 1994; Prochaska & DiClemente, 1984; Prochaska & Velicer, 1997），特定の治療手順ではなくエビデンスに基づく一般原則やプロセスを探求する根拠となっている（Anthony, 2003; Anthony & Mizock, 2014; Battersby et al., 2010）。行動介入にはさまざまなプロセスが含まれるが，その中にはある介入に特有のものもあれば，より一般的な要因もある。トランスセオレティカルモデルによれば治療者主導の変化と自己主導の変化双方の基盤には10の共通プロセスがある（Prochaska & Velicer, 1997）。

プロセスと結果の関連性を見つけるには，小さな治療効果も検出できる大規模RCTが唯一の方法というわけではなく，また必ずしも最良とも限らない。変化の原理やプロセスが強固なものであれば，小規模な試験や準試験，さらには単一事例研究でも観察できるはずだ（Ferster & Skinner, 1957）。特定の治療手順やプログラム構造を対象としたRCTは，非常に高価で非効率的になりやすく，実践を直接結果に結びつけようとして重要なステップを飛ばしてしまう傾向にある。このようなRCTでは通常，さまざまな治療法ごとのプログラム構造が重要であると仮定するが，「実際には，本当に重要なこと――つまり，サービスを受ける者と実践との間で起こるプロセスという点では，そうしたプログラムは（良い意味，悪い意味，あるいはその両方で）非常によく似ているかもしれない」（Anthony, 2003, p. 7）。

どのような治療実践が臨床的な意味を持つプロセスに影響を与えるのかを検証したければ，まず，プロセスと結果の関連性について

> 変化の原理やプロセスが強固なものであれば，小規模試験でも観察されるはずである。

その性質と強さを明確にすることが前提になると思う。しかし，治療効果研究において，効果が生じるメカニズムに関する仮説検証が重視されるようになったのは比較的最近のことであり，今でも決して普遍的なテーマではない。だが同時に新しくもない。Charles Truax と Robert Carkhuff (1967) の研究は，実践とプロセス，プロセスと結果の関連性を実証することに焦点を当てていた。例えば，クライエントの体験過程は症状の改善を予測するとされた (Pascuel-Leone & Yervomenko, 2017)。特定の治療実践と治療結果との関連をテストするだけの試験では中間のステップを飛ばしてしまっている。先に述べたように，この中間ステップを明示的に検証した研究は，エビデンスに基づく治療は仮説通りのメカニズムでは機能していないことを繰り返し示している (Longabaugh, Magill, Morgenstern, & Huebner, 2013; Longabaugh & Wirtz, 2001)。

　筆者は，治療の関係的側面と技術的側面のどちらかを優遇するつもりはない。少なくとも対話を通したセラピーにおいては，両者が機能的に絡み合って存在している。そしてどちらも，治療結果に貢献する，検証可能な要素である (Norcross & Wampold, 2011)。技術的要素と関係的要素の相対的な重要性は，研究対象である特定の（ということになっている）治療法によって，クライエントや文化的な要因によって (Sue & Sue, 2015)，あるいは対処されている問題によって (Hofmann & Barlow, 2014) 変わってくるだろう。例えば依存症の治療においては，治療関係が特に重要であると思われる (Miller et al., 2019; Najavits & Weiss, 1994)。反対に特定の治療（例えば抗生物質の投薬）が非常に効果的である場合，関係性の要因の貢献度は下がることも考えられる。しかし，さらにその逆の可能性もある。いくら効果的な介入であっても，それが耐え難いものであったり長期にわたる継続やアドヒアランスを必要としたりする場合には，治療関係の質が重要な役割を担うかもしれない。あるメタアナリシス (Hettema et al., 2005) では，MI（関係性を重視するクライエント中心の手法）が他の確立された治療法と組み合わされた場合，クライエントの治療結果に見られた有益な効果

は，12カ月後のフォローアップ時点でよりよく維持されていた。

■ プロセスと結果の関連性：動機づけ面接研究からの例

　初期のMIが定式化した予測の一つは，クライエントのチェンジトークがその後の行動変容に結びつくというものだった。この関連性は実際にさまざまな研究の中で見つかっているが（Bertholet et al., 2010; T. Martin, Christopher, Houck, & Moyers, 2011; Moyers, Martin, Christopher, et al., 2007; Moyers, Martin, Houck, et al., 2009; Vader et al., 2010），予想外の発見であったのは，クライエントの維持トークがしばしば治療結果のより強い（そしてマイナスの）予測因子となる点だ（Baer et al., 2008; S. D. Campbell et al., 2010; M. Magill, Apodaca, et al., 2018; M. Magill, Gaume, et al., 2014）。つまり，治療結果はクライエントの変化を支持する主張よりも変化に反対する主張によってより強く（そしてマイナスに）予測されるのである。そして維持トークはMIと一致しない実践によって喚起，強化される傾向にあるため，それを最小限に抑えるようなやり方でカウンセリングを行うことがさらに重要であるのかもしれない（M. Magill, Gaume, et al., 2014; Miller et al., 1993）。また，チェンジトークと維持トークはどちらも，両者の比率を測定することで予測因子とみなすことが可能である（Moyers, Houck, et al., 2016; Moyers, Martin, et al., 2009）。例えば複数の従属変数を用いた研究では，チェンジトークが一部の治療結果を予測し，維持トークが他の治療結果を予測することがある（e.g., Marker, Salvaris, Thompson, Tolliday, & Norton, 2019）。

　一方，MIの「スピリット」である関係性の指標は，直接的な影響は控えめになる傾向があるが（McCambridge, Day, Thomas, & Strang, 2011），MIの技術的スキルの影響を媒介または緩和することが可能である（M. Magill et al., 2018）。ある研究では，理論的にMIに一致しないセラピストの反応（警告，指示，直面化など）が低頻度であった場合，クライエントの治療結果にポジティブな影響を与えたが，それが見られたのは共感，受容，誠

実さといったセラピスト側の強い対人スキルの文脈においてのみであった（Moyers, Miller, et al., 2005）。Donald Forrester ら（2019）の研究では，要援助児童の家族とのソーシャルワーカーの面会を観察しコーディングした。その結果，ソーシャルワーカーの共感といった対人スキルは，即時および20週間後の家族の参与度を予測したが，家族の成果は予測しなかった。成果を強く予測したのは，ソーシャルワーカーの技術的スキルである「引き出す」であった。

トレーニングと実践の関連性

　本章ではここまで実践とプロセス，プロセスと結果の関連性について考えてきた。残る検証可能な関連性はトレーニングと実践の間である。もし治療アプローチを定義づけるような（理想的には治療結果にも影響するような）特定の技術的あるいは関係的プロセスがあるとすれば，臨床研修が実践でのプロセスに対して影響を与えるはずだ。だとすれば，どのぐらいの期間のどのような研修が，どのような治療者の実践行動にどのような変化をもたらすのか？　これはどのような実践行動が最も重要であるかを知っているかどうかにかかっており，実践行動というのは必然的に関係的・文脈的枠組みに組み込まれるものである。

　特定の治療手順を実施する能力と遵守の程度は，観察者による実践行動チェックリスト（e.g., Godley et al., 2001; Nuro et al., 2005）や評価尺度（e.g., Hill, O'Grady, & Elkin, 1992; Vallis, Shaw, & Dobson, 1986）を用いて測定できる。対照的に，関係的なプロセスに関しては特定の行動が生起した数ではなく，全般的な評価を使うのが一般的である（Colosimo & Pos, 2015; McLeod & Weisz, 2005; Moyers, Rowell, et al., 2016; Truax & Carkhuff, 1976）。ただし，観察者によるコーディングシステムは，実践の技術的要素と関係的要素の両方を含むこともある（Hill et al., 1992; Moyers, Rowell, et al., 2016）。

　臨床研修の成果評価が行われるとしても，実際にはそのほとんどが臨床

230　第Ⅲ部　学習，研修，臨床科学

試験における特定の介入を行う際の忠実性の保証が目的である。そのため，大学や専門職大学院での学位取得プログラムにおける臨床研修の効果や卒後教育への影響に焦点を当てた研究はごくわずかである。それでも，講義やワークショップのトレーニングだけでは実践行動の変化は最小限にとどまり，維持もほとんど期待できないというのが一般的な知見である（e.g., Miller et al., 2006）。これは当然だと言える。複雑なスキルの習熟度を上げるために情報提供型のトレーニングだけで十分ということは滅多にないからだ。

■ トレーニングと実践の関連性：動機づけ面接研究からの例

　MI のトレーニングに関する研究結果はショッキングだった。MI の創始者（筆者自身である）が実施した 2 日間の臨床ワークショップにおいて，参加したカウンセラー（$n = 22$）に，トレーニングの前後で実際のクライエントとのセッションサンプルを提供してもらった（Miller & Mount, 2001）。トレーニング後のサンプルには模擬クライエントを使ったセッションも使った。その結果分かったことは，MI スキルが向上したという素晴らしい自己報告とは対照的に，観察された実践行動の変化はせいぜい「わずか」で，それもすぐにベースラインに戻ってしまうことである。トレーニングが影響を与えなかったものは，MI と一致しないカウンセラーの応答の頻度だった。今まで述べてきたように，これは治療結果に悪影響を及ぼす可能性がある。さらに，セッション中のクライエントの応答（後で生じると予測される行動上の治療結果の代わりになる）には，まったく変化が見られなかった。とどめを刺したのは，ワークショップに参加したカウンセラーの MI を学ぶ意欲である。トレーニング後，開始前よりも有意に下がった。その理由は「すでに学んだから」であった。

　この研究結果は私を非常に謙虚な気持

> 講義やワークショップのトレーニングだけでは，実践行動の変化は最小限にとどまり，ほとんど維持できない。

ちにさせた。そして，新たに問うべき質問が生まれた。「カウンセラーが
MIのスキルを身につけるためには何が必要なのか？」筆者はその後，ト
レーニング方法のRCTを行い，個人的フィードバックとコーチングとい
う，複雑なスキルの習得におけるごく一般的な助けがMIスキルの有意な
向上に貢献すること，さらにその成果は12カ月にわたって維持されるこ
とを発見した（Miller et al., 2004）。また，クライエントのセッション中の
応答を検証すると，初期トレーニング後にフィードバックとコーチングの
両方を受けた研修生だけが，クライエントのチェンジトークを有意に増加
させることに成功していた。

　別のトレーニングの実験（Moyers et al., 2017）では，通常のMIワーク
ショップを，チェンジトークを引き出す技術的要素の点を選択的に強化し
た指導と比較した。同研究では，チェンジトークという言語にフォーカス
を当てると，トレーニング中に特別なフォーカスがなかった場合と比べて，
チェンジトークと維持トークの両方により大きな影響を与えるという仮説
を立てた。これは，MIの治療要素の一つ，「チェンジトークを引き出し，
維持トークを和らげることにセラピストがどれだけ注意を払っているか」
を実験的に操作する間接的な方法であった。その結果，仮説通り，言語を
選択的に強化したトレーニングを受けたセラピストは受けなかったセラピ
ストと比較して，担当クライエントの維持トークの量が減少した。しかし，
クライエントのチェンジトークへの影響は見られなかった。これは，本研
究に参加したクライエントの多くが義務として治療を受けていたことに関
連していると思われる。そのようなクライエントの場合，最も重要なのは
維持トークの緩和である。

　まとめると，クライエントの治療結果に大きな影響を与えるMIの実践
行動は臨床研修を通じて向上させられる。これまでのMI研究はトレーニ
ングと実践，実践とプロセス，プロセスと結果という3つの因果関係の存
在を全て支持している。

統合トレーニング

　行動保健と医療の臨床研修は，どちらも実践行動を形成することによって治療結果を改善し害を予防することを目的としている。しかし，カウンセリングや心理療法といった行動保健のトレーニングに関する研究は，トレーニングを行ってもエビデンスに基づく治療を行う能力の向上は甘く見積もってもわずかしかないことを示す。さらに問題なのは学んだスキルがその後の実践でどの程度維持できるのかである（Hall, Staiger, Simpson, Best, & Lubman, 2016）。

　行動保健の臨床家はどのような技術的・関係的スキルの力を磨くべき（そして人前でも実演できるようになるべき）なのだろうか。どんな実践行動を勧めるか，あるいは禁じるかは理論的方向性によって異なる。治療法の技術的な手順に対する忠実性については，現在の臨床試験が当然のように行っているように評価可能である（Henggeler, Melton, Brondino, Scherer, & Hanley, 1997; Miller & Rollnick, 2014）。同じく実践の関係的側面の質も，高い信頼性をもって測定可能である（Moyers, Houck, et al., 2016; Norcross, 2011; Truax & Carkhuff, 1976）。

　論理的には，臨床研修が焦点を当てるべきことは専門家に事前準備をさせ，良い結果を促す重要なクライエントのプロセスに影響を与える治療を実践できるようにすることである。また，それと同じくらい倫理的に重要なのは，治療提供者が「まず害を与えない」ように援助すること，つまり，抵抗や有害な結果を引き起こす可能性のある実践を避けたり，修正したりすることである。Truax と Carkhuff（1967）は，楽観的にこう主張する：

　　「この分野の発展過程において，各セラピストが患者に与える影響を客観的かつ十分詳細に記録しないでいることを，もはや容認できない段階に差し掛かっている。それは私たち自身に関して当てはまるし，

ましてやクリニック，病院，機関については言うまでもない。私たちは，セラピーの名の下に多くの非治療的実践を認める自由放任主義的な態度をもはや容認できない段階に来ている」(p. 377)

地域社会での実践を強化する

　臨床科学の究極的な願いは日常的なヘルスケアにおける予防と治療の質と結果を向上することである。臨床試験だけでは，その知見が地域社会の現場に普及し，実践されない限り，多くの患者に影響を与えることはできない。

　正確な共感のような関係性に関する要素はこれまで「共通要因」と呼ばれてきた。しかし，実際にどの程度「共通」しているかは不明である。確かなのは，こうした要素は決して普遍的ではなく，治療提供者によってその表現が大きく異なるということだ。治療関係の重要性を認識することは研究だけでなく，臨床での選択や採用，訓練，質の保証にも影響を与える。

　筆者の狙いの一つは，本書をきっかけとして臨床実践や臨床研究，臨床研修において治療関係に今まで以上に注意が向けられることである。臨床科学は治療関係と共に始まったが，近年は技術的手順やメカニズムのみに焦点が当たることが多くなった。しかし，技術を治療提供者から切り離すことはできない。提供者には自らを単なる技術者以上の存在だと認識するようになってほしい。技術的要素と関係的要素の双方の大切さを認識する臨床の科学が，これから時間をかけてヘルスケアの質のさらなる向上に大きく貢献するだろう。また，治療関係に改めて焦点を当てることで，カウンセリングや心理療法の実践が今まで以上の意味と喜びをもたらし，提供されるサービスがさらに人間的なものになるかもしれない。

234　第Ⅲ部　学習，研修，臨床科学

── キーポイント ──

- 本来，臨床科学は治療プロセスに関心を持っていたが，後に具体的な治療技術の有効性に焦点を絞ってきた。

- 治療の技術的側面と関係的側面はどちらも重要であり，どちらも計測可能で，習得可能である。

- クライエントの改善を損なう，あるいはクライエントに有害な影響を与える実践行動に特別な注意を向けるのは当然である。

- カウンセリングや心理療法の研究は，鍵となる変数を定義・測定し，実践行動をプロセスと，プロセスを結果と関連づけなければならない。

- 臨床研修は治療プロセスや結果と関連する実践行動に対する影響力に基づいて評価されなければならない。

- 臨床科学の究極的な願いは現場で行われる治療と予防医療の質の向上である。

文 献

Ackerman, S. J., & Hilsenroth, M. J. (2003). A review of therapist characteristics and techniques positively impacting the therapeutic alliance. *Clinical Psychology Review, 23*(1), 1–33.

Ajzen, I., & Fishbein, N. (1980). *Understanding attitudes and predicting social behavior.* Englewood Cliffs, NJ: Prentice-Hall.

American Psychiatric Association. (1980). *Diagnostic and statistical manual of mental disorders* (3rd ed.). Washington, DC: Author.

American Psychological Association. (2015). Guidelines for clinical supervision in health service psychology. *American Psychologist, 70*(1), 33–46.

Amrhein, P. C., Miller, W. R., Yahne, C., Knupsky, A., & Hochstein, D. (2004). Strength of client commitment language improves with therapist training in motivational interviewing. *Alcoholism-Clinical and Experimental Research, 28*(5), 74A.

Amrhein, P. C., Miller, W. R., Yahne, C. E., Palmer, M., & Fulcher, L. (2003). Client commitment language during motivational interviewing predicts drug use outcomes. *Journal of Consulting and Clinical Psychology, 71,* 862–878.

Anderson, S. C. (1968). Effects of confrontation by high- and low-functioning therapists. *Journal of Counseling Psychology, 15*(5), 411–416.

Anderson, T., Crowley, M. E. J., Himawan, L., Holmberg, J. K., & Uhlin, D. (2016). Therapist facilitative interpersonal skills and training status: A randomized clinical trial on alliance and outcome. *Psychotherapy Research, 26*(5), 511–529.

Anderson, T., McClintock, A. S., Himawan, L., Song, X., & Patterson, C. L. (2016). A prospective study of therapist facilitative interpersonal skills as a predictor of treatment outcome. *Journal of Consulting and Clinical Psychology, 84,* 57–66.

Anderson, T., Ogles, B. M., Patterson, C. L., Lambert, M. J., & Vermeersch, D. A. (2009). Therapist effects: Facilitative interpersonal skills as a predictor of therapist success. *Journal of Clinical Psychology, 65*(7), 755–768.

Anonymous. (1957). *The cloud of unknowing* (I. Progoff, Trans.). New York: Delta Books.

Anthony, W. A. (2003). Studying evidence-based processes, not practices. *Psychiatric Services, 54*(1), 7.

Anthony, W. A., & Mizock, L. (2014). Evidence-based processes in an era of recovery: Implications for rehabilitation counseling and research. *Rehabilitation Counseling Bulletin, 57*(4), 219–227.

Anton, R. F., O'Malley, S. S., Ciraulo, D. A., Cisler, R. A., Couper, D., Donovan, D. M., . . . Zweben, A. (2006). Combined pharmacotherapies and behavioral interventions for alcohol dependence. *Journal of the American Medical Association, 295*(17), 2003.

Apodaca, T. R., Jackson, K. M., Borsari, B., Magill, M., Longabaugh, R., Mastroleo, N. R., & Barnett, N. P. (2016). Which individual therapist behaviors elicit client change talk and sustain talk in motivational interviewing? *Journal of Substance Abuse Treatment, 61*, 60–65.

Armstrong, K. (2010). *Twelve steps to a compassionate life.* New York: Knopf.

Aveyard, P., Begh, R., Parsons, A., & West, R. (2012). Brief opportunistic smoking cessation interventions: A systematic review and meta-analysis to compare advice to quit and offer of assistance. *Addiction, 107*(6), 1066–1073.

Azrin, N. H. (1976). Improvements in the community-reinforcement approach to alcoholism. *Behaviour Research and Therapy, 14*, 339–348.

Azrin, N. H., Sisson, R. W., Meyers, R. J., & Godley, M. (1982). Alcoholism treatment by disulfiram and community reinforcement therapy. *Journal of Behavior Therapy and Experimental Psychiatry, 13*, 105–112.

Babor, T. F. (2004). Brief treatments for cannabis dependence: Findings from a randomized multisite trial. *Journal of Consulting and Clinical Psychology, 72*, 455–466.

Baer, J. S., Beadnell, B., Garrett, J. A., Hartzler, B., Wells, E. A., & Peterson, P. L. (2008). Adolescent change language within a brief motivational intervention and substance use outcomes. *Psychology of Addictive Behaviors, 22*, 570–575.

Baldwin, S. A., Wampold, B. E., & Imel, Z. E. (2007). Untangling the alliance-outcome correlation: Exploring the relative importance of therapist and patient variability in the alliance. *Journal of Consulting and Clinical Psychology, 75*(6), 842–852.

Ball, S. A., Martino, S., Nich, C., Frankforter, T. L., van Horn, D., Crits-Christoph, P., . . . Carroll, K. M. (2007). Site matters: Multisite randomized trial of motivational enhancement therapy in community drug abuse clinics. *Journal of Consulting and Clinical Psychology, 75*, 556–567.

Bamatter, W., Carroll, K. M., Añez, L. M., Paris, M. J., Ball, S. A., Nich, C., . . . Martino, S. (2010). Informal discussions in substance abuse treatment sessions with Spanish-speaking clients. *Journal of Substance Abuse Treatment, 39*(4), 353–363.

Bandura, A. (1982). Self-efficacy mechanism in human agency. *American Psychologist, 37*, 122–147.

Bandura, A. (1986). *Social foundations of thought and action: A social cognitive theory.* Englewood Cliffs, NJ: Prentice-Hall.

Bandura, A. (1997). *Self-efficacy: The exercise of control.* New York: Freeman.

Barlow, D. H. (Ed.). (2014). *Clinical handbook of psychological disorders: A step-by-step treatment manual* (5th ed.). New York: Guilford Press.

Barnicot, K., Wampold, B., & Priebe, S. (2014). The effect of core clinician interpersonal behaviours on depression. *Journal of Affective Disorders, 167,* 112–117.

Barrett-Lennard, G. T. (1962). Dimensions of therapist response as causal factors in therapeutic change. *Psychological Monographs: General and Applied, 76*(43), 1–36.

Barrett-Lennard, G. T. (1981). The empathy cycle: Refinement of a nuclear concept. *Journal of Counseling Psychology, 28*(2), 91–100.

Barry, M. J., & Edgman-Levitan, S. (2012). Shared decision making—Pinnacle of patient-centered care. *New England Journal of Medicine, 366*(9), 780–781.

Batson, C. D., Klein, T. R., Highberger, L., & Shaw, L. L. (1995). Immorality from empathy-induced altruism: When compassion and justice conflict. *Journal of Personality and Social Psychology, 68*(6), 1042–1054.

Battersby, M., Von Korff, M., Schaefer, J., Davis, C., Ludman, E., Greene, S. M., . . . Wagner, E. H. (2010). Twelve evidence-based principles for implementing self-management support in primary care. *Joint Commission Journal on Quality and Patient Safety, 36*(12), 561–570.

Beidas, R. S., & Kendall, P. C. (2010). Training therapists in evidence-based practice: A critical review of studies from a systems-contextual perspective. *Clinical Psychology: Science and Practice, 17*(1), 1–30.

Bellg, A., Borrelli, B., Resnick, B., Ogedegbe, G., Hecht, J., Ernst, D., & Czajkowski, S. (2004). Enhancing treatment fidelity in health behavior change studies: Best practices and recommendations from the Behavioral Change Consortium. *Health Psychology, 23*(5), 443–451.

Bem, D. J. (1967). Self-perception: An alternative interpretation of cognitive dissonance phenomena. *Psychological Review, 74,* 183–200.

Bem, D. J. (1972). Self-perception theory. In L. Berkowitz (Ed.), *Advances in experimental social psychology* (Vol. 6, pp. 1–62). New York: Academic Press.

Benson, H., & Klipper, M. Z. (2000). *The relaxation response.* New York: Quill.

Berg, I. K., & Reuss, N. H. (1997). *Solutions step by step: A substance abuse treatment manual.* New York: Norton.

Bernstein, J., Bernstein, E., Tassiopoulos, K., Heeren, T., Levenson, S., & Hingson, R. (2005). Brief motivational intervention at a clinic visit reduces cocaine and heroin use. *Drug and Alcohol Dependence, 77,* 49–59.

Bertholet, N., Faouzi, M., Gmel, G., Gaume, J., & Daeppen, J. B. (2010). Change talk sequence during brief motivational intervention, towards or away from drinking. *Addiction, 105,* 2106–2112.

Beutler, L. E., Harwood, T. M., Michelson, A., Song, X., & Holman, J. (2011). Resistance/reactance level. *Journal of Clinical Psychology: In Session, 67*(2), 133–142.

Beutler, L. E., Kimpara, S., Edwards, C. J., & Miller, K. D. (2018). Fitting psychotherapy to patient coping style: A meta-analysis. *Journal of Clinical Psychology, 74*(11), 1980–1995.

Beutler, L. E., Machado, P. P. P., & Neufeldt, S. A. (1994). Therapist variables. In A. E. Bergin & S. L. Garfield (Eds.), *Handbook of psychotherapy and behavior change* (4th ed., pp. 229–269). New York: Wiley.

Bien, T. H., Miller, W. R., & Boroughs, J. M. (1993). Motivational interviewing with alcohol outpatients. *Behavioural and Cognitive Psychotherapy, 21,* 347–356.

Bien, T. H., Miller, W. R., & Tonigan, J. S. (1993). Brief interventions for alcohol problems: A review. *Addiction, 88,* 315–336.

Bischoff, M. M., & Tracey, T. J. G. (1995). Client resistance as predicted by therapist behavior: A study of sequential dependence. *Journal of Consulting and Clinical Psychology, 42*(4), 487–495.

Bloom, P. (2016). *Against empathy: The case for rational compassion.* New York: HarperCollins.

Blow, A. J., Sprenkle, D. H., & Davis, S. D. (2007). Is who delivers the treatment more important than the treatment itself?: The role of the therapist in common factors. *Journal of Marital and Family Therapy, 33*(3), 298–317.

Bohart, A. C., & Tallman, K. (1999). *How clients make therapy work: The process of active self-healing.* Washington, DC: American Psychological Association.

Bohart, A. C., & Tallman, K. (2010). Clients: The neglected common factor in psychotherapy. In B. L. Duncan, S. D. Miller, B. E. Wampold, & M. A. Hubble (Eds.), *The heart and soul of change: Delivering what works in therapy* (2nd ed., pp. 83–112). Washington, DC: American Psychological Association.

Boswell, J. F., Gallagher, M. W., Sauer-Zavala, S. E., Bullis, J., Gorman, J. M., Shear, M. K., . . . Barlow, D. H. (2013). Patient characteristics and variability in adherence and competence in cognitive-behavioral therapy for panic disorder. *Journal of Consulting and Clinical Psychology, 81*(3), 443–454.

Bozarth, J. D. (1984). Beyond reflection: Emergent modes of empathy. In R. F. Levant & J. M. Shlien (Eds.), *Client-centered therpy and the person-centered approach: New directions in theory, research, and practice.* (pp. 59–75). Westport, CT: Praeger/Greenwood.

Brehm, J. W. (1966). *A theory of psychological reactance.* New York: Academic Press.

Brehm, S. S., & Brehm, J. W. (1981). *Psychological reactance: A theory of freedom and control.* New York: Academic Press.

Brooks, D. (2015). *The road to character.* New York: Random House.

Brown, G. S., Lambert, M. J., Jones, E. R., & Minami, T. (2005). Identifying highly effective psychotherapists in a managed care environment. *American Journal of Managed Care, 11*(8), 513–520.

Brown, J., & Miller, W. R. (1993). Impact of motivational interviewing on participation and outcome in residential alcoholism treatment. *Psychology of Addictive Behaviors, 7,* 211–218.

Brown, K. W., Ryan, R. M., & Creswell, J. D. (2007). Mindfulness: Theoretical foundations and evidence for its salutary effects. *Psychological Inquiry, 18*(4), 211–237.

Budge, S. L., Owen, J. J., Kopta, S. M., Minami, T., Hanson, M. R., & Hirsch, G. (2013). Differences among trainees in client outcomes associated with the phase model of change. *Psychotherapy, 50*(2), 150–157.

Bugental, J. (1999). *Psychotherapy isn't what you think: Bringing the psychotherapeutic engagement into the living moment.* Phoenix, AZ: Zeig, Tucker & Co.

Burns, D. D., & Nolen-Hoeksma, S. (1992). Therapeutic empathy and recovery from depression in cognitive-behavioral therapy: A structural equation model. *Journal of Consulting and Clinical Psychology, 60*(3), 441–449.

Burwell-Pender, L., & Halinski, K. H. (2008). Enhanced awareness of countertransference. *Journal of Professional Counseling: Practice, Theory and Research, 36*(2).

Campbell, A. N. C., Turrigiano, E., Moore, M., Miele, G. M., Rieckmann, T., Hu, M.-C., . . . Nunes, E. V. (2015). Acceptability of a Web-based community reinforcement approach for substance use disorders with treatment-seeking American Indians/Alaska Natives. *Community Mental Health Journal, 51*(4), 393–403.

Campbell, B. K., Guydish, J., Le, T., Wells, E. A., & McCarty, D. (2015). The relationship of therapeutic alliance and treatment delivery fidelity with treatment retention in a multisite trial of twelve-step facilitation. *Psychology of Addictive Behaviors, 29*(1), 106–113.

Campbell, R. G., & Babrow, A. S. (2004). The role of empathy in responses to persuasive risk communication: Overcoming resistance to HIV prevention messages. *Health Communication, 16*(2), 159–182.

Campbell, S. D., Adamson, S. J., & Carter, J. D. (2010). Client language during motivational enhancement therapy and alcohol use outcome. *Behavioural and Cognitive Psychotherapy, 38*(4), 399–415.

Campinez Navarro, M., Perula de Torres, L. A., Bosch Fontcuberta, J. M., Barragan Brun, N., Arbonies Ortiz, J. C., Novo Rodriguez, J. M., . . . Romero Rodriguez, E. M. (2016). Measuring the quality of motivational interviewing in primary health care encounters: The development and validation of the Motivational Interviewing Assessment Scale (MIAS). *European Journal of General Practice, 22*(3), 182–188.

Carkhuff, R. R. (2019). *The art of helping* (10th ed.). Amherst, MA: HRD Press.

Carkhuff, R. R., & Truax, C. B. (1965). Training in counseling and psychotherapy: An evaluation of an integrated didactic and experiential approach. *Journal of Consulting Psychology, 29*, 333–336.

Carroll, K. M. (1998). *A cognitive-behavioral approach: Treating cocaine addiction.* Rockville, MD: National Instsitute on Drug Abuse.

Carroll, K. M., Connors, G. J., Cooney, N. L., DiClemente, C. C., Donovan, D. M., Kadden, R. R., . . . Zweben, A. (1998). Internal validity of Project MATCH treatments: Discriminability and integrity. *Journal of Consulting and Clinical Psychology, 66*(2), 290–303.

Castonguay, L. G., Boswell, J. F., Constantino, M. J., Goldfried, M. R., & Hill, C. E. (2010). Training implications of harmful effects of psychological treatments. *American Psychologist, 65*(1), 34–49.

Castonguay, L. G., Goldfried, M. R., Wiser, S., Raue, P. J., & Hayes, A. M. (1996). Predicting the effect of cognitive therapy for depression: A study of unique and common factors. *Journal of Consulting and Clinical Psychology, 64*(3), 497–504.

Chamberlain, P., Patterson, G., Reid, J., Kavanagh, K., & Forgatch, M. S. (1984). Observation of client resistance. *Behavior Therapy, 15,* 144–155.

Chambless, D. L., Baker, M. J., Baucom, D. H., Beutler, L. E., Calhoun, K. S., Crits-Christoph, P., . . . Woody, S. R. (1998). Update on empirically validated therapies: II. *Clinical Psychologist, 51*(1), 3–16.

Chambless, D. L., & Ollendick, T. H. (2001). Empirically supported psychological interventions: Controversies and evidence. *Annual Review of Clinical Psychology, 52,* 685–716.

Cheavens, J. S., Feldman, J. S., Woodward, J. T., & Snyder, C. R. (2006). Hope in cognitive psychotherapies: On working with client strengths. *Journal of Cognitive Psychotherapy, 20*(2), 135–145.

Chick, J., Ritson, B., Connaughton, J., & Stewart, A. (1988). Advice versus extended treatment for alcoholism: a controlled study. *British Journal of Addiction, 83*(2), 159–170.

Chow, D. L., Miller, S. D., Seidel, J. A., Kane, R. T., Thornton, J. A., & Andrews, W. P. (2015). The role of deliberate practice in the development of highly effective psychotherapists. *Psychotherapy, 52*(3), 337–345.

Coco, G. L., Gullo, S., Prestano, C., & Gelso, C. J. (2011). Relation of the real relationship and the working alliance to the outcome of brief psychotherapy. *Psychotherapy, 48*(4), 359–367.

Collins, N. L., & Miller, L. C. (1994). Self-disclosure and liking: A meta-analytic review. *Psychological Bulletin, 116*(3), 457–475.

Colosimo, K. A., & Pos, A. E. (2015). A rational model of expressed therapeutic presence. *Journal of Psychotherapy Integration, 25*(2), 100–114.

Constantino, M. J., Glass, C. R., Arnkoff, D. B., Ametrano, R. M., & Smith, J. Z. (2011). Expectations. In J. C. Norcross (Ed.), *Psychotherapy relationships that work: Evidence-based responsiveness* (pp. 354–376). New York: Oxford University Press.

Critcher, C. R., Dunning, D., & Armor, D. A. (2010). When self-affirmations reduce defensiveness: Timing is key. *Personality and Social Psychology Bulletin, 36*(7), 947–959.

Critchley, H. D. (2009). Psychophysiology of neural, cognitive and affective integration: fMRI and autonomic indicants. *International Journal of Psychophysiology, 73*(2), 88–94.

Crits-Christoph, P., Baranackie, K., Kurcias, J. S., & Beck, A. T. (1991). Meta-analysis of therapist effects in psychotherapy outcome studies. *Psychotherapy Research, 1*(2), 81–91.

Crits-Christoph, P., Frank, E., Chambless, D. L., Brody, C., & Karp, J. F. (1995). Training in empirically validated treatments: What are clinical psychology students learning? *Professional Psychology: Research and Practice, 26*, 514–522.

Daeppen, J.-B., Bertholet, N., Gmel, G., & Gaume, J. (2007). Communication during brief intervention, intention to change, and outcome. *Substance Abuse, 28*(3), 43–51.

Dalai Lama, The, & Hopkins, J. (2017). *The heart of meditation: Discovering innermost awareness.* Boulder, CO: Shambala Books.

Dalai Lama, The, & Vreeland, N. (2001). *An open heart: Practicing compassion in everyday life.* New York: Little, Brown.

Davis, D. M., & Hayes, J. A. (2011). What are the benefits of mindfulness?: A practice review of psychotherapy-related research. *Psychotherapy, 48*(2), 198–208.

Davison, G. C., Vogel, R. S., & Coffman, S. G. (1997). Think-aloud approaches to cognitive assessment and the articulated thoughts in simulated situations paradigm. *Journal of Consulting and Clinical Psychology, 65*(6), 950–958.

Dawes, R. M. (1994). *House of cards.* New York: Free Press.

de Almeida Neto, A. C. (2017). Understanding motivational interviewing: An evolutionary perspective. *Evolutionary Psychological Science, 3*(4), 379–389.

Deci, E. L., Koestner, R., & Ryan, R. M. (1999). A meta-analytic review of experiments examining the effects of extrinsic rewards on intrinsic motivation. *Psychological Bulletin, 125*(6), 627–668.

Deci, E. L., & Ryan R. M. (2008). Self-determination theory: A macrotheory of human motivation, development, and health. *Canadian Psychology, 49*(3), 182–185.

Decker, S. E., Carroll, K. M., Nich, C., Canning-Ball, M., & Martino, S. (2013). Correspondence of motivational interviewing adherence and competence ratings in real and role-played client sessions. *Psychological Assessment, 25*(1), 306–312.

DeJonge, J. J. M., Schippers, G. M., & Schaap, C. P. D. R. (2005). The Motivational Interviewing Skill Code: Reliability and a critical appraisal. *Behavioural and Cognitive Psychotherapy, 33*, 1–14.

Delaney, H. D., & DiClemente, C. C. (2005). Psychology's roots: A brief history of the influence of Judeo-Christian perspectives. In W. R. Miller & H. D. Delaney (Eds.), *Judeo-Christian perspectives on psychology: Human nature, motivation, and change* (pp. 31–54). Washington, DC: American Psychological Association.

Delaney, H. D., Miller, W. R., & Bisonó, A. M. (2007). Religiosity and spirituality among psychologists: A survey of clinician members of the American Psychological Association. *Professional Psychology: Research and Practice, 38*(5), 538–546.

Deming, W. E. (2000). *The new economics for industry, government, education* (2nd ed.). Cambridge, MA: MIT Press.

deShazer, S., Dolan, Y., Korman, H., Trepper, T., McCollum, E., & Berg, I. K. (2007). *More than miracles: The state of the art of solution-focused brief therapy*. Binghamton, NY: Haworth Press.

DeVargas, E. C., & Stormshak, E. A. (2020). Motivational interviewing skills as predictors of change in emerging adult risk behavior. *Professional Psychology: Research and Practice, 51*(1), 16–24.

Di Bartolomeo, A. A., Shukla, S., Westra, H. A., Ghashghaei, N. S., & Olson, D. S. (in press). Rolling with resistance: A client language analysis of deliberate practice in continuing education for psychotherapists. *Counselling and Psychotherpy Research.*

DiClemente, C. C. (2003). *Addiction and change: How addictions develop and addicted people recover.* New York: Guilford Press.

DiClemente, C. C., Corno, C. M., Graydon, M. M., Wiprovnick, A. E., & Knoblach, D. J. (2017). Motivational interviewing, enhancement, and brief interventions over the last decade: A review of reviews of efficacy and effectiveness. *Psychology of Addictive Behaviors, 31*(8), 862–887.

Dillard, J. P., & Shen, L. (2005). On the nature of reactance and its role in persuasive health communication. *Communication Monographs, 72*(2), 144–168.

Dimidjian, S., & Hollon, S. D. (2010). How would we know if psychotherapy were harmful? *American Psychologist, 65*(1), 21–33.

Drage, L., Masterson, C., Tober, G., Farragher, T., & Bewick, B. (2019). The impact of therapists' responses to resistance to change: A sequential analysis of therapist–client interactions in motivational interviewing. *Alcohol and Alcoholism, 54*(2), 173–176.

Duan, C., & Hill, C. E. (1996). The current state of empathy research. *Journal of Counseling Psychology, 43*(3), 261–274.

Duncan, B. L., Miller, S. D., Wampold, B. E., & Hubble, M. A. (Eds.). (2010). *The heart and soul of change: Delivering what works in therapy* (2nd ed.). Washington, DC: American Psychological Association.

Edwards, C. J., Beutler, L. E., & Someah, K. (2019). Reactance level. In J. C. Norcross & B. E. Wampold (Eds.), *Psychotherapy relationships that work: Vol. 2. Evidence-based therapist responsiveness* (pp. 188–211). New York: Oxford University Press.

Edwards, G., & Orford, J. (1977). A plain treatment for alcoholism. *Proceedings of the Royal Society of Medicine, 70*(5), 344–348.

Edwards, G., Orford, J., Egert, S., Guthrie, S., Hawker, A., Hensman, C., . . . Taylor, C. (1977). Alcoholism: A controlled trial of "treatment" and "advice." *Journal of Studies on Alcohol, 38*, 1004–1031.

Egan, G. (2014). *The skilled helper:A problem-management and opportunity-development approach to helping* (10th ed.). Belmont, CA: Brooks/Cole Cengage Learning.

Elkin, I., Falconnier, L., Smith, Y., Canada, K. E., Henderson, E., Brown, E. R., & McKay, B. M. (2014). Therapist responsiveness and patient engagement in therapy. *Psychotherapy Research: Journal of the Society for Psychotherapy Research, 24*(1), 52–66.

Elliott, R., Bohart, A. C., Watson, J. C., & Greenberg, L. S. (2011a). Empathy. In J. C. Norcross (Ed.), *Psychotherapy relationships that work: Evidence-based responsiveness* (pp. 132–152). New York: Oxford Unversity Press.

Elliott, R., Bohart, A. C., Watson, J. C., & Greenberg, L. S. (2011b). Empathy. *Psychotherapy, 48*(1), 43–49.

Elliott, R., Bohart, A. C., Watson, J. C., & Murphy, D. (2018). Therapist empathy and client outcome: An updated meta-analysis. *Psychotherapy, 55*(4), 399–410.

Ellis, J. D., Grekin, E. R., Beatty, J. R., McGoron, L., LaLiberte, B. V., Pop, D. E., . . . Ondersma, S. J. (2017). Effects of narrator empathy in a computer delivered brief intervention for alcohol use. *Contemporary Clinical Trials, 61*, 29–32.

Ellis, M. V., Berger, L., Hanus, A. E., Ayala, E. E., Swords, B. A., & Siembor, M. (2014). Inadequate and harmful clinical supervision: Testing a revised framework and assessing occurrence. *Counseling Psychologist, 42*(4), 434–472.

Elwyn, G., Dehlendorf, C., Epstein, R. M., Marrin, K., White, J., & Frosch, D.L. (2014). Shared decision making and motivational interviewing: Achieving patient-centered care across the spectrum of health care problems. *Annals of Family Medicine, 12*(3), 270–275.

Elwyn, G., & Frosch, D. L. (2016). Shared decision making and motivational interviewing: Achieving patient-centered care across the spectrum of health care problems. *Annals of Family Medicine, 12*(3), 270–275.

Engle, D., & Arkowitz, H. (2006). *Ambivalence in psychotherapy: Facilitating readiness to change.* New York: Guilford Press.

Epton, T., Harris, P. R., Kane, R., van Konigsbruggen, G. M., & Sheeran, P. (2015). The impact of self-affirmation on health-behavior change: A meta-analysis. *Health Psychology, 34*(3), 187–196.

Erekson, D. M., Clayson, R., Park, S. Y., & Tass, S. (2020). Therapist effects on early change in psychotherapy in a naturalistic setting. *Psychotherapy Research, 30*(1), 68–78.

Erekson, D. M., Janis, R., Bailey, R. J., Cattani, K., & Pedersen, T. R. (2017). A longitudinal investigation of the impact of psychotherapist training: Does training improve client outcomes? *Journal of Counseling Psychology, 64*(5), 514–524.

Ericsson, K. A., Krampe, R. T., & Tesch-Römer, C. (1993). The role of deliberate practice in the acquisition of expert performance. *Psychological Review, 100*(3), 363–406.

Ericsson, K. A., & Pool, R. (2016). *Peak: Secrets from the new science of expertise.* Boston: Houghton Mifflin Harcourt.

Eubanks, C. F., Muran, J. C., & Safran, J. D. (2018). Alliance rupture repair: A meta-analysis. *Psychotherapy, 55*(4), 508–519.

Eubanks-Carter, C., Muran, J. C., & Safran, J. D. (2015). Alliance-focused training. *Psychotherapy, 52*(2), 169–173.

Falkenström, F., Markowitz, J. C., Jonker, H., Philips, B., & Holmqvist, R. (2013). Can psychotherapists function as their own controls?: Meta-analysis of the "crossed therapist" design in comparative psychotherapy trials. *Journal of Clinical Psychiatry, 74*(5), 482–491.

Farber, B. A. (2006). *Self-disclosure in psychotherapy.* New York: Guilford Press.

Farber, B. A., & Doolin, E. M. (2011a). Positive regard. *Psychotherapy, 48*(1), 58–64.

Farber, B. A., & Doolin, E. M. (2011b). Positive regard and affirmation. In J. C.

Norcross (Ed.), *Psychotherapy relationships that work* (2nd ed., pp. 168–186). New York: Oxford University Press.

Farber, B. A., Suzuki, J. Y., & Lynch, D. A. (2018). Positive regard and psychotherapy outcome: A meta-analytic review. *Psychotherapy, 55*(4), 411–423.

Ferster, C. B., & Skinner, B. F. (1957). *Schedules of reinforcement.* Englewood Cliffs, NJ: Prentice-Hall.

Festinger, L. (1957). *A theory of cognitive dissonance.* Stanford, CA: Stanford University Press.

Finley, J. (2020). *Turning to the Mystics: Thomas Merton.* Retrieved from *https://cac.org/podcast/turning-to-the-mystics.*

Fischer, D. J., & Moyers, T. B. (2014). Is there an association between empathic speech and change talk in motivational interviewing sessions? *Alcoholism Treatment Quarterly, 32*(1), 3–18.

Fixsen, D. L., Blase, K. A., & Van Dyke, M. K. (2019). *Implementation practice and science.* Chapel Hill, NC: Active Implementation Research Network.

Fixsen, D. L., Naoom, S. F., Blase, K. A., Friedman, R. M., & Wallace, F. (2005). *Implementation research: A synthesis of the literature.* Tampa: University of South Florida, National Implementation Research Network.

Flückiger, C., Del Re, A. C., Wlodasch, D., Horvath, A. O., Solomonov, N., & Wampold, B. E. (in press). Assessing the alliance–outcome association adjusted for patient characteristics and treatment processes: A meta-analytic summary of direct comparisons. *Journal of Counseling Psychology.*

Fonagy, P., Gergely, G., & Jurist, E. L. (Eds.). (2002). *Affect regulation, mentalization and the development of self.* New York: Other Press.

Ford, M. E. (1992). *Motivating humans: Goals, emotions, and personal agency beliefs.* Newbury Park, CA: SAGE.

Forrester, D., Westlake, D., Killian, M., Antonopolou, V., McCann, M., Thurnham, A., . . . Hutchison, D. (2019). What is the relationship between worker skills and outcomes for families in child and family social work. *British Journal of Social Work, 49,* 2148–2167.

Fox, T. (2017). *Therapists' observations of quantum change among clients with drug and alcohol dependency: A thematic analysis.* Doctoral dissertation, University of Leicester, Leicester, UK.

Frank, J. D. (1968). The role of hope in psychotherapy. *International Journal of Psychiatry, 5*(5), 383–395.

Frank, J. D. (1971). Therapeutic factors in psychotherapy. *American Journal of Psychotherapy, 25*(3), 350–361.

Frank, J. D., & Frank, J. B. (1993). *Persuasion and healing: A comparative study of psychotherapy* (3rd ed.). Baltimore: Johns Hopkins University Press.

Frankl, V. E. (2006). *Man's search for meaning.* Boston: Beacon Press.

Franklin, B. (1785). *Report of Dr. Benjamin Franklin, and other commissioners, charged by the King of France, with the examination of the animal magnetism, as now practiced in Paris.* London: J. Johnson.

Franklin, B. (2012/1785). *The art of virtue.* New York: Skyhorse.

French, D. P., Olander, E. K., Chisholm, A., & McSharry, J. (2014). Which behaviour change techniques are most effective at increasing older adults' self-efficacy and physical activity behavior?: A systematic review. *Annals of Behavioral Medicine, 48*(2), 225–234.

Fromm, E. (1956). *The art of loving.* New York: Bantam.

Gallese, V., Gernsbacher, M. A., Heyes, C., Hickok, G., & Iacoboni, M. (2011). Mirror neuron forum. *Perspectives on Psychological Science, 6*(4), 369–407.

Gaume, J., Bertholet, N., Faouzi, M., Gmel, G., & Daeppen, J. B. (2010). Counselor motivational interviewing skills and young adult change talk articulation during brief motivational interventions. *Journal of Substance Abuse Treatment,* 39(3), 272–281.

Gaume, J., Gmel, G., Faouzi, M., & Daeppen, J. B. (2009). Counselor skill influences outcomes of brief motivational interventions. *Journal of Substance Abuse Treatment,* 37(2), 151–159.

Geller, S. M., & Greenberg, L. S. (2018). *Therapeutic presence: A mindful approach to effective therapy.* Washington, DC: American Psychological Association.

Gelso, C. J., & Carter, J. A. (1994). Components of the psychotherapy relationship: Their interaction and unfolding during treatment. *Journal of Counseling Psychology,* 41(3), 296–306.

Gelso, C. J., & Kanninen, K. M. (2017). Neutrality revisited: On the value of being neutral within an empathic atmosphere. *Journal of Psychotherapy Integration,* 27(3), 330–341.

Gelso, C. J., Kivlighan, D. M., Busa-Knepp, J., Spiegel, E. B., Ain, S., Hummel, A. M., . . . Markin, R. D. (2012). The unfolding of the real relationship and the outcome of brief psychotherapy. *Journal of Counseling Psychology,* 59(4), 495–506.

Gelso, C. J., Kivlighan, D. M., & Markin, R. D. (2018). The real relationship and its role in psychotherapy outcome: A meta-analysis. *Psychotherapy,* 55(4), 434–444.

Gelso, C. J., & Perez-Rojas, A. E. (2017). Inner experience and the good therapist. In L. G. Castonguay & C. E. Hill (Eds.), *How and why are some therapists better than others?: Understanding therapist effects* (pp. 101–115). Washington, DC: American Psychological Association.

Gendlin, E. T. (1961). Experiencing: A variable in the process of therapeutic change. *American Journal of Psychotherapy,* 15(2), 233–245.

Ghaderi, A. (2006). Does individualization matter?: A randomized trial of standardized (focused) versus individualized (broad) cognitive behavior therapy for bulimia nervosa. *Behaviour Research and Therapy,* 44(2), 273–288.

Giannini, H. C. (2017). Hope as grounds for forgiveness: A Christian argument for universal, unconditional forgiveness. *Journal of Religious Ethics,* 45(1), 58–82.

Gillberg, C. (1996). The long-term outcome of childhood empathy disorders. *European Child and Adolescent Psychiatry,* 5, 52–56.

Gist, M. E., & Mitchell, T. R. (1992). Self-efficacy: A theoretical analysis of its determinants and malleability. *Academy of Management Review,* 17(2), 183–211.

Gladwell, M. (2008). *Outliers: The story of success.* New York: Little, Brown.

Glynn, L. H., & Moyers, T. B. (2010). Chasing change talk: The clinician's role in evoking client language about change. *Journal of Substance Abuse Treatment,* 39(1), 65–70.

Godley, S. H., Meyers, R. J., Smith, J. E., Karvinen, T., Titus, J. C., Godley, M. D., . . . Kelberg, P. (2001). *The adolescent community reinforcement approach for adolescent cannabis users* (Vol. 4). Rockville, MD: Center for Substance Abuse Treatment.

Goldberg, S. B., Babins-Wagner, R., & Miller, S. D. (2017). Nurturing expertise at mental health agencies. In T. Rousmaniere, R. K. Goodyear, S. D. Miller, & B. E. Wampold (Eds.), *The cycle of excellence: Using deliberate practice to improve supervision and training* (pp. 199–217). Hoboken, NJ: Wiley.

Goldberg, S. B., Hoyt, W. T., Nissen-Lie, H. A., Nielsen, S. L., & Wampold, B.

E. (2018). Unpacking the therapist effect: Impact of treatment length differs for high- and low-performing therapists. *Psychotherapy Research, 28*(4), 532–544.

Goldberg, S. B., Rousmaniere, T., Miller, S. D., Whipple, J., Nielsen, S. V., Hoyt, W. T., & Wampold, B. E. (2016). Do psychotherapists improve with time and experience?: A longitudinal analysis of outcomes in a clinical setting. *Journal of Counseling Psychology, 63*(1), 1–11.

Goldman, R. N., Greenberg, L. S., & Pos, A. E. (2005). Depth of emotional experience and outcome. *Psychotherapy Research, 15*(3), 248–260.

Goldstein, A. P., & Shipman, W. G. (1961). Patients' expectancies, symptom reduction and aspects of he initial psychotherapeutic interview. *Journal of Clinical Psychology, 17*, 129–133.

Gollwitzer, P. M. (1999). Implementation intentions: Simple effects of simple plans. *American Psychologist, 54*(7), 493–503.

Gollwitzer, P. M., Wieber, F., Myers, A. L., & McCrea, S. M. (2010). How to maximize implementation intention effects. In C. R. Agnew, D. E. Carlston, W. G. Graziano, & J. R. Kelly (Eds.), *Then a miracle occurs: Focusing on behavior in social psychological theory and research* (pp. 137–161). New York: Oxford University Press.

Gordon, T. (1970). *Parent effectiveness training.* New York: Wyden.

Gordon, T., & Edwards, W. S. (1997). *Making the patient your partner: Communication skills for doctors and other caregivers.* New York: Auburn House.

Gorman, D. M. (2017). Has the National Registry of Evidence-Based Programs and Practices (NREPP) lost its way? *International Journal of Drug Policy, 45*, 40–41.

Gotink, R. A., Chu, P., Busschbach, J. J. V., Benson, H., Fricchione, G. L., & Hunink, M. (2015). Standardized mindfulness-based interventions in healthcare: An overview of systematic reviews and meta-analyses of RCTd. *PLOS ONE, 10*(4), e0124344.

Grafanaki, S. (2001). What counselling research has taught us about the concept of congruence: Main discoveries and unsolved issues. In G. Wyatt (Ed.), *Congruence* (pp. 18–35). Monmouth, UK: PCCS Books.

Greenberg, L. S., & Elliott, R. (1997). Varieties of empathic responding. In A. C. Bohart & L. S. Greenberg (Eds.), *Empathy reconsidered: New directions in psychotherapy* (pp. 167–186). Washington, DC: American Psychological Association.

Greenberg, L. S., & Geller, S. (2001). Congruence and therapeutic presence. In G. Wyatt (Ed.), *Rogers' therapeutic conditions: Evolution, theory and practice: Vol. 1. Congruence* (pp. 131–149). Ross-on-Wye, UK: PCCS Books.

Haley, J. (1993). *Uncommon therapy: The psychiatric techniques of Milton H. Erickson.* New York: Norton.

Hall, K., Staiger, P. K., Simpson, A., Best, D., & Lubman, D. I. (2016). After 30 years of dissemination, have we achieved sustained practice change in motivational interviewing? *Addiction, 111*(7), 1144–1150.

Hannover, W., Blaut, C., Kniehase, C., Martin, T., & Hannich, H. J. (2013). Interobserver agreement of the German translation of the Motivational Interviewing Sequential Code for Observing Process Exchanges (MI-SCOPE;D). *Psychology of Addictive Behaviors, 27*(4), 1196–1200.

Harris, K. B., & Miller, W. R. (1990). Behavioral self-control training for problem drinkers: Components of efficacy. *Psychology of Addictive Behaviors, 4*, 82–90.

Hatcher, R. L. (2015). Interpersonal competencies: Responsiveness, technique, and training in psychotherapy. *American Psychologist, 70*(8), 747–757.

Haug, T., Nordgreen, T., Öst, L.-G., Tangen, T., Kvale, G., Hovland, O. J., . . . Havik, O. E. (2016). Working alliance and competence as predictors of outcome in cognitive behavioral therapy for social anxiety and panic disorder in adults. *Behaviour Research and Therapy, 77*, 40–51.

Hayes, J. A., Gelso, C. J., & Hummel, A. M. (2011). Managing countertransference. *Psychotherapy, 48*(1), 88–97.

Hayes, S. C. (2004). Acceptance and commitment therapy, relational frame theory, and the third wave of behavioral and cognitive therapies. *Behavior Therapy, 35*(4), 639–665.

Hayes, S. C., Lafollette, V. M., & Linehan, M. M. (Eds.). (2011). *Mindfulness and accceptance: Expanding the cognitive-behavioral tradition.* New York: Guilford Press.

Henggeler, S. W., Melton, G. B., Brondino, M. J., Scherer, D. G., & Hanley, J. H. (1997). Multisystemic therapy with violent and chronic juvenile offenders and their families: The role of treatment fidelity in successful dissemination. *Journal of Consulting and Clinical Psychology, 65*(5), 821–833.

Henggeler, S. W., Schoenwald, S. K., Letourneau, J. G., & Edwards, D. L. (2002). Transporting efficacious treatments to field settings: The link between supervisory practices and therapist fidelity in MST programs. *Journal of Clinical Child and Adolescent Psychology, 31,* 155–167.

Henretty, J. R., Currier, J. M., Berman, J. S., & Levitt, H. M. (2014). The impact of counselor self-disclosure on clients: A meta-analytic review of experimental and quasi-experimental research. *Journal of Counseling Psychology, 61*(2), 191–207.

Herschell, A. D., Kolko, D. J., Baumann, B. L., & Davis, A. C. (2010). The role of therapist training in the implementation of psychosocial treatments: A review and critique with recommendations. *Clinical Psychology Review, 30*(4), 448–466.

Hersoug, A. G., Hoglend, P., Monsen, J. T., & Havik, O. E. (2001). Quality of working alliance in psychotherapy: Therapist variables and patient/therapist similarity as predictors. *Journal of Psychotherapy Practice and Research, 10*(4), 205–216.

Hettema, J., Steele, J., & Miller, W. R. (2005). Motivational interviewing. *Annual Review of Clinical Psychology, 1,* 91–111.

Hill, C. E. (1990). Exploratory in-session process research in individual psychotherapy: A review. *Journal of Consulting and Clinical Psychology, 58*(3), 288–294.

Hill, C. E. (2005). Therapist techniques, client involvement, and the therapeutic relationship: Inextricably intertwined in the therapy process. *Psychotherapy: Theory, Research and Practice, 42*(4), 431–442.

Hill, C. E., Helms, J. E., Tichenor, V., Spiegel, S. B., O'Grady, K. E., & Perry, E. S. (1988). Effects of therapist response modes in brief psychotherapy. *Journal of Counseling Psychology, 35*(3), 222–233.

Hill, C. E., & Knox, S. (2013). Training and supervision. In M. J. Lambert (Ed.), *Bergin and Garfield's handbook of psychotherapy and behavior change* (6th ed., pp. 775–811). Hoboken, NJ: Wiley.

Hill, C. E., Knox, S., & Pinto-Coelho, K. G. (2018). Therapist self-disclosure and immediacy: A qualitative meta-analysis. *Psychotherapy, 55*(4), 445–460.

Hill, C. E., O'Grady, K. E., & Elkin, I. (1992). Applying the Collaborative Study Psychotherapy Rating Scale to rate therapist adherence in cognitive-behavior therapy, interpersonal therapy, and clinical management. *Journal of Consulting and Clinical Psychology, 60*(1), 73–79.

Hofmann, S. G., & Barlow, D. H. (2014). Evidence-based psychological interventions and the common factors approach: The beginnings of a rapprochement? *Psychotherapy, 51*(4), 510–513.

Hojat, M. (2007). *Empathy in patient care: Antecedents, development, measurement and outcomes.* New York: Springer.

Holländare, F., Gustafsson, S. A., Berglind, M., Grape, F., Carlbring, P., Andersson, G, . . . Tillfors, M. (2016). Therapist behaviours in internet-based cognitive behaviour therapy (ICBT) for depressive symptoms. *Internet Interventions, 3,* 1–7.

Hood, R. W., Jr., Hill, P. C., & Spilka, B. (2018). *The psychology of religion: An empirical approach* (5th ed.). New York: Guilford Press.

Horvath, A. O. (2000). The therapeutic relationship: From transference to alliance. *Journal of Clinical Psychology, 56*(2), 163–173.

Horvath, A. O., Del Re, A. C., Flückinger, C., & Symonds, D. (2011). Alliance in individual psychotherapy. *Psychotherapy, 48*(1), 9–16.

Horvath, A. O., & Greenberg, L. S. (1994). *The working alliance: Theory, research, and practice.* New York: Wiley.

Houck, J. M., Manuel, J. K., & Moyers, T. B. (2018). Short- and long-term effects of within-session client speech on drinking outcomes in the COMBINE study. *Journal of Studies on Alcohol and Drugs, 79*(2), 217–222.

Howe, L. C., Goyer, J. P., & Crum, A. J. (2017). Harnessing the placebo effect: Exploring the infuence of physician characteristics on placebo response. *Health Psychology, 36*(11), 1074–1082.

Hunt, G. M., & Azrin, N. H. (1973). A community-reinforcement approach to alcoholism. *Behaviour Research and Therapy, 11,* 91–104.

Imel, Z. E., Baer, J. S., Martino, S., Ball, S. A., & Carroll, K. M. (2011). Mutual influence in therapist competence and adherence to motivational enhancement therapy. *Drug and Alcohol Dependence, 115*(3), 229–236.

Imel, Z. E., Sheng, E., Baldwin, S. A., & Atkins, D. C. (2015). Removing very low-performing therapists: A simulation of performance-based retention in psychotherapy. *Psychotherapy, 52*(3), 329–336.

Imel, Z. E., & Wampold, B. (2008). The importance of treatment and the science of common factors in psychotherapy. In S. D. Brown & R. W. Lent (Eds.), *Handbook of counseling psychology* (pp. 249–266). New York: Wiley.

Imel, Z. E., Wampold, B. E., Miller, S. D., & Fleming, R. R. (2008). Distinctions without a difference: Direct comparisons of psychotherapies for alcohol use disorders. *Psychology of Addictive Behaviors, 22*(4), 533–543.

James, W. (1994/1902). *The varieties of religious experience.* New York: Modern Library Edition.

Janis, I. L. (1959). Decisional conflicts: A theoretical analysis. *Conflict Resolution, 3,* 6–27.

Janis, I. L., & Mann, L. (1976). Coping with decisional conflict. *American Scientist, 64,* 657–666.

Janis, I. L., & Mann, L. (1977). *Decision making: A psychological analysis of conflict, choice and commitment.* New York: Free Press.

Johnson, S. M., & Greenberg, L. S. (1988). Relating process to outcome in marital therapy. *Journal of Marital and Family Therapy, 14*(2), 175–183.

Jones, R. A. (1981). *Self-fulfilling prophecies: Social, psychological, and physiological effects of expectancies.* New York: Psychology Press.

Jung, C. G. (1957). *The undiscovered self: The dilemma of the individual in modern society.* New York: Little, Brown & Company.

Jung, C. G., Read, H., Adler, G., & Hully, R. F. C. (Eds.). (1969). *Collected works of C. G. Jung: Vol. 11. Psychology and religion: West and East* (2nd ed.). Princeton, NJ: Princeton University Press.

Kabat-Zinn, J. (2013). *Full catastrophe living: Using the wisdom of your body and mind to face stress, pain, and illness* (rev. ed.). New York: Bantam Books.

Kabat-Zinn, J. (2016). *Mindfulness for beginners: Reclaiming the present moment—and your life.* Boulder, CO: Sounds True.

Kadden, R. M., Litt, M. D., & Cooney, N. L. (1992). Relationship between role-play measures of coping skills and alcoholism treatment outcomes. *Addictive Behaviors, 17,* 425–437.

Kaptchuk, T. J., Kelley, J. M., Conboy, L. A., Davis, R. B., Kerr, C. E., Jacobson, E. E., . . . Lembo, A. J. (2008). Components of placebo effect: Randomised controlled trial in patients with irritable bowel syndrome. *British Medical Journal, 336*(7651), 999–1003.

Karno, M. P., & Longabaugh, R. (2005). An examination of how therapist directiveness interacts with patient anger and reactance to predict alcohol use. *Journal of Studies on Alcohol, 66,* 825–832.

Karpiak, C. P., & Benjamin, L. S. (2004). Therapist affirmation and the process and outcome of psychotherapy: Two sequential analytic studies. *Journal of Clinical Psychology, 60*(6), 656–659.

Katz, A. D., & Hoyt, W. T. (2014). The influence of multicultural counseling competence and anti-black prejudice on therapists' outcome expectancies. *Journal of Counseling Psychology, 61*(2), 299–305.

Kelley, F. A., Gelso, C. J., Fuertes, J. N., Marmarosh, C., & Lanier, S. H. (2010). The real relationship inventory: Development and psychometric investigation of the client form. *Psychotherapy: Theory, Research, and Practice, 47*(4), 540–553.

Kelm, Z., Womer, J., Walter, J. K., & Feudtner, C. (2014). Interventions to cultivate physician empathy: A systematic review. *BMC Medical Education, 14*(219).

Keng, S.-L., Smoski, M. J., & Robins, C. J. (2011). Effects of mindfulness on psychological health: A review of empirical studies. *Clinical Psychology Review, 31*(6), 1041–1056.

Kiesler, D. J. (1971). Patient experiencing and successful outcome in individual psychotherapy of schizophrenics and psychoneurotics. *Journal of Consulting and Clinical Psychology, 37*(3), 370–385.

Kiesler, D. J., Klein, M. H., Mathieu, P. L., & Schoeninger, D. (1967). Constructive personality change for therapy and control patients. In C. R. Rogers, E. T. Gendlin, D. J. Kiesler, & C. B. Truax (Eds.), *The therapeutic relationship and its impact* (pp. 251–294). Madison: University of Wisconsin Press.

Kiken, L. G., Garland, E. L., Bluth, K., Palsson, O. S., & Gaylord, S. A. (2015). From a state to a trait: Trajectories of state mindfulness in meditation during intervention predict changes in trait mindfulness. *Personality and Individual Differences, 81,* 41–46.

Kim, D.-M., Wampold, B. E., & Bolt, D. M. (2006). Therapist effects in psychotherapy: A random-effects modeling of the National Institute of Mental Health Treatment of Depression Collaborative Research Program data. *Psychotherapy Research, 16*(2), 161–172.

Kirschenbaum, H. (2009). *The life and work of Carl Rogers.* Alexandria, VA: American Counseling Association.

Kirschenbaum, H., & Henderson, V. L. (Eds.). (1989). *Carl Rogers: Dialogues*. Boston: Houghton-Mifflin.

Kivlighan, D. M., Jr., & Holmes, S. E. (2004). The importance of therapeutic factors: A typology of therapeutic factors studies. In J. L. DeLucia-Waack, D. A. Gerrity, C. R. Calodner, & M. T. RIva (Eds.), *Handbook of group counseling and psychotherapy* (pp. 23–36). Thousand Oaks, CA: SAGE.

Klein, M. H., Mathieu-Coughlan, P., & Kiesler, D. J. (1986). The experiencing scales. In L. S. Greenberg & W. M. Pinsof (Eds.), *The psychotherapeutic process: A research handbook* (pp. 21–71). New York: Guilford Press.

Klein, W. M. P., & Harris, P. R. (2010). Self-affirmation enhances attentional bias toward threatening components of a persuasive message. *Psychological Science, 20*(12), 1463–1467.

Klonek, F. E., Lehmann-Willenbrock, N., & Kauffeld, S. (2014). Dynamics of resistance to change: A sequential analysis of change agents in action. *Journal of Change Management, 14*(3), 334–360.

Kluckhohn, C., & Murray, H. A. (Eds.). (1953). *Personality in nature, society, and culture*. New York: Knopf.

Knox, S., & Hill, C. E. (2003). Therapist self-disclosure: Research-based suggestions for practitioners. *Journal of Clinical Psychology, 59*(5), 529–539.

Kobak, K. A., Craske, M. G., Rose, R. D., & Wolitsky-Taylor, K. (2013). Web-based therapist training on cognitive behavior therapy for anxiety disorders: A pilot study. *Psychotherapy, 50*(2), 235–247.

Kohlenberg, B. S., Yeater, E. A., & Kohlenberg, R. J. (1998). Functional analytic psychotherapy, the therapeutic alliance, and brief psychotherapy. In J. D. Safran & J. C. Muran (Eds.), *The therapeutic alliance in brief psychotherapy* (pp. 63–93). Washington, DC: American Psychological Association.

Kohlenberg, R. J., & Tsai, A. G. (1994). Functional analytic psychotherapy: A radical behavioral approach to treatment and integration. *Journal of Psychotherapy Integration, 4,* 175–201.

Kohlenberg, R. J., & Tsai, M. (2007). *Functional analytic psychotherapy: Creating intense and curative therapeutic relationships*. New York: Springer.

Kolden, G. G., Klein, M. H., Wang, C.-C., & Austin, S. B. (2011). Congruence/genuineness. *Psychotherapy, 48*(1), 65–71.

Kolden, G. G., Wang, C.-C., Austin, S. B., Chang, Y., & Klein, M. H. (2018). Congruence/genuineness: A meta-analysis. *Psychotherapy, 55*(4), 424–433.

Koocher, G. P., & Keith-Spiegel, P. (2016). *Ethics in psychology and the mental health professions: Standards and cases* (4th ed.). New York: Oxford University Press.

Kortlever, J. T. P., Ottenhoff, J. S. E., Vagner, G. A., Ring, D., & Reichel, L. M. (2019). Visit duration does not correlate with perceived physician empathy. *Journal of Bone and Joint Surgery, 101,* 296–301.

Kraus, D. R., Bentley, J. H., Alexander, P. C., Boswell, J. F., Constantino, M. J., Baxter, E. E., & Castonguay, L. G. (2016). Predicting therapist effectiveness from their own practice-based evidence. *Journal of Consulting and Clinical Psychology, 84*(6), 473–483.

Krigel, S. W., Grobe, J. E., Goggin, K., Harris, K. J., Moreno, J. L., & Catley, D. (2017). Motivational interviewing and the decisional balance procedure for cessation induction in smokers not intending to quit. *Addictive Behaviors, 64,* 171–178.

Kugelmass, H. (2016). "Sorry, I'm not accepting new patients": An audit study of access to mental health care. *Journal of Health and Social Behavior, 57*(2), 168–183.

Lafferty, P., Beutler, L. E., & Crago, M. (1989). Differences between more and less effective psychotherapists: A study of select therapist variables. *Journal of Consulting and Clinical Psychology, 57*(1), 76–80.

Lamm, C., Batson, C. D., & Decety, J. (2007). The neural substrate of human empathy: Effects of perspective-taking and cognitive appraisal. *Journal of Cognitive Neuroscience, 19*(1), 42–58.

Lane, C., Huws-Thomas, M., Hood, K., Rollnick, S., Edwards, K., & Robling, M. (2005). Measuring adaptations of motivational interviewing: The development and validation of the behavior change counseling index (BECCI). *Patient Education and Counseling, 56*(2), 166–173.

Larson, D. G. (2020). *The helper's journey: Empathy, compassion and the challenge of caring* (2nd ed.). Champaign, IL: Research Press.

Larson, D. G., Chastain, R. L., Hoyt, W. T., & Ayzenberg, R. (2015). Self-concealment: Integrative review and working model. *Journal of Social and Clinical Psychology, 34*(8), 705–774.

Laska, K. M., Gurman, A. S., & Wampold, B. E. (2014). Expanding the lens of evidence-based practice in psychotherapy: A common factors perspective. *Psychotherapy, 51*(4), 467–481.

Lazarus, G., Atzil-Slonim, D., Bar-Kalifa, E., Hasson-Ohayon, I., & Rafaeli, E. (2019). Clients' emotional instability and therapists' inferential flexibility predict therapists' session-by-session empathic accuracy. *Journal of Counseling Psychology, 66*(1), 56–69.

Leake, G. J., & King, A. S. (1977). Effect of counselor expectations on alcoholic recovery. *Alcohol Health and Research World, 1*(3), 16–22.

Lenz, A. S., Rosenbaum, L., & Sheperis, D. (2016). Meta-analysis of randomized controlled trials of motivational enhancement therapy for reducing substance use. *Journal of Addictions and Offender Counseling, 37*(2), 66–86.

Levenson, R. W., & Ruef, A. M. (1992). Empathy: A physiological substrate. *Journal of Personality and Social Psychology, 63*(2), 234–246.

Levitt, H. M., Minami, T., Greenspan, S. B., Puckett, J. A., Henretty, J. R., Reich, C. M., & Berman, J. M. (2016). How therapist self-disclosure relates to alliance and outcomes: A naturalistic study. *Counselling Psychology Quarterly, 29*(1), 7–28.

Levitt, H. M., & Pomerville, A. (2016). A qualitative meta-analysis examining clients' experiences of psychotherapy: A new agenda. *Psychological Bulletin, 142*(8), 801–830.

Lewis, C. S. (1960). *The four loves*. New York: Harcourt Brace.

Lietaer, G. (2001a). Authenticity, congruence and transparency. In D. Brazier (Ed.), *Beyond Carl Rogers: Towards a psychotherapy for the 21st century* (pp. 17–46). London: Constable & Robinson.

Lietaer, G. (2001b). Being genuine as a clinician: Congruence and transparency. In G. Wyatt (Ed.), *Rogers' therapeutic conditions: Evolution, theory and practice: Vol. 1. Congruence* (pp. 36—54). Ross-on-Wye, UK: PCCS Books.

Linehan, M. M. (2014). *DBT skills training manual*. New York: Guilford Press.

Linehan, M. M., Dimeff, L. A., Reynolds, S. K., Comtois, K. A., Welch, S. S., Heagerty, P., & Kivlahan, D. R. (2002). Dialectical behavior therapy versus comprehensive validation therapy plus 12-step for the treatment of opioid dependent women meeting criteria for borderline personality disorder. *Drug and Alcohol Dependence, 67*(1), 13–26.

Litten, R. Z., & Allen, J. P. (1992). *Measuring alcohol consumption: Psychosocial and biochemical methods*. Totowa, NJ: Humana Press.

Locke, E. A., & Latham, G. P. (1990). *A theory of goal setting and task performance*. Englewood Cliffs, NJ: Prentice-Hall.

Longabaugh, R., & Magill, M. (2011). Recent advances in behavioral addiction treatments: Focusing on mechanisms of change. *Current Psychiatry Reports, 13*(5), 383–389.

Longabaugh, R., Magill, M., Morgenstern, J., & Huebner, R. (2013). Mechanisms of behavior change in treatment for alcohol and other drug use disorders. In B. M. McCrady & E. E. Epstein (Eds.), *Addictions: A comprehensive guidebook* (2nd ed., pp. 572–596). New York: Oxford University Press.

Longabaugh, R., Mattson, M. E., Connors, G. J., & Cooney, N. L. (1994). Quality of life as an outcome variable in alcoholism treatment research. *Journal of Studies on Alcohol, 12*(Suppl.), 119–129.

Longabaugh, R., & Wirtz, P. W. (Eds.). (2001). *Project MATCH hypotheses: Results and causal chain analyses* (Project MATCH Monograph Series, Vol. 8). Bethesda, MD: National Institute on Alcohol Abuse and Alcoholism.

Longabaugh, R., Zweben, A., LoCastro, J. S., & Miller, W. R. (2005). Origins, issues and options in the development of the Combined Behavioral Intervention. *Journal of Studies on Alcohol, 66*(4), S179–S187.

Love, P. K., Kilmer, E. D., & Callahan, J. L. (2016). Deliberate interleaving practice in psychotherapy training. *Psychotherapy Bulletin, 51*(2), 16–21.

Luborsky, L., Auerbach, A. H., Chandler, M., Cohen, J., & Bachrach, H. M. (1971). Factors influencing the outcome of psychotherapy: A review of quantitative research. *Psychological Bulletin, 75*(3), 145–185.

Luborsky, L., McLellan, A. T., Diguer, L., Woody, G., & Seligman, D. A. (1997). The psychotherapist matters: Comparison of outcomes across twenty-two therapists and seven patient samples. *Clinical Psychology: Science and Practice, 4*, 53–65.

Luborsky, L., McLellan, A. T., Woody, G. E., O'Brien, C. P., & Auerbach, A. (1985). Therapist success and its determinants. *Archives of General Psychiatry, 42*, 602–611.

Lynch, A., Newlands, F., & Forrester, D. (2019). What does empathy sound like in social work communication?: A mixed-methods study of empathy in child protection social work practice. *Child and Family Social Work, 24*(1), 139–147.

Magill, M., Apodaca, T. R., Barnett, N. P., & Monti, P. M. (2010). The route to change: Within-session predictors of change plan completion in a motivational interview. *Journal of Substance Abuse Treatment, 38*(3), 299–305.

Magill, M., Apodaca, T. R., Borsari, B., Gaume, J., Hoadley, A., Gordon, R. E. F., . . . Moyers, T. (2018). A meta-analysis of motivational interviewing process: Technical, relational, and conditional process models of change. *Journal of Consulting and Clinical Psychology, 86*(2), 140–157.

Magill, M., Bernstein, M. H., Hoadley, A., Borsari, B., Apodaca, T. R., Gaume, J., & Tonigan, J. S. (2019). Do what you say and say what you are going to do: A preliminary meta-analysis of client change and sustain talk subtypes in motivational interviewing. *Psychotherapy Research, 29*(7), 860–869.

Magill, M., Gaume, J., Apodaca, T. R., Walthers, J., Mastroleo, N. R., Borsari, B., & Longabaugh, R. (2014). The technical hypothesis of motivational interviewing: A meta-analysis of MI's key causal model. *Journal of Consulting and Clinical Psychology, 82*(6), 973–983.

Magill, M., & Hallgren, K. A. (2019). Mechanisms of behavior change in motivational interviewing: Do we understand how MI works? *Current Opinion in Psychology, 30,* 1–5.

Magill, M., Janssen, T., Mastroleo, N., Hoadley, A., Walthers, J., Barnett, N., & Colby, S. (2019). Motivational interviewing technical process and moderated relational process with underage young adult heavy drinkers. *Psychology of Addictive Behaviors, 33*(2), 128–138.

Magill, M., Kiluk, B. D., McCrady, B. S., Tonigan, J. S., & Longabaugh, R. (2015). Active ingredients of treatment and client mechanisms of change in behavioral treatments for alcohol use disorders: Progress 10 years later. *Alcoholism: Clinical and Experimental Research, 39*(10), 1852–1862.

Magill, N., Knight, R., McCrone, P., Ismail, K., & Landau, S. (2019). A scoping review of the problems and solutions associated with contamination in trials of complex interventions in mental health. *BMC Medical Research Methodology, 19*(4).

Marker, I., Salvaris, C. A., Thompson, E. M., Tolliday, T., & Norton, P. J. (2019). Client motivation and engagement in transdiagnostic group cognitive behavioral therapy for anxiety disorders: Predictors and outcomes. *Cognitive Therapy and Research, 43*(5), 819–833.

Marshall, C., & Nielsen, A. S. (2020). *Motivatoinal interviewing for leaders in the helping professions: Facilitating change in organizations.* New York: Guilford Press.

Martell, C. R., Dimidjian, S., & Herman-Dunn, R. (2013). *Behavioral activation for depression: A clinician's guide.* New York: Guilford Press.

Martin, M. (1990). On the induction of mood. *Clinical Psychology Review, 10*(6), 669–697.

Martin, P. J., Moore, R. E., & Sterne, A. L. (1977). Therapists as prophets: Their expectancies and treatment outcomes. *Psychotherapy: Theory, Research and Practice, 14*(2), 188–195.

Martin, P. J., Sterne, A. L., Moore, J. E., & Friedmeyer, M. H. (1976). Patient's and therapists' expectancies and treatment outcome: An elusive relationship reexamined. *Research Communications in Psychology, Psychiatry and Behavior, 1*(2), 301–314.

Martin, T., Christopher, P. J., Houck, J. M., & Moyers, T. B. (2011). The structure of client language and drinking outcomes in Project MATCH. *Psychology of Addictive Behaviors, 25*(3), 439–445.

Martino, D., Ball, S. A., Nich, C., Frankforter, T. C., & Carroll, K. M. (2009). Informal discussions in substance abuse treatment sessions. *Journal of Substance Abuse Treatment, 36,* 366–375.

McCambridge, J., Day, M., Thomas, B. A., & Strang, J. (2011). Fidelity to motivational interviewing and subsequent cannabis cessation among adolescents. *Addictive Behaviors, 36,* 749–754.

McClintock, A. S., Anderson, T. M., Patterson, C. L., & Wing, E. H. (2018). Early psychotherapeutic empathy, alliance, and client outcome: Preliminary evidence of indirect effects. *Journal of Clinical Psychology, 74,* 839–848.

McGregor, D. (2006). *The human side of enterprise* (annotated ed.). New York: McGraw Hill.

McHugh, R. K., & Barlow, D. H. (2010). The dissemination and implementation of evidence-based psychological treatments: A review of current efforts. *American Psychologist, 65*(2), 73–84.

McLellan, A. T., Woody, G. E., Luborsky, L., & Goehl, L. (1988). Is the counselor an "active ingredient" in substance abuse rehabilitation?: An examination of treatment success among four counselors. *Journal of Nervous and Mental Disease, 176,* 423–430.

McLeod, B. D. (2009). Understanding why therapy allegiance is linked to clinical outcomes. *Clinical Psychology: Science and Practice, 16*(1), 69–72.

McLeod, B. D., & Weisz, J. R. (2005). The therapy process observational coding system-alliance scale: Measure characteristics and prediction of outcome in usual clinical practice. *Journal of Consulting and Clinical Psychology, 73*(2), 323–333.

McNaughton, J. L. (2009). Brief interventions for depression in primary care: A systematic review. *Canadian Family Physician, 55*(8), 789–796.

McQueen, J., Howe, T. E., Allan, L., Mains, D., & Hardy, V. (2011). Brief interventions for heavy alcohol users admitted to general hospital wards. *Cochrane Database of Systematic Reviews, 10*(8).

Mento, A. J., Steel, R. P., & Karren, R. J. (1987). A meta-analytic study of the effects of goal setting on task performance: 1966–1984. *Organizational Behavior and Human Decision Processes, 39*(1), 52–83.

Messina, I., Palmieri, A., Sambin, M., Kleinbub, J. R., Voci, A., & Calvo, V. (2013). Somatic underpinnings of perceived empathy: The importance of psychotherapy training. *Psychotherapy Research, 23*(2), 169–177.

Miller, S. D., Hubble, M. A., & Chow, D. (2017). Professional development. In T. Rousmaniere, R. K. Goodyear, S. D. Miller, & B. E. Wampold (Eds.), *The cycle of excellence: Using deliberate practice to improve supervision and training* (pp. 23–47). Hoboken, NJ: Wiley.

Miller, S. D., Hubble, M. A., & Chow, D. (2020). *Better results: Using deliberate practice to improve therapeutic effectiveness.* Washington, DC: American Psychological Association.

Miller, W. R. (1978). Behavioral treatment of problem drinkers: A comparative outcome study of three controlled drinking therapies. *Journal of Consulting and Clinical Psychology, 46,* 74–86.

Miller, W. R. (1980). Maintenance of therapeutic change: A usable evaluation design. *Professional Psychology, 11,* 660–663.

Miller, W. R. (1983). Motivational interviewing with problem drinkers. *Behavioural Psychotherapy, 11,* 147–172.

Miller, W. R. (1994). Motivational interviewing: III. On the ethics of motivational intervention. *Behavioural and Cognitive Psychotherapy, 22,* 111–123.

Miller, W. R. (Ed.). (1999). *Integrating spirituality into treatment: Resources for practitioners.* Washington, DC: American Psychological Association.

Miller, W. R. (2000). Rediscovering fire: Small interventions, large effects. *Psychology of Addictive Behaviors, 14,* 6–18.

Miller, W. R. (Ed.). (2004). *Combined Behavioral Intervention manual: A clinical research guide for therapists treating people with alcohol abuse and dependence* (Vol. 1). Bethesda, MD: National Institute on Alcohol Abuse and Alcoholism.

Miller, W. R. (2005). What is human nature?: Reflections from Judeo-Christian perspectives. In W. R. Miller & H. D. Delaney (Eds.), *Judeo-Christian perspectives on psychology: Human nature, motivation, and change* (pp. 11–29). Washington, DC: American Psychological Association.

Miller, W. R. (2015). No more waiting lists! *Substance Use and Misuse, 50*(8–9), 1169–1170.

Miller, W. R. (2017). *Lovingkindness: Realizing and practicing your true self.* Eugene, OR: Wipf & Stock.

Miller, W. R. (2018). *Listening well: The art of empathic understanding*. Eugene, OR: Wipf & Stock.

Miller, W. R., & Baca, L. M. (1983). Two-year follow-up of bibliotherapy and therapist-directed controlled drinking training for problem drinkers. *Behavior Therapy, 14*, 441–448.

Miller, W. R., Benefield, R. G., & Tonigan, J. S. (1993). Enhancing motivation for change in problem drinking: A controlled comparison of two therapist styles. *Journal of Consulting and Clinical Psychology, 61*, 455–461.

Miller, W. R., & C'de Baca, J. (1994). Quantum change: Toward a psychology of transformation. In T. Heatherton & J. Weinberger (Eds.), *Can personality change?* (pp. 253–280). Washington, DC: American Psychological Association.

Miller, W. R., & C'de Baca, J. (2001). *Quantum change: When epiphanies and sudden insights transform ordinary lives*. New York: Guilford Press.

Miller, W. R., & Danaher, B. G. (1976). Maintenance in parent training. In J. D. Krumboltz & C. E. Thoresen (Eds.), *Counseling methods* (pp. 434–444). New York: Holt, Rinehart & Winston.

Miller, W. R., & DiPilato, M. (1983). Treatment of nightmares via relaxation and desensitization: A controlled evaluation. *Journal of Consulting and Clinical Psychology, 51*(6), 870–877.

Miller, W. R., Forcehimes, A. A., & Zweben, A. (2019). *Treating addiction: A guide for professionals* (2nd ed.). New York: Guilford Press.

Miller, W. R., Gribskov, C. J., & Mortell, R. L. (1981). Effectiveness of a self-control manual for problem drinkers with and without therapist contact. *International Journal of the Addictions, 16*, 1247–1254.

Miller, W. R., Hedrick, K. E., & Orlofsky, D. (1991). The Helpful Responses Questionnaire: A procedure for measuring therapeutic empathy. *Journal of Clinical Psychology, 47*, 444–448.

Miller, W. R., LoCastro, J. S., Longabaugh, R., O'Malley, S., & Zweben, A. (2005). When worlds collide: Blending the divergent traditions of pharmacotherapy and psychotherapy outcome research. *Journal of Studies on Alcohol*(Suppl. 15), 17–23.

Miller, W. R., & Meyers, R. J. (1995, Spring). Beyond generic criteria: Reflections on life after clinical science wins. *Clinical Science* (Spring), 4–6.

Miller, W. R., Meyers, R. J., & Tonigan, J. S. (2001). A comparison of CRA and traditional approaches. In R. J. Meyers & W. R. Miller (Eds.), *A community reinforcement approach to addiction treatment* (pp. 62–78). Cambridge, UK: Cambridge University Press.

Miller, W. R., & Mount, K. A. (2001). A small study of training in motivational interviewing: Does one workshop change clinician and client behavior? *Behavioural and Cognitive Psychotherapy, 29*, 457–471.

Miller, W. R., & Moyers, T. B. (2015). The forest and the trees: Relational and specific factors in addiction treatment. *Addiction, 110*(3), 401–413.

Miller, W. R., & Moyers, T. B. (2017). Motivational interviewing and the clinical science of Carl Rogers. *Journal of Consulting and Clinical Psychology, 85*(8), 757–766.

Miller, W. R., & Moyers, T. B., Arciniega, L., Ernst, D., & Forcehimes, A. (2005). Training, supervision and quality monitoring of the COMBINE Study behavioral interventions. *Journal of Studies on Alcohol*(Suppl. 15), 188–195.

Miller, W. R., & Muñoz, R. F. (1976). *How to control your drinking*. Englewood Cliffs, NJ: Prentice-Hall.

文献　255

Miller, W. R., & Rollnick, S. (1991). *Motivational interviewing: Preparing people to change addictive behavior.* New York: Guilford Press.

Miller, W. R., & Rollnick, S. (2004). Talking oneself into change: Motivational interviewing, stages of change, and the therapeutic process. *Journal of Cognitive Psychotherapy, 18,* 299–308.

Miller, W. R., & Rollnick, S. (2013). *Motivational interviewing: Helping people change* (3rd ed.). New York: Guilford Press.

Miller, W. R., & Rollnick, S. (2014). The effectiveness and ineffectiveness of complex behavioral interventions: Impact of treatment fidelity. *Contemporary Clinical Trials, 37*(2), 234–241.

Miller, W. R., Rollnick, S., & Moyers, T. B. (2013). *Motivational interviewing: Helping people change* [DVD series]. Carson City, NV: Change Companies.

Miller, W. R., & Rose, G. S. (2009). Toward a theory of motivational interviewing. *American Psychologist, 64*(6), 527–537.

Miller, W. R., & Rose, G. S. (2010). Motivational interviewing in relational context. *American Psychologist, 65*(4), 298–299.

Miller, W. R., & Rose, G. S. (2015). Motivational interviewing and decisional balance: Contrasting responses to client ambivalence. *Behavioural and Cognitive Psychotherapy, 43*(2), 129–141.

Miller, W. R., & Sanchez, V. C. (1994). Motivating young adults for treatment and lifestyle change. In G. Howard (Ed.), *Issues in alcohol use and misuse by young adults* (pp. 55–82). Notre Dame, IN: University of Notre Dame Press.

Miller, W. R., Sorensen, J. L., Selzer, J. A., & Brigham, G. S. (2006). Disseminating evidence-based practices in substance abuse treatment: A review with suggestions. *Journal of Substance Abuse Treatment, 31*(1), 25–39.

Miller, W. R., Taylor, C. A., & West, J. (1980). Focused versus broad-spectrum behavior therapy for problem drinkers. *Journal of Consulting and Clinical Psychology, 48*(5), 590–601.

Miller, W. R., Tonigan, J. S., & Longabaugh, R. (1995). *The Drinker Inventory of Consequences (DrInC): An instrument for assessing adverse consequences of alcohol abuse.* Bethesda, MD: National Institute on Alcohol Abuse and Alcoholism.

Miller, W. R., Toscova, R. T., Miller, J. H., & Sanchez, V. (2000). A theory-based motivational approach for reducing alcohol/drug problems in college. *Health Education and Behavior, 27,* 744–759.

Miller, W. R., Walters, S. T., & Bennett, M. E. (2001). How effective is alcoholism treatment in the United States? *Journal of Studies on Alcohol, 62,* 211–220.

Miller, W. R., & Wilbourne, P. L. (2002). Mesa Grande: A methodological analysis of clinical trials of treatment for alcohol use disorders. *Addiction, 97*(3), 265–277.

Miller, W. R., Yahne, C. E., Moyers, T. B., Martinez, J., & Pirritano, M. (2004). A randomized trial of methods to help clinicians learn motivational interviewing. *Journal of Consulting and Clinical Psychology, 72*(6), 1050–1062.

Miller, W. R., Yahne, C. E., & Tonigan, J. S. (2003). Motivational interviewing in drug abuse services: A randomized trial. *Journal of Consulting and Clinical Psychology, 71,* 754–763.

Miller, W. R., Zweben, J. E., & Johnson, W. (2005). Evidence-based treatment: Why, what, where, when, and how? *Journal of Substance Abuse Treatment, 29,* 267–276.

Mohr, D. C. (1995). Negative outcome in psychotherapy: A critical review. *Clinical Science and Practice, 2*(1), 1–27.

Monahan, J. (Ed.). (1980). *Who is the client?: The ethics of psychological intervention in the criminal justice system*. Washington, DC: American Psychological Association.

Moos, R. H. (2007). Theory-based processes that promote the remission of substance use disorders. *Clinical Psychology Review, 27*(5), 537–551.

Morche, J., Mathes, T., & Pieper, D. (2016). Relationship between surgeon volume and outcomes: A systematic review of systematic reviews. *Systematic Reviews, 5*(204).

Morgenstern, J., & Longabaugh, R. (2000). Cognitive-behavioral treatment for alcohol dependence: A review of evidence for its hypothesized mechanisms of action. *Addiction, 95*, 1475–1490.

Mowat, A., Maher, C., & Ballard, E. (2016). Surgical outcomes for low-volume vs high-volume surgeons in gynecology surgery: A systematic review and meta-analysis. *American Journal of Obstetrics, 215*(1), 21–33.

Moyer, A., Finney, J. W., Swearingen, C. E., & Vergun, P. (2002). Brief interventions for alcohol problems: A meta-analytic review of controlled investigations in treatment-seeking and non-treatment-seeking populations. *Addiction, 97*(3), 279–292.

Moyers, T. B., Houck, J. M., Glynn, L. H., Hallgren, K. A., & Manual, J. K. (2017). A randomized controlled trial to influence client language in substance use disorder treatment. *Drug and Alcohol Dependence, 172*, 43–50.

Moyers, T. B., Houck, J. M., Rice, S. L., Longabaugh, R., & Miller, W. R. (2016). Therapist empathy, combined behavioral intervention, and alcohol outcomes in the COMBINE research project. *Journal of Consulting and Clinical Psychology, 84*(3), 221–229.

Moyers, T. B., Manuel, J. K., Wilson, P., Hendrickson, S. M. L., Talcott, W., & Durand, P. (2008). A randomized trial investigating training in motivational interviewing for behavioral health providers. *Behavioural and Cognitive Psychotherapy, 36*, 149–162.

Moyers, T. B., & Martin, T. (2006). Therapist influence on client language during motivational interviewing sessions. *Journal of Substance Abuse Treatment, 30*(3), 245–252.

Moyers, T. B., Martin, T., Catley, D., Harris, K. J., & Ahluwalia, J. S. (2003). Assessing the integrity of motivational interventions: Reliability of the Motivational Interviewing Skills Code. *Behavioural and Cognitive Psychotherapy, 31*, 177–184.

Moyers, T. B., Martin, T., Christopher, P. J., Houck, J. M., Tonigan, J. S., & Amrhein, P. C. (2007). Client language as a mediator of motivational interviewing efficacy: Where is the evidence? *Alcoholism: Clinical and Experimental Research, 31*(10, Suppl.), 40s–47s.

Moyers, T. B., Martin, T., Houck, J. M., Christopher, P. J., & Tonigan, J. S. (2009). From in-session behaviors to drinking outcomes: A causal chain for motivational interviewing. *Journal of Consulting and Clinical Psychology, 77*(6), 1113–1124.

Moyers, T. B., Martin, T., Manuel, J. K., Hendrickson, S. M. L., & Miller, W. R. (2005). Assessing competence in the use of motivational interviewing. *Journal of Substance Abuse Treatment, 28*, 19–26.

Moyers, T. B., & Miller, W. R. (2013). Is low therapist empathy toxic? *Psychology of Addictive Behaviors, 27*(3), 878–884.

Moyers, T. B., Miller, W. R., & Hendrickson, S. M. L. (2005). How does motivational interviewing work?: Therapist interpersonal skill predicts client involvement within motivational interviewing sessions. *Journal of Consulting and Clinical Psychology, 73*(4), 590–598.

Moyers, T. B., Rowell, L. N., Manuel, J. K., Ernst, D., & Houck, J. M. (2016). The Motivational Interviewing Treatment Integrity code (MITI 4): Rationale, preliminary reliability and validity. *Journal of Substance Abuse Treatment, 65*, 36–42.

Mulder, R., Murray, G., & Rucklidge, J. (2017). Common versus specific factors in psychotherapy: Opening the black box. *The Lancet Psychiatry, 4*(12), 953–962.

Muran, J. C., Safran, J. D., Eubanks, C. F., & Gorman, B. S. (2018). The effect of alliance-focused training on a cognitive-behavioral therapy for personality disorders. *Journal of Consulting and Clinical Psychology, 86*(4), 384–397.

Najavits, L. M., & Weiss, R. D. (1994). Variations in therapist effectiveness in the treatment of patients with substance use disorders: An empirical review. *Addiction, 89*, 679–688.

Napel-Schutz, M. C., Abma, T. A., Bamelis, L. L. M., & Arntz, A. (2017). How to train experienced therapists in a new method: A qualitative study into therapists' views. *Clinical Psychology and Psychotherapy, 24*(2), 359–372.

Nenkov, G. Y., & Gollwitzer, P. M. (2012). Pre- versus postdecisional deliberation and goal commitment: The positive effects of defensiveness. *Journal of Experimental Social Psychology, 48*, 106–121.

Neubert, M. J. (1998). The value of feedback and goal setting over goal setting alone and potential moderators of this effect: A meta-analysis. *Human Performance, 11*(4), 321–335.

Nichols, M. P. (2009). *The lost art of listening: How learning to listen can improve relationships* (2nd ed.). New York: Guilford Press.

Nock, M. K. (2007). Conceptual and design essentials for evaluating mechanisms of change. *Alcoholism: Clinical and Experimental Research, 31*(10, Suppl.), 4s–12s.

Norcross, J. C. (Ed.). (2011). *Psychotherapy relationships that work: Evidence-based responsiveness* (2nd ed.). New York: Oxford University Press.

Norcross, J. C., & Wampold, B. E. (2011). Evidence-based therapy relationships: Research conclusions and clinical practice. In J. C. Norcross (Ed.), *Psychotherapy relationships that work: Evidence-based responsiveness* (2nd ed., pp. 423–430). New York: Oxford University Press.

Norcross, J. C., & Wampold, B. E. (2019). Evidence-based psychotherapy responsiveness: The third task force. In J. C. Norcross & B. E. Wampold (Eds.), *Psychotherapy relationships that work: Vol. 2. Evidence-based therapist responsiveness* (3rd ed., pp. 1–14). New York: Oxford University Press.

Norris, L. A., Rifkin, L. S., Olino, T. M., Piacenti, J., Albano, A. M., Birmaher, B., . . . Kendall, P. C. (2019). Multi-informant expectancies and treatment outcomes for anxiety in youth. *Child Psychiatry and Human Development, 50*, 1002–1010.

Norton, P. J., & Little, T. E. (2014). Does experience matter?: Trainee experience and outcomes during transdiagnostic cognitive-behavioral group therapy for anxiety. *Cognitive Behaviour Therapy, 43*(3), 230–238.

Nuro, K. F., Maccarelli, L., Baker, S. M., Martino, S., Rounsaville, B. J., & Carroll, K. M. (2005). *Yale Adherence and Competence Scale (YACS II) guidelines* (2nd ed.). New Haven, CT: Yale University.

O'Halloran, P. D., Shields, N., Blackstock, F., Wintle, E., & Taylor, N. F. (2016). Motivational interviewing increases physical activity and self-efficacy in people living in the community after hip fracture: A randomized controlled trial. *Clinical Rehabilitation, 30*(11), 1108–1119.

Okamoto, A., Dattilio, F. M., Dobson, K. S., & Kazantzis, N. (2019). The therapeutic relationship in cognitive-behavioral therapy: Essential features and common challenges. *Practice Innovations, 4*(2), 112–123.

Okiishi, J., Lambert, M. J., Nielsen, S. L., & Ogles, B. M. (2003). Waiting for supershrink: An empirical analysis of therapist effects. *Clinical Psychology and Psychotherapy, 10*, 361–373.

Orlinsky, D. E., Grawe, K., & Parks, B. K. (1994). Process and outcome in psychotherapy: Noch einmal. In A. E. Bergin & S. L. Garfield (Eds.), *Handbook of psychotherapy and behavior change* (pp. 270–376). New York: Wiley.

Orlinsky, D. E., & Howard, K. I. (1986). Process and outcome in psychotherapy. In S. L. Garfield & A. E. Bergin (Eds.), *Handbook of psychotherapy and behavior change* (3rd ed., pp. 311–381). New York: Wiley.

Ottman, K., Kohrt, B. A., Pedersen, G., & Schafer, A. (2020). Use of role plays to assess therapist competency and its association with client outcomes in psychological interventions: A scoping review and competency research agenda. *Behaviour Research and Therapy, 130*(103531).

Owen, J., Drinane, J. M., Kivlighan, M., Miller, S., Kopta, M., & Imel, Z. (2019). Are high-performing therapists both effective and consistent? A test of therapist expertise. *Journal of Consulting and Clinical Psychology, 87*(12), 1149–1156.

Owen, J., Miller, S. D., Seidel, J., & Chow, D. (2016). The working alliance in treatment of military adolescents. *Journal of Consulting and Clinical Psychology, 84*(3), 200–210.

Pascuel-Leone, A., & Yervomenko, N. (2017). The client "experiencing" scale as a predictor of treatment outcomes: A meta-analysis on psychotherapy process. *Psychotherapy Research, 27*(6), 653–665.

Patterson, G. R., & Chamberlain, P. (1994). A functional analysis of resistance during patient training therapy. *Clinical Psychology: Science and Practice, 1*(1), 53–70.

Patterson, G. R., & Forgatch, M. S. (1985). Therapist behavior as a determinant for client noncompliance: A paradox for the behavior modifier. *Journal of Consulting and Clinical Psychology, 53*(6), 846–851.

Perez-Rosas, V., Wu, X., Resnicow, K., & Mihalcea, R. (2019). What makes a good counselor?: Learning to distinguish between high-quality and low-quality counseling conversations. In P. Nakov & A. Palmer, *Proceedings of the 57th annual meeting of the Association for Computational Linguistics* (pp. 926–935), Florence, Italy.

Peterson, C., & Seligman, M. E. P. (2004). *Character strengths and virtues: A handbook and classification.* New York: Oxford University Press.

Pfeiffer, E., Ormhaug, S., Tutus, D., Holt, T., Rosner, R., Larsen, T., & Jensen, T. (2020). Does the therapist matter?: Therapist characteristics and their relation to outcome in trauma-focused cognitive behavioral therapy for children and adolescents. *European Journal of Psychotraumatology, 11*(1), 1776048.

Pierson, H. M., Hayes, S. C., Gifford, E. V., Roget, N., Padilla, M., Bissett, R., . . . Fisher, G. (2007). An examination of the Motivational Interviewing Treatment Integrity code. *Journal of Substance Abuse Treatment, 32*, 11–17.

Pieterse, A. L., Lee, M., Ritmeester, A., & Collins, N. M. (2013). Towards a model of self-awareness development for counselling and psychotherapy training. *Counseling Psychology Quarterly, 26*(2), 190–207.

Pope, K. S., & Tabachnick, B. G. (1993). Therapists' anger, hate, fear, and sexual feelings: National survey of therapist responses, client characteristics, critical events, formal complaints, and training. *Professional Psychology: Research and Practice, 24*(2), 142–152.

Prestwich, A., Kellar, I., Parker, R., MacRae, S., Learmonth, M., Sykes, B., . . .
Castle, H. (2014). How can self-efficacy be increased? Meta-analysis of dietary
interventions. *Health Psychology Review, 8*(3), 270–285.
Prochaska, J. O. (1994). Strong and weak principles for progressing from precon-
templation to action on the basis of twelve problem behaviors. *Health Psychol-
ogy, 13,* 47–51.
Prochaska, J. O., & DiClemente, C. C. (1984). *The transtheoretical approach:
Crossing traditional boundaries of therapy.* Homewood, IL: Dow/Jones Irwin.
Prochaska, J. O., & Velicer, W. F. (1997). The transtheoretical model of health
behavior change. *American Journal of Health Promotion, 12*(1), 38–48.
Prochaska, J. O., Velicer, W. F., Rossi, J. S., Goldstein, M. G., Marcus, B. H.,
Rakowski, W., . . . Rossi, S. R. (1994). Stages of change and decisional balance
for 12 problem behaviors. *Health Psychology, 13*(1), 39–46.
Project MATCH Research Group. (1997). Matching alcoholism treatments to client
heterogeneity: Project MATCH posttreatment drinking outcomes. *Journal of
Studies on Alcohol, 58*(1), 7–29.
Project MATCH Research Group. (1998). Therapist effects in three treatments for
alcohol problems. *Psychotherapy Research, 8,* 455–474.
Raingruber, B. (2003). Video-cued narrative reflection: A research approach for
articulating tacit, relational, and embodied understandings. *Qualitative Health
Research, 13*(8), 1155–1169.
Rains, S. A. (2013). The nature of psychological reactance revisited: A meta-analytic
review. *Human Communication Research, 39*(1), 47–73.
Rakel, D. (2018). *The compassionate connection: The healing power of empathy
and mindful listening.* New York: Norton.
Rakovshik, S. G., McManus, F., Vazquez-Montes, M., Muse, K., & Ougrin, D.
(2016). Is supervision necessary?: Examining the effects of Internet-based CBT
training with and without supervision. *Journal of Consulting and Clinical Psy-
chology, 84*(3), 191–199.
Rashid, T., & Seligman, M. P. (2018). *Positive psychotherapy: Clinician manual.*
New York: Oxford University Press.
Richards, S. P., & Bergin, A. E. (1997). *A spiritual strategy for counseling and psy-
chotherapy.* Washington, DC: American Psychological Association.
Robichaud, L. K. (2004). *Depth of experiencing as a client prognostic variable in
emotion-focused therapy for adult survivors of childhood abuse.* Master's the-
sis, University of Windsor, Windsor, Ontario. Retrieved from *https://scholar.
uwindsor.ca/cgi/viewcontent.cgi?article=2641&context=etd.*
Rogers, C. R. (1951). *Client-centered therapy.* New York: Houghton Mifflin.
Rogers, C. R. (1957). The necessary and sufficient conditions of therapeutic person-
ality change. *Journal of Consulting Psychology, 21*(2), 95–103.
Rogers, C. R. (1959). A theory of therapy, personality, and interpersonal relation-
ships as developed in the client-centered framework. In S. Koch (Ed.), *Psychol-
ogy: The study of a science: Vol. 3. Formulations of the person and the social
contexts* (pp. 184–256). New York: McGraw-Hill.
Rogers, C. R. (1961). *On becoming a person: A therapist's view of psychotherapy.*
Boston: Houghton Mifflin.
Rogers, C. R. (1962). The nature of man. In S. Doniger (Ed.), *The nature of man in
theological and psychological perspective* (pp. 91–96). New York: Harper &
Brothers.
Rogers, C. R. (1980a). Can learning encompass both ideas and feelings? In *A way of
being* (pp. 263–291). New York: Houghton Mifflin.

Rogers, C. R. (1980b). Empathic: An unappreciated way of being. In *A way of being* (pp. 137–163). New York: Houghton Mifflin.

Rogers, C. R. (1980c). The foundations of a person-centered approach. In *A way of being* (pp. 113–136). Boston: Houghton Mifflin.

Rogers, C. R. (1980d). *A way of being.* Boston: Houghton Mifflin.

Rogers, C. R., Gendlin, E. T., Kiesler, D. J., & Truax, C. B. (Eds.). (1967). *The therapeutic relationship and its impact: A study of psychotherapy with schizophrenics.* Westport, CT: Greenwood Press.

Rogers, E. M. (2003). *Diffusion of innovations* (5th ed.). New York: Free Press.

Rohsenow, D. R., & Marlatt, G. A. (1981). The balanced placebo design: Methodological considerations. *Addictive Behaviors, 6,* 107–122.

Rokeach, M. (1973). *The nature of human values.* New York: Free Press.

Rollnick, S., Fader, J. S., Breckon, J., & Moyers, T. B. (2019). *Coaching athletes to be their best: Motivational interviewing in sports.* New York: Guilford Press.

Rollnick, S., Kaplan, S. G., & Rutschman, R. (2016). *Motivational interviewing in schools: Conversations to improve behavior and learning.* New York: Guilford Press.

Rollnick, S., & Miller, W. R. (1995). What is motivational interviewing? *Behavioural and Cognitive Psychotherapy, 23,* 325–334.

Rollnick, S., Miller, W. R., & Butler, C. C. (2008). *Motivational interviewing in health care: Helping patients change behavior.* New York: Guilford Press.

Rollnick, S., Miller, W. R., & Butler, C. C. (in press). *Motivational interviewing in health care* (2nd ed.). New York: Guilford Press.

Rosengren, D. B. (2018). *Building motivational interviewing skills: A practitioner workbook* (2nd ed.). New York: Guilford Press.

Rosenthal, R., & Jacobson, L. (1966). Teachers' expectancies: Determinants of pupils' IQ gains. *Psychological Reports, 19,* 115–118.

Rousmaniere, T., Goodyear, R. K., Miller, S. D., & Wampold, B. E. (2017). *The cycle of excellence: Using deliberate practice to improve supervision and training.* Hoboken, NJ: Wiley.

Rubies-Davis, C. M., & Rosenthal, R. (2016). Intervening in teachers' expectations: A random effects meta-analytic approach to examining the effectiveness of an intervention. *Learning and Individual Differences, 50,* 83–92.

Rubino, G., Barker, C., Roth, T., & Fearon, P. (2000). Therapist empathy and depth of interpretation in response to potential alliance ruptures: The role of therapist and patient attachment styles. *Psychotherapy Research, 10,* 408–420.

Rutter, M. (2006). Implications of resilience concepts for scientific understanding. *Annals of the New York Academy of Sciences, 1094,* 1–12.

Rutter, M. (2013). Annual Research Review: Resilience–Clinical implications. *Journal of Child Psychology and Psychiatry, 54*(4), 474–487.

Ryan, R. M., & Deci, E. L. (2008). A self-determination theory approach to psychotherapy: The motivational basis for effective change. *Candian Psychology, 49,* 186–193.

Ryan, R. M., & Deci, E. L. (2017). *Self-determination theory: Basic psychological needs in motivation, development, and wellness.* New York: Guilford Press.

Sacco, P., Ting, L., Crouch, T. B., Emery, L., Moreland, M., Bright, C., . . . DiClemente, C. (2017). SBIRT training in social work education: Evaluating change using standardized patient simulation. *Journal of Social Work Practice in the Addictions, 17*(1–2), 150–168.

Safran, J. D., Crocker, P., McMain, S., & Murray, P. (1990). Therapeutic alliance rupture as a therapy event for empirical investigation. *Psychotherapy: Theory, Research, Practice, Training, 27*(2), 154–165.

Safran, J. D., & Muran, J. C. (2000). *Negotiating the therapeutic alliance: A relational treatment guide.* New York: Guilford Press.

Safran, J. D., Muran, J. C., Demaria, A., Boutwell, C., Eubanks-Carter, C., & Winston, A. (2014). Investigating the impact of alliance-focused training on interpersonal process and therapists' capacity for experiential reflection. *Psychotherapy Research, 24*(3), 269–285.

Salzberg, S. (1995). *Lovingkindness: The revolutionary art of happiness.* Boston: Shambhala.

Samson, J. E., & Tanner-Smith, E. E. (2015). Single-session alcohol interventions for heavy drinking college students: A systematic review and meta-analysis. *Journal of Studies on Alcohol and Drugs, 76*(4), 530–543.

Sandell, R., Lazar, A., Grant, J., Carlsson, J., Schubert, J., & Broberg, J. (2006). Therapist attitudes and patient outcomes: III. A latent class analysis of therapists. *Psychology and Psychotherapy: Theory, Research and Practice, 79*(4), 629-647.

Schmidt, M. M., & Miller, W. R. (1983). Amount of therapist contact and outcome in a multidimensional depression treatment program. *Acta Psychiatrica Scandinavica, 67,* 319–332.

Schnellbacher, J., & Leijssen, M. (2009). The significance of therapist genuineness from the client's perspective. *Journal of Humanistic Psychology, 49*(2), 207–228.

Schofield, W. (1964). *Psychotherapy: The purchase of friendship.* Englewood Cliffs, NJ: Prentice-Hall.

Schottke, H., Fluckiger, C., Goldberg, S. B., Eversmann, J., & Lange, J. (2017). Predicting psychotherapy outcome based on therapist interpersonal skills: A five-year longitudinal study of a therapist assessment protocol. *Psychotherapy Research: Journal of the Society for Psychotherapy Research, 27*(6), 642–652.

Schumann, A., Meyer, C., Rumpf, H.-J., Hannover, W., Hapke, U., & John, U. (2005). Stage of change transitions and processes of change: Decisional balance and self-efficacy in smokers: A transtheoretical model validation using longitudinal data. *Psychology of Addictive Behaviors, 19*(1), 3–9.

Schwartz, R. A., Chambless, D. L., McCarthy, K. S., Milrod, B., & Barber, J. P. (2019). Client resistance predicts outcomes in cognitive-behavioral therapy for panic disorder. *Psychotherapy Research, 29*(8), 1020–1032.

Seligman, M. E. P. (2012). *Flourish: A visionary new understanding of happiness and well-being.* New York: Free Press.

Shafranske, E. P. (Ed.). (1996). *Religion and the clinical practice of psychology.* Washington, DC: American Psychological Association.

Shapiro, A. K. (1971). Placebo effects in medicine, psychotherapy, and psychoanalysis. In A. E. Bergin & S. L. Garfield (Eds.), *Handbook of psychotherapy and behavior change: An empirical analysis* (pp. 439–473). New York: Wiley.

Shapiro, R. (2006). *The sacred art of lovingkindness: Preparing to practice.* Woodstock, VT: Skylight Paths.

Shapiro, S. L., Astin, J. A., Bishop, S. R., & Cordova, M. (2005). Mindfulness-based stress reduction for health care professionals: Results from a randomized trial. *International Journal of Stress Management, 12*(2), 164–176.

Shaw, B. F. (1999). How to use the allegiance effect to maximize competence and therapeutic outcomes. *Clinical Psychology: Science and Practice, 6*(1), 131–132.

Shaw, C. K., & Shrum, W. F. (1972). The effects of response-contingent reward on the connected speech of children who stutter. *Journal of Speech, Language, and Hearing Research, 37*(1), 75–88.

Sheeran, P., Maki, A., Montanaro, E., Avishai-Yitshak, A., Bryan, A., Klein, W. M. P., . . . Rothman, A. J. (2016). The impact of changing attitudes, norms, and self-efficacy on health-related intentions and behavior: A meta-analysis. *Health Psychology, 35*(11), 1178–1188.

Sherman, D. K. (2013). Self-affirmation: Understanding the effects. *Social and Personality Psychology Compass, 7*(11), 834–845.

Singla, D. R., Hollon, S. D., Velleman, R., Weobong, B., Nadkarni, A., Fairburn, C. G., . . . Patel, V. (2020). Temporal pathways of change in two randomized controlled trials for depression and harmful drinking in Goa, India. *Psychological Medicine, 50*(1), 68–76.

Smedslund, G., Berg, R. C., Hammerstrom, K. T., Steiro, A., Leiknes, K. A., Dahl, H. M., & Karlsen, K. (2011). Motivational interviewing for substance abuse. *Cochrane Database of Systematic Reviews*(5).

Smith, D. D., Kellar, J., Walters, E. L., Reibling, E. T., Phan, T., & Green, S. M. (2016). Does emergency physician empathy reduce thoughts of litigation?: A randomized trial. *Emergency Medicine Journal, 33*, 548–552.

Smith, M. L., Glass, G. V., & Miller, T. I. (1980). *The benefits of psychotherapy.* Baltimore: Johns Hopkins University Press.

Snyder, C. R. (1994). *The psychology of hope.* New York: Free Press.

Snyder, C. R., Ilardi, S. S., Cheavens, H., Michael, S. T., Yamhure, L., & Sympson, S. (2000). The role of hope in cognitive-behavior therapies. *Cognitive Therapy and Research, 24*(6), 747–762.

Snyder, C. R., Michael, S. T., & Cheavens, J. S. (1999). Hope as psychotherapeutic foundation of common factors, placebos, and expectancies. In M. A. Hubble, B. L. Duncan, & S. D. Miller (Eds.), *The heart and soul of change: What works in therapy* (pp. 179–200). Washington, DC: American Psychological Association.

Soma, C. S., Baucom, B. R. W., Xiao, B., Butner, J. E., Hilpert, P., Narayanan, S., . . . Imel, Z. E. (2020). Coregulation of therapist and client emotion during psychotherapy. *Psychotherapy Research, 30*(5), 591–603.

Somers, A. D., Pomerantz, A. M., Meeks, J. T., & Pawlow, L. A. (2014). Should psychotherapists disclose their own psychological problems? *Counselling and Psychotherapy Research, 14*(4), 249–255.

Stack, L. C., Lannon, P. B., & Miley, A. D. (1983). Accuracy of clinicians' expectancies for psychiatric rehospitalization. *American Journal of Community Psychology, 11*(1), 99–113.

Stead, L. F., Buitrago, D., Preciado, N., Sanchez, G., Hartmann-Boyce, J., & Lancaster, T. (2013). Physician advice for smoking cessation. *Cochrane Database of Systematic Reviews, 5.*

Steinberg, M. P., & Miller, W. R. (2015). *Motivational interviewing in diabetes care.* New York: Guilford Press.

Steindl, C., Jonas, E., Sittenthaler, S., Traut-Mattausch, E., & Greenberg, J. (2015). Understanding psychological reactance: New developments and findings. *Zeitschrift für Psychologie, 223*, 205–214.

Stiles, W. B., Honos-Webb, L., & Surko, M. (1998). Responsiveness in psychotherapy. *Clinical Psychology: Science and Practice, 5*(4), 439–458.

Stiles, W. B., McDaniel, S. H., & Gaughey, K. (1979). Verbal response mode correlates of experiencing. *Journal of Consulting and Clinical Psychology, 47*(4), 795–797.

文献 263

Stinson, J. D., & Clark, M. D. (2017). *Motivational interviewing with offenders: Engagement, rehabilitation, and reentry.* New York: Guilford Press.

Strauss, A. Y., Huppert, J. D., Simpson, H. B., & Foa, E. (2018). What matters more?: Common or specific factors in cognitive-behavioral therapy for OCD: Therapeutic alliance and expectations as predictors of treatment outcome. *Behaviour Research and Therapy, 105,* 43–51.

Strupp, H. H. (1960). *Psychotherpists in action: Explorations of the therapist's contribution to the treatment process.* New York: Grune & Stratton.

Sue, D. W., & Sue, D. (2015). *Counseling the culturally diverse: Theory and practice* (7th ed.). New York: Wiley.

Suzuki, J. Y., & Farber, B. A. (2016). Toward greater specificity of the concept of positive regard. *Person-Centered and Experiential Psychotherapies, 15*(4), 263–284.

Swoboda, C. M., Miller, C. K., & Wills, C. E. (2017). Impact of a goal setting and decision support telephone coaching intervention on diet, psychosocial, and decision outcomes among people with Type 2 diabetes. *Patient Education and Counseling, 100*(7), 1367–1373.

Szumski, G., & Karwowski, M. (2019). Exploring the Pygmalion effect: The role of teacher expectations, academic self-concept, and class context in students' math achievement. *Contemporary Educational Psychology, 59*(101787).

Teasdale, A. C., & Hill, C. E. (2006). Preferences of therapists-in-training for client characteristics. *Psychotherapy: Theory, Research and Practice, 43*(1), 111–118.

Thich Nhat Hanh. (2015). *The miracle of mindfulness: An introduction to the practice of meditation* (Mobi Ho, Trans.). Boston: Beacon Press.

Thwaites, R., Bennett-Levy, J., Cairns, L., Lowrie, R., Robinson, A., Haaroff, B., . . . Perry, H. (2017). Self-practice/self-reflection as a training strategy to enhance therapeutic empathy in low intensity CBT practioners. *New Zealand Journal of Psychology, 46*(2), 63–70.

Tracey, T. J. G., Wampold, B. E., Lichtenberg, J. W., & Goodyear, R. K. (2014). Expertise in psychotherapy: An elusive goal? *American Psychologist, 69*(3), 218–229.

Truax, C. B. (1966). Reinforcement and non-reinforcement in Rogerian psychotherapy. *Journal of Abnormal Psychology, 71,* 1–9.

Truax, C. B., & Carkhuff, R. R. (1965). The experimental manipulation of therapeutic conditions. *Journal of Consulting Psychology, 29,* 119–124.

Truax, C. B., & Carkhuff, R. R. (1967). *Toward effective counseling and psychotherapy.* Chicago: Aldine.

Truax, C. B., & Carkhuff, R. R. (1976). *Toward effective counseling and psychotherapy: Training and practice.* New Brunswick, NJ: Aldine Transaction.

Truijens, F., Zühlke-Van Hulzen, L., & Vanheule, S. (2019). To manualize, or not to manualize: Is that still the question?: A systematic review of empirical evidence for manual superiority in psychological treatment. *Journal of Clinical Psychology, 75,* 329–343.

Tryon, G. S., & Winograd, G. (2011). Goal consensus and collaboration. *Psychotherapy, 48*(1), 50–57.

Tubbs, M. E. (1986). Goal setting: A meta-analytic examination of the empirical evidence. *Journal of Applied Psychology, 71*(3), 474–493.

Turner, J. A., Deyo, R. A., Loeser, J. D., Con Korff, M., & Fordyce, W. E. (1994). The importance of placebo effects in pain treatment and research. *Journal of the American Medical Association, 271,* 1609–1614.

Vader, A. M., Walters, S. T., Prabhu, G. C., Houck, J. M., & Field, C. A. (2010).

The language of motivational interviewing and feedback: Counselor language, client language, and client drinking outcomes. *Psychology of Addictive Behaviors, 24*(2), 190–197.

Valle, S. K. (1981). Interpersonal functioning of alcoholism counselors and treatment outcome. *Journal of Studies on Alcohol, 42*, 783–790.

Vallis, T. M., Shaw, B. F., & Dobson, K. S. (1986). The Cognitive Therapy Scale: Psychometric properties. *Journal of Consulting and Clinical Psychology, 54*(3), 381–385.

van Bentham, P., Spijkerman, R., Blanken, P., Kleinjan, M., Vermeiren, R. J. M., & Hendriks, V. M. (in press). A dual perspective on first-session therapeutic alliance: Strong predictor of youth mental health and addiction treatment outcome. *European Child and Adolescent Psychiatry*.

van Oppen, P., van Balkom, A. J. L. M., Smit, J. H., Schuurmans, J., van Dyck, R., & Emmelkamp, P. M. G. (2010). Does the therapy manual or the therapist matter most in treatment of obsessive-compulsive disorder?: A randomized controlled trial of exposure with response or ritual prevention in 118 patients. *Journal of Clinical Psychiatry, 71*(9), 1158–1167.

Vanier, J. (1998). *Becoming human*. New York: Paulist Press.

Varble, D. L. (1968). Relationship between the therapists' approach-avoidance reactions to hostility and client behavior in therapy. *Journal of Consulting and Clinical Psychology, 32*(3), 237–242.

Vasilaki, E. I., Hosier, S. G., & Cox, W. M. (2006). The efficacy of motivational interviewing as a brief intervention for excessive drinking: A meta-analytic review. *Alcohol and Alcoholism, 41*(3), 328–335.

Vijay, G. C., Wilson, E. C. F., Suhrcke, M., Hardeman, W., Sutton, S., & VBI Programme Team. (2016). Are brief interventions to increase physical activity cost-effective? A systematic review. *British Journal of Sports Medicine, 50*, 408–417.

Villarosa-Hurlocker, M. C., O'Sickey, A. J., Houck, J. M., & Moyers, T. B. (2019). Examining the influence of active ingredients of motivational interviewing on client change talk. *Journal of Substance Abuse Treatment, 96*, 39–45.

Waldron, H. B., Miller, W. R., & Tonigan, J. S. (2001). Client anger as a predictor of differential response to treatment. In R. Longabaugh & P. W. Wirtz (Eds.), *Project MATCH hypotheses: Results and causal chain analyses* (Vol. 8, pp. 134–148). Bethesda, MD: National Institute on Alcohol Abuse and Alcoholism.

Walthers, J., Janssen, T., Mastroleo, N. R., Hoadley, A., Barnett, N. P., Colby, S. M., & Magill, M. (2019). A sequential analysis of clinician skills and client change statements in a brief motivational intervention for young adult heavy drinking. *Behavior Therapy, 50*(4), 732–742.

Wampold, B. E. (2015). How important are the common factors in psychotherapy?: An update. *World Psychiatry, 14*(3), 270–277.

Wampold, B. E., & Bolt, D. M. (2006). Therapist effects: Clever ways to make them (and everything else) disappear. *Psychotherapy Research, 16*(2), 184–187.

Wampold, B. E., & Brown, G. S. (2005). Estimating variability in outcomes attributable to therapists: A naturalistic study of outcomes in managed care. *Journal of Consulting and Clinical Psychology, 73*(5), 914–923.

Wampold, B. E., & Imel, Z. E. (2015). *The great psychotherapy debate: The evidence for what makes psychotherapy work* (2nd ed.). New York: Routledge.

Wampold, B. E., Minami, T., Tierney, S. C., Baskin, T. W., & Bhati, K. S. (2005). The placebo is powerful: Estimating placebo effects in medicine and psychotherapy from randomized clinical trials. *Journal of Clinical Psychology, 61*(7), 835–854.

Wampold, B. E., & Ulvenes, P. G. (2019). Integration of common factors and specific ingredients. In J. C. Norcross & M. R. Goldfried (Eds.), *Handook of psychotherapy integration* (3rd ed., pp. 69–87). New York: Oxford University Press.

Watson, J. C., & Bedard, D. L. (2006). Clients' emotional processing in psychotherapy: A comparison between cognitive-behavioral and process-experiential therapies. *Journal of Consulting and Clinical Psychology, 74*(1), 152–159.

Watson, J. C., & Greenberg, L. S. (1996). Pathways to change in the psychotherapy of depression: Relating process to session change and outcome. *Psychotherapy, 33,* 262–274.

Watson, J. C., Greenberg, L. S., & Lietaer, G. (1998). The experiential paradigm unfolding: Relationships and experiencing in psychotherapy. In L. S. Greenberg, J. C. Watson, & G. Lietaer (Eds.), *Handbook of experiential psychotherapy* (pp. 3–27). New York: Guilford Press.

Watson, J. C., McMullen, E. J., Rodrigues, A., & Prosser, M. C. (2020). Examining the role of therapists' empathy and clients' attachment styles on changes in clients' affect regulation and outcome in the treatment of depression. *Psychotherapy Research, 30*(6), 693–705.

Webb, C. A., DeRubeis, R. J., & Barber, J. P. (2010). Therapist adherence/competence and treatment outcome: A meta-analytic review. *Journal of Consulting and Clinical Psychology, 78*(2), 200–211.

Weiner, B. (2018). The legacy of an attribution approach to motivation and emotion: A no-crisis zone. *Motivation Science, 4*(1), 4–14.

Weinraub, S. (2018). Presence: The fourth condition. In M. Bazzano (Ed.), *Re-visioning person-centred therapy: Theory and practice of a radical paradigm* (pp. 300–314). London: Routledge.

Wells, E. A., Saxon, A. J., Calsyn, D. A., Jackson, T. R., & Donovan, D. M. (2010). Study results from the Clinical Trials Network's first 10 years: Where do they lead? *Journal of Substance Abuse Treatment, 38*(Suppl. 1), S14–S30.

Westerberg, V. S., Miller, W. R., & Tonigan, J. S. (2000). Comparison of outcomes for clients in randomized versus open trials of treatment for alcohol use disorders. *Journal of Studies on Alcohol, 61,* 720–727.

Westermann, R., Spies, K., Stahl, G., & Hesse, F. W. (1996). Relative effectiveness and validity of mood induction procedures: A meta-analysis. *European Journal of Social Psychology, 26*(4), 557–580.

Westra, H. A., Norouzian, N., Poulin, L., Coyne, A., Constantino, M. J., Hara, K., . . . Antony, M. M. (in press). Testing a deliberate practice workshop for developing appropriate responsivity to resistance markers. *Psychotherapy.*

White, W. L., & Miller, W. R. (2007). The use of confrontation in addiction treatment: History, science, and time for a change. *The Counselor, 8*(4), 12–30.

Whitehorn, J. C., & Betz, B. J. (1954, November). A study of psychotherapeutic relationships between physicians and schizophrenic patients. *American Journal of Psychiatry, 111,* 321–331.

Wilkins, P. (2000). Unconditional positive regard reconsidered. *British Journal of Guidance and Counseling, 28*(1), 23–36.

Williams, S. L., & French, D. P. (2011). What are the most effective intervention techniques for changing physical activity self-efficacy and physical activity behaviour–and are they the same? *Health Education Research, 26*(2), 308–322.

Wilson, H. M. N., Davies, J. S., & Weatherhead, S. (2016). Trainee therapists' experiences of supervision during training: A meta-analysis. *Clinical Psychology and Psychotherapy, 23,* 340–351.

Wiser, S. G., & Goldfried, M. R. (1998). Therapist interventions and client emotional experiencing in expert psychodynamic–interpersonal and cognitive-behavioral therapies. *Journal of Consulting and Clinical Psychology, 66*(4), 634–640.

Witkiewitz, K., Bowen, S., Douglas, H., & Hsu, S. H. (2013). Mindfulness-based relapse prevention for substance craving. *Addictive Behaviors, 38*(2), 1563–1571.

Witkiewitz, K., Bowen, S., Harrop, E. N., Douglas, H., Enkema, M., & Sedgwick, C. (2014). Mindfulness-based treatment to prevent addictive behavior relapse: Theoretical models and hypothesized mechanisms of change. *Substance Use and Misuse, 49*(5), 513–524.

Witkiewitz, K., Lustyk, M. K., & Bowen, S. (2013). Retraining the addicted brain: A review of hypothesized neurobiological mechanisms of mindfulness-based relapse prevention. *Psychology of Addictive Behaviors: Journal of the Society of Psychologists in Addictive Behaviors, 27*(2), 351–365.

Witkiewitz, K., & Marlatt, G. A. (2004). Relapse prevention for alcohol and drug problems: That was Zen, this is Tao. *American Psychologist, 59*(4), 224–235.

Witteman, C. L. M., Weiss, D. J., & Metzmacher, M. (2012). Assessing diagnostic expertise of counselors using the Cochran–Weiss–Shanteau (CWS) Index. *Journal of Counseling and Development, 90*(1), 30–34.

Wolf, A. W., Goldfried, M. R., & Muran, J. C. (2017). Therapist negative reactions: How to transform toxic experiences. In L. G. Castonguay & C. Hill (Eds.), *How and why some therapists are better than others: Understanding therapist effects* (pp. 175–192). Washington, DC: American Psychological Association.

Wood, R. E., Mento, A. J., & Locke, E. A. (1987). Task complexity as a moderator of goal effects: A meta-analysis. *Journal of Applied Psychology, 72*(3), 416–425.

Yahne, C. E., & Miller, W. R. (1999). Evoking hope. In W. R. Miller (Ed.), *Integrating spirituality into treatment: Resources for practitioners* (pp. 217–233). Washington, DC: American Psychological Association.

Yalom, I. D. (2002). *The gift of therapy: An open letter to a new generation of therapists and their patients.* New York: HarperCollins.

Zickgraf, H. F., Chambless, D. L., McCarthy, K. S., Gallop, R., Sharpless, B. A., Milrod, B. L., & Barber, J. P. (2016). Interpersonal factors are associated with lower therapist adherence in cognitive-behavioral therapy for panic disorder. *Clinical Psychology and Psychotherapy, 23*(3), 272–284.

Zuroff, D. C., Kelly, A. C., Leybman, M. J., Blatt, S. J., & Wampold, B. E. (2010). Between-therapist and within-therapist differences in the quality of the therapeutic relationship: Effects on maladjustment and self-critical perfectionism. *Journal of Clinical Psychology, 66*(7), 681–697.

索 引

◇ 人名

Amrhein, Paul　223
Azrin, Nathan　119
Bem, Daryl　140
Carkhuff, Robert　19, 232
Franklin, Benjamin　23, 120, 170
Gordon, Thomas　43
Linehan, Marsha　80
McGregor, Douglas　57
Mesmer, Anton　120
Rogers, Carl　20, 55, 68, 153, 166, 213
Rollnick, Stephen　102
Strupp, Hans　19, 58
Truax, Charles　19, 232
シェイクスピア　169

◇ 事項

数字, アルファベット

3種類の反応（控えめ, 一致, 大げさ）
　49
A-B-A デザイン　193
acceptance　→受容
agape　→アガペー
alliance-focused therapy　→同盟焦点化療
　法
benevolence　→慈悲
BLRI　85
change talk　→チェンジトーク
compassion　→慈愛
congruence　→自己一致
CRA　→コミュニティー強化アプローチ
DBT　→弁証法的行動療法

decisional balance　→意思決定バランス
deliberate practice　→限界的練習
equipoise　→平衡
experiencing　→体験過程
flooding　→フラッディング
FRAMES　163
goal-consensus effect　→目標一致効果
HARP　117
hesed　→ヘセド
lovingkindness　→ラビング・カインドネス
malleable　→可鍛性
metta　→メッタ
MI　→動機づけ面接
MI の「スピリット」　228
MISC　→動機づけ面接スキルコード
MITI　→動機づけ面接治療整合性コード
nonjudgmental acceptance　→非評価判断
　的受容
NREPP　214
OARS　133
PEPR　→心理療法家肯定的配慮表出尺度
rahmah　→ラフマ
responsiveness　→応答性
RRI　85
self-motivational statements　→自己動機
　づけ発言
shared decision-making　→共同意思決定
sustain talk　→維持トーク
think-aloud approach　→思考発話法
YAVIS　31

あ行

アガペー　167
アジェンダ設定　102

意思決定バランス　108, 224
維持トーク　105, 224
インフォームド・コンセント　171
インポスター症候群　83
ウェルビーイング　70
埋め込まれた肯定的配慮　75
エンパワーメント　163
応答性　210
大げさな表現　49
おしゃべり　99, 146

か行

解決志向療法　140
外在化した症状　31
概念化　178
学習コミュニティー　190
可鍛性　135
聞き返し　46, 134, 179
聞き間違い　42
希望　117
逆転移　86
共感　19
共感的傾聴　40, 45, 184
共同意思決定　105
許可を求める　156
クライエントとセラピストの相性　31
傾聴　40, 45, 160
ケース間のばらつき　30
外科医体積効果　175
限界的練習　38, 176
コア治療スキル　51
効果研究　24
好奇心　40
肯定的配慮　54, 68
行動分析学　222
コーチング　188, 201
固定効果モデル　27

言葉の解釈　42
コミュニケーション　41
コミュニティー強化アプローチ　119
ゴルディロックスのバランス　77
根本的信念　56

さ行

作業同盟　51, 113, 189
妨げるもの　43
慈愛　21, 167
自己一致　68, 85
自己隠蔽　87
思考発話法　205
自己開示　89
自己効力感　126, 149
自己探索　44
自己動機づけ発言　223
自己認識理論　140
実演　206
質問　133, 186
質問—提供—質問　159
視点の取り方　39
慈悲　167
受容　19, 54
順位制　59
障害物　43, 147
条件付き価値　56
情緒反応の共有　37
情報提供　152
自律性を尊重する　157
真正性　85, 86
心理的リアクタンス　59, 112, 154
心理療法家肯定的配慮表出尺度　72
スーパーバイジング　200
正確な共感　19, 37, 40, 233
誠実さ　82, 94
是認　73, 134

セラピスト間の差　27
セラピスト内の差　29
セラピストの差　28
セラピスト要因　35
選択肢から選ぶ　158
増幅した聞き返し　50

た行

待機リスト　127
体験過程　135, 136
体験的学習　207
第三世代の認知行動療法　55
対人関係スキル　20
対人マイクロスキル　179
態度　21
単一事例研究　226
単純な聞き返し　187
チェンジトーク　105, 135, 139, 223
逐次分析　224
中核的な治療スキル　52
忠実性　197, 213
忠誠効果　219
中立性　105, 107
直面化　61
直面的コミュニケーションスタイル　59
治療効果　24
治療条件　20
治療スキル　20, 35, 202
治療的受容　65
治療的態度　21
治療的プレゼンス　170
治療プロセス　113
治療マニュアル　216
治療要因　20
沈黙　42
抵抗　58
動機づけ面接　123, 133, 220

動機づけ面接スキルコード　221
動機づけ面接治療整合性コード　221
動物磁気　120
同盟焦点化療法　190
特性的共感　38
閉じられた質問　187
トランスセオレティカルモデル　112, 226
トレーニング　199

な行

内在化した症状　31
内省的な探求　31
内的経験　36
何をしないか　43
日常の社会的談話　54
認知行動療法　123
ネガティブ感情　88
能動的な傾聴　45

は行

パートナーシップ　21
バイアス　31, 38, 125
バブルシート　103
バランス・プラセボ試験　120
控えめな表現　49
引き出す　130, 149
非指示的アプローチ　153
非評価判断的受容　54
開かれた心　41
開かれた質問　187
フォーカス　98
複雑な聞き返し　187
プラセボ　218
プラセボ効果　126
フラッディング　132
プロジェクト MATCH　219
分化強化　48

平衡　105
ヘセド　167
弁証法的行動療法　80
ポジティブ心理学　70

ま行

マイノリティー　66
マインドフルネス　40, 55, 64
まとめ　134
マニュアル化された治療　210
マネージドケア　26
ミラーリング　38
無条件の肯定的配慮　29, 68
瞑想法　64
メタアナリシス　50, 66, 79, 94, 114, 209,
　216, 227
メタプロフェッショナル　198
メッカ効果　119
メッタ　167
目標一致効果　114
モニタリング　192

や行

有害な影響　28
ユニティー　166

ら行

ラビング・カインドネス　167
ラフマ　167
ランダム効果モデル　25
リアルプレイ　182, 208
理性的な思いやり　38
両価性　104
レジリエンス　126
ロールプレイ　182, 207

■ 著者

ウィリアム・R・ミラー（William R. Miller, PhD）

ニューメキシコ大学の心理学と精神医学の名誉特別教授である。根本的には変化の心理学に関心を持つ博士は，動機づけ面接（motivational interviewing; MI）の共同創設者であり，特にアルコールや薬物の問題を抱える人々のための効果的な治療法の開発とテストに力を注いできた。これまでに 400 を超える科学論文や章，60冊の本を出版しており，その中には専門家向けの革新的な著作である *Motivational Interviewing, Third Edition*（邦訳：『動機づけ面接〈第 3 版〉上・下』原井宏明監訳，星和書店，2019）やセルフヘルプ本である *Controlling Your Drinking, Second Edition*（邦訳：『あなたの飲酒をコントロールする：効果が実証された「100 か 0」ではないアプローチ』齋藤利和監訳，金剛出版，2019）が含まれている。博士は国際的な Jellinek Memorial Award，アメリカ心理学会からの 2 つの業績賞，Robert Wood Johnson 財団からの Innovators in Combating Substance Abuse Award など，多くの名誉ある賞を受賞している。Institute for Scientific Information（ISI; 科学情報研究所）は，博士を世界で最も被引用回数の多い研究者の一人に挙げた。

テレサ・B・モイヤーズ（Theresa B. Moyers, PhD）

ニューメキシコ大学の心理学の准教授として，MI に焦点を当てた嗜癖行動の治療に関する研究を行っている。主な関心は，MI の有効成分の特定と，依存症の環境で MI を普及させる最適な方法の発見である。モイヤーズ博士は，これまでに 35以上の査読付き論文を出版し，16 カ国で MI と嗜癖行動の治療について発表してきた。また，Motivational Interviewing Network of Trainers のメンバーでもある。学術的な探究に加えて，愛犬のボーダーコリーをトレーニングして，ドッグ・アジリティー競技にも参加している。ウェブサイト：www.theresamoyers.com

■ 訳者

原井宏明（はらい　ひろあき）

原井クリニック院長，㈱原井コンサルティング＆トレーニング代表取締役，精神保健指定医，精神科専門医，日本認知・行動療法学会：専門行動療法士／認知行動療法師／認知行動療法スーパーバイザー／常任編集委員，MINT 認定動機づけ面接トレーナー。1984 年岐阜大学医学部卒業，ミシガン大学文学部に留学，国立肥前療養所，国立菊池病院，和楽会なごやメンタルクリニックを経て現職。
著書：『対人援助職のための認知・行動療法』『認知行動療法実践のコツ』（いずれも金剛出版），『方法としての動機づけ面接』（岩崎学術出版），『図解やさしくわかる強迫症』（ナツメ社），『不安症に気づいて治すノート』（すばる舎），『図解いちばんわかりやすい強迫性障害』『図解 いちばんわかりやすい醜形恐怖症』（いずれも河出書房新社）など。
訳書：『医師は最善を尽くしているか』『死すべき定め』（いずれもアトゥール・ガワンデ著，みすず書房），『ACT（アクセプタンス＆コミットメント・セラピー）をはじめる』（スティーブン・C・ヘイズ，スペンサー・スミス著，共訳，星和書店）『動機づけ面接〈第 3 版〉上・下』（ウイリアム・R・ミラー，ステファン・ロルニック著，共訳，星和書店），『動機づけ面接を身につける〈改訂第 2 版〉上・下』（デイビッド・B・ローゼングレン著，星和書店）など。

川島寛子（かわしま　ひろこ）

翻訳家。ラ・トローブ大学博士課程修了。

腕利きの心理療法家

2025 年 3 月 21 日　初版第 1 刷発行

著　　者　ウィリアム・R・ミラー，テレサ・B・モイヤーズ
訳　　者　原井宏明，川島寛子
発行者　石澤雄司
発行所　㈱星和書店
　　　　〒 168-0074　東京都杉並区上高井戸 1-2-5
　　　　電話　03（3329）0031（営業部）／ 03（3329）0033（編集部）
　　　　FAX　03（5374）7186（営業部）／ 03（5374）7185（編集部）
　　　　http://www.seiwa-pb.co.jp

印刷・製本　株式会社 光邦

Printed in Japan　　　　　　　　　　　ISBN978-4-7911-1154-1

・本書に掲載する著作物の複製権・翻訳権・上映権・譲渡権・公衆送信権（送信可能
　化権を含む）は㈱星和書店が管理する権利です。
・ JCOPY 〈（社）出版者著作権管理機構　委託出版物〉
　本書の無断複製は著作権法上での例外を除き禁じられています。複製される場合は，
　そのつど事前に（社）出版者著作権管理機構（電話 03-5244-5088,
　FAX 03-5244-5089, e-mail : info@jcopy.or.jp）の許諾を得てください。

動機づけ面接
〈第3版〉上

ウイリアム・R・ミラー
ステファン・ロルニック 著
原井宏明 監訳
原井宏明，岡嶋美代
山田英治，黒澤麻美 訳

A5判 424p 定価：本体 4,400 円 + 税

動機づけ面接
〈第3版〉下

ウイリアム・R・ミラー
ステファン・ロルニック 著
原井宏明 監訳
原井宏明，岡嶋美代
山田英治，黒澤麻美 訳

A5判 312p 定価：本体 3,600 円 + 税

いまや世界標準となっているカウンセリング技法のひとつである動機づけ面接（Motivational Interviewing：MI）。本書は，動機づけ面接の開発者が著したガイドブックである。本書は改訂版ではあるが，90％以上書き下ろされており，前版とは重複する部分はほとんどない。MI は当初想定されていたよりも幅広い領域に応用されるようになり，研究の結果，重要な新知識が追加されつづけている。MI をすでに学んでいる方でも，本書を読めば新しい学びを発見できることだろう。

発行：星和書店　http://www.seiwa-pb.co.jp

動機づけ面接を身につける〈改訂第2版〉上
一人でもできるエクササイズ集

デイビッド・B・ローゼングレン 著
原井宏明 訳

B5判　332p　定価：本体4,400円＋税

動機づけ面接を身につける〈改訂第2版〉下
一人でもできるエクササイズ集

デイビッド・B・ローゼングレン 著
原井宏明 訳

B5判　320p　定価：本体4,300円＋税

動機づけ面接のバイブル『動機づけ面接』（Motivational Interviewing）の第3版（以下 MI-3 と呼ぶ）が世に出たことで，動機づけ面接の多くの概念がアップデートされた。本書は，それに対応して大幅に増補改訂したものである。MI-3 で提唱された 4 つのプロセス（関わる，フォーカスする，引き出す，計画する）に沿って，新しい概念によりさらに洗練された動機づけ面接のスキルを身につける。本書は，動機づけ面接の中核的技能の解説や，知識を振り返るテスト，豊富なエクササイズがバランスよく用意された「プラクティショナー・ワークブック」。上巻では 4 つのプロセスのうちの「関わるプロセス（関係性の基本）」，「フォーカスするプロセス（戦略的方向性）」をメインに取り上げる。ミラーとロルニックによる『動機づけ面接〈第 3 版〉上・下』で理論を学んだ方のワークブックとして活用していただきたい。

発行：星和書店　http://www.seiwa-pb.co.jp

ACT（アクセプタンス&コミットメント・セラピー）をはじめる
セルフヘルプのためのワークブック

スティーブン・C・ヘイズ，スペンサー・スミス 著
武藤崇，原井宏明，吉岡昌子，岡嶋美代 訳

B5判　344p　定価：本体2,400円+税

ACTは，新次元の認知行動療法といわれる最新の科学的な心理療法。本書により，うつや不安など否定的思考をスルリとかわし，よりよく生きる方法を身につけることができる。楽しい練習課題満載。

メタファー：
心理療法に「ことばの科学」を取り入れる

ニコラス・トールネケ 著
スティーブン・C・ヘイズ 序文
武藤崇，大月友，坂野朝子 監訳

A5判　256p　定価：本体3,000円+税

対話が中心となるセラピーにおいてメタファーを実践に活かすための専門家向けガイド。心理臨床の研究・実践に携わる方だけでなく，基礎心理学や言語学に関心のある方にもおすすめの書。

発行：星和書店　http://www.seiwa-pb.co.jp